PART 1 第一篇

面向智能网联汽车应用的直连通信技术

车用无线通信技术(Vehicle to Everything,V2X)是将车辆与一切事物相连接的新一代信息通信技术,其中 V 代表车辆,X 代表任何与车交互信息的对象,当前,X 主要包含车、人、交通路侧基础设施和网络。V2X 交互的信息模式包括:车与车之间(Vehicle to Vehicle,V2V)、车与路之间(Vehicle to Infrastructure,V2I)、车与人之间(Vehicle to Pedestrian,V2P)、车与网络之间(Vehicle to Network,V2N)的交互。

V2V 是指通过车载终端进行车辆间的通信。车载终端可以实时获取周围车辆的车速、位置、行车情况等信息,车辆间也可以构成一个互动的平台,实时交换文字、图片和视频等信息。V2V 通信主要用于避免或减少交通事故、车辆监督管理等。

V2I 是指车载设备与路侧基础设施(如红绿灯、交通摄像头、路侧单元等)进行通信,路侧基础设施也可以获取附近区域车辆的信息并发布各种实时信息。V2I 通信主要用于实时信息服务、车辆监控管理、不停车收费等。

V2P 是指弱势交通群体(包括行人、骑行者等)使用用户设备(如手机、笔记本电脑等)与车载设备进行通信。V2P 通信主要用于避免或减少交通事故、信息服务等。

V2N 是指车载设备通过接入网/核心网与云平台连接,云平台与车辆之间进行数据交互,并对获取的数据进行存储和处理,提供车辆所需要的各类应用服务。V2N 通信主要用于车辆导航、车辆远程监控、紧急救援、信息娱乐服务等。

因此,V2X 将"人、车、路、云"等交通参与要素有机地联系在一起,不仅可以支撑车辆获得比单车感知更多的信息,促进自动驾驶技术创新和应用,还有利于构建一个智慧的交通体系,促进汽车和交通服务的新模式、新业态发展,对提高交通效率、节省资源、减少污染、降低事故发生率、改善交通管理具有重要意义。

前期,美国主导的基于 Wi-Fi 技术的短距无线通信技术 IEEE 802.11p,也称专用短距无线通信(Dedicated Short Range Communications,DSRC),虽然能够提供多对多、低时延通信,但是经过近十年的研究和测试评估发现,存在时延抖动大、可靠性较差的问题。在 5G 汽车联盟(5G Automotive Association,5GAA)于 2018 年在美国华盛顿召开的研讨会上,专家给出的实测数据显示,DSRC 在车与车 600m 距离处的接收成功率仅为 62.1%。综上,当时无论是 4G 蜂窝通信(4G LTE)还是专用短距无线通信(IEEE 802.11p),均无法满足 V2X 通信的需求。

而 C-V2X 中的 C 是指蜂窝(Cellular),它是基于 4G/5G 等蜂窝网通信技术演进形成的车用无线通信技术,包含了两种通信模式:一种是车、路、人之间的短距离直接通信模式,可支持 V2V、V2I、V2P 的通信需求,此类通信模式对应的通信接口被定义为 PC5 接口。基于 4G(在通信专业中通常称为 LTE)通信技术的直连通信称为 LTE-V2X,目前其技术和产业化已基本成熟;基于 5G(在通信专业中通常称为 NR)通信技术的直连通信称为 NR-V2X,正处于标准化与前期预研阶段。另一种是终端和基站之间的蜂窝通信模式,可以理解为专门为车联网应用做过网络优化的 4G/5G 蜂窝通信,可实现长距离和更大范围的可靠通信,可支持 V2N 的通信需求,此类通信模式对应的通信接口被定义为 Uu 接口。当前,我国已经全面进入 5G 时代,基于 5G Uu 接口的蜂窝通信是 V2N 通信的主要技术方案。可以看出,C-V2X 可支持的工作场景既包括有蜂窝网络覆盖的场景,也包括没有蜂窝网络部署(或无须蜂窝网络支持)的场景。当 C-V2X 终端设备(如车载终端、智能手机、路侧单元 RSU 等)处于蜂窝

智能网联汽车关键技术及应用丛书

智能网联汽车无线通信技术

余冰雁 毛祺琦 雷凯茹 廖 臻 吴旭楠 著

人民交通出版社

北京

内 容 提 要

本书是"智能网联汽车关键技术及应用丛书"之一。本书针对汽车电动化、网联化、智能化、共享化的产业发展趋势,重点围绕智能网联汽车应用场景中车与车(V2V)、车与路(V2I)、车与云(V2N)通信需求以及车内通信需求,介绍了C-V2X直连通信、5G蜂窝通信、车内短距通信等无线通信关键技术、标准进展与应用实践情况,分析了车联网产业的未来发展趋势。

本书适合从事智能网联汽车、智慧交通系统技术研发、标准研究、产业推动相关工作的从业人员参考使用,也适合从事车联网无线通信技术研究的初学者入门使用。

图书在版编目(CIP)数据

智能网联汽车无线通信技术/余冰雁等著. —北京:
人民交通出版社股份有限公司,2024.7
ISBN 978-7-114-18903-6

Ⅰ.①智… Ⅱ.①余… Ⅲ.①汽车—智能通信网—无线电通信—通信技术 Ⅳ.①U463.67

中国国家版本馆CIP数据核字(2023)第139504号

Zhineng Wanglian Qiche Wuxian Tongxin Jishu
书　　名:智能网联汽车无线通信技术
著 作 者:余冰雁　毛祺琦　雷凯茹　廖　臻　吴旭楠
责任编辑:董　倩
责任校对:赵媛媛　卢　弦
责任印制:张　凯
出版发行:人民交通出版社
地　　址:(100011)北京市朝阳区安定门外外馆斜街3号
网　　址:http://www.ccpcl.com.cn
销售电话:(010)85285857
总 经 销:人民交通出版社发行部
经　　销:各地新华书店
印　　刷:北京建宏印刷有限公司
开　　本:787×1092　1/16
印　　张:11.75
字　　数:278千
版　　次:2024年7月　第1版
印　　次:2025年7月　第2次印刷
书　　号:ISBN 978-7-114-18903-6
定　　价:80.00元

(有印刷、装订质量问题的图书,由本社负责调换)

智能网联汽车关键技术及应用丛书

编审委员会

（按姓氏拼音排序）

丁能根（北京航空航天大学）
龚建伟（北京理工大学）
谷远利（北京交通大学）
胡旭东（合肥工业大学）
柯南极（国家新能源汽车技术创新中心）
李志恒（清华大学深圳国际研究生院）
廖亚萍（北京航空航天大学）
马育林（安徽工程大学）
潘定海（国家新能源汽车技术创新中心）
谈东奎（合肥工业大学）
王朋成（北京航空航天大学）
王章宇（北京航空航天大学）
吴新开（北京航空航天大学）
余冰雁（中国信息通信研究院）
余贵珍（北京航空航天大学）
张　凯（清华大学深圳国际研究生院）
张启超（中国科学院自动化研究所）
赵冬斌（中国科学院自动化研究所）
周　彬（北京航空航天大学）
朱　波（合肥工业大学）
朱海龙（北京邮电大学）
朱圆恒（中国科学院自动化研究所）

丛书前言

当今,在以智能化、网联化为重要特征的全球新一轮科技革命和产业变革的推动下,汽车产业已迈入工业4.0时代。智能网联汽车已成为全球汽车产业发展的战略方向。近年来,我国各部委及地方政府通过出台法规、制修订标准、开放道路测试、打造创新平台、鼓励示范应用等方式不断推动智能网联汽车行业创新发展。《交通强国建设纲要》《新能源汽车产业发展规划(2021—2035)》(国办发〔2020〕39号)、《智能汽车创新发展战略》(发改产业〔2020〕202号)、《车联网(智能网联汽车)产业发展行动计划》(工信部科〔2018〕283号)以及《节能与新能源汽车技术路线图2.0》等一系列顶层规划文件的发布,明确了我国智能网联汽车的发展方向和路径。智能网联汽车与交通系统、能源体系、城市运行和社会生活紧密结合,是一项集智慧城市、智慧交通和智能服务于一体的国家级重大系统工程,承载了我国经济战略转型、重点突破和构建未来创新型社会的重要使命。

为及时向科研界、产业界及社会公众传播最新的科研成果,进一步促进智能网联汽车行业创新发展,对智能网联汽车领域的前沿与关键技术进行系统性、高质量总结尤为必要。人民交通出版社股份有限公司作为以交通为特色的国家级科技图书出版机构,立足于"服务交通、服务社会"的宗旨,长期与两院院士以及交通和汽车行业知名学者、专家、教授在内的高素质作者队伍开展图书出版与知识服务合作,聚合了行业优质的作者资源,瞄准新一代信息通信技术、人工智能、智能制造等世界科技前沿,与国家新能源汽车技术创新中心合作,策划了本套"智能网联汽车关键技术及应用丛书",目前包括以下9个分册:

(1)《智能网联汽车环境感知技术》;
(2)《智能网联汽车车载网络技术》;
(3)《智能网联汽车无线通信技术》;
(4)《智能网联汽车高精度定位技术》;

(5)《智能网联汽车交通大数据处理与分析技术》;

(6)《智能网联汽车决策控制技术》;

(7)《智能网联汽车信息安全技术》;

(8)《智能网联汽车测试与评价技术》;

(9)《智能网联汽车高级别自动驾驶技术应用》。

本丛书依据智能网联汽车"三横两纵"技术架构[①]进行体系设计,涵盖了智能网联汽车领域一系列关键技术与应用,作为高端学术著作,将充分反映智能网联汽车领域的前沿技术和最新成果。另外,本丛书编审成员均为国内知名科研单位和高等院校的专家学者和一线科研人员,均具有较强的学术造诣和丰富的科研经验,并掌握大量的最新技术资料,将确保本丛书的高学术价值。

希望本丛书的出版能够助推新一代移动通信技术、互联网、大数据、云平台、人工智能等先进技术与汽车产业和交通行业深度融合,为我国相关企业、科研单位和高等院校智能网联汽车相关科研人员、工程技术人员提供强有力的智力支持,进而有效推动我国智能网联汽车产业的高质量发展,助力交通强国和汽车强国建设。

诚望广大读者对本丛书提出宝贵的改进意见和建议,随后我们将持续关注智能网联汽车相关技术的发展,不断修订和完善本丛书。

智能网联汽车关键技术及应用丛书编审委员会
2022 年 7 月

---

① 在智能网联汽车"三横两纵"技术架构中,"三横"是指智能网联汽车主要涉及的车辆关键技术、信息交互关键技术和基础支撑关键技术,"两纵"是指支撑智能网联汽车发展的车载平台和基础设施。

PREFACE 前 言

我们通常习惯用"车联网产业"来表述由智能网联汽车无线通信技术支撑或牵引形成的新业态。它是汽车、电子、信息通信、交通运输和交通管理等深度融合的新型产业,是包括无线通信技术,以及人工智能、大数据、云计算等新一代信息技术在汽车、交通等行业应用的重要体现。在政策法规方面,我国先后出台《车联网(智能网联汽车)产业发展行动计划》《国家车联网产业标准体系建设指南》《智能汽车创新发展战略》《智能网联汽车道路测试与示范应用管理规范(试行)》,国家"十四五"规划明确提出"积极稳妥发展车联网"的要求。在标准体系、关键技术研发、应用示范和基础设施建设等方面,我国车联网产业均取得了积极进展,促进了汽车、交通等传统产业转型升级,形成了数字经济发展的新产业集聚。在车联网产业规模方面,据不完全统计,截至2023年9月,全国部署车联网LTE-V2X路侧通信单元超8500套;2023年1~10月国内乘用车新车市场车联网前装标配1301.24万辆,同比增长23.69%,标配搭载率77.78%。其中,前装配备5G车联网131.99万辆(含选装),同比增长245.61%,标配搭载率7.88%;前装配备C-V2X直连通信24.19万辆,同比增长97.31%[1]。智能网联汽车道路测试和应用示范加速推进,截至2023年9月,全国累计开放测试道路2万余km,总测试里程超过7000万km,自动驾驶出租汽车、干线物流、无人配送等多场景示范应用有序开展[2]。

智能网联汽车无线通信技术包含了服务于车与车(V2V)、车与路(V2I)的C-V2X直连通信技术,服务于车与云(V2N)的5G蜂窝通信技术,以及服务于部分车内连接需求的蓝牙或星闪(SparkLink)等通信技术。在C-V2X直连通信方面,我国主导了LTE-V2X技术的国际标准,并已基于3GPP LTE-V2X Rel-14版本标准,形成覆盖"接入层-网络层-消息层-安全层"的完整的中国标准体系,正聚焦于进一步深化和优化各类安全预警与效率提升类应用。在5G蜂窝通信方面,我国开通5G基站累计超过200万个,建成了全球

---

[1] 《车联网白皮书(2023年)》,中国信息通信研究院,2023年12月。
[2] https://www.miit.gov.cn/xwdt/gxdt/ldhd/art/2023/art_adf2ee6c7cae4c0dbdcf9d84726aa74f.html

规模最大的 5G 商用网络[①],网络性能从支持车载 AR/VR 等多元化信息娱乐服务,逐步向支撑远程遥控驾驶、网联自动驾驶等方向演进。在车内无线通信技术方面,蓝牙通信已在很多智能网联汽车量产车型上前装标配,同时,我国推进星闪无线短距通信技术承载智能网联汽车场景的需求研究。可以说,伴随着智能化与网联化协同成为汽车与交通产业的明确发展趋势,智能网联无线通信技术势必在未来吸引越来越多的信息通信、智能网联汽车与智慧交通相关的从业者关注。本书简要介绍了 C-V2X 直连通信、5G 蜂窝通信、车内短距无线通信等关键技术、标准进展与应用实践情况,简要分析了车联网产业的未来发展趋势,可为整车制造企业、终端模组厂商在开展应用场景规划、产品功能定义、设备软件研发等方面提供有益参考。

需要说明的是,车联网是一个横跨通信、软件、汽车、交通等多个行业的交叉融合领域,聚集了不同知识背景的技术人员;而无线通信本身又是一项相对复杂的系统性工程,涉及芯片、模组、射频天线等电子器件,编码、调制、多址、多用户、资源调度等算法实现,以及网络安全、应用实现等关键技术。本书虽然名为《智能网联汽车无线通信技术》,但受限于篇幅与定位,难以在一本书中详细介绍无线通信技术从器件到通信各层级关键技术的具体实现,只能聚焦跨行业共同关注的交叉领域,以尽量服务更多读者为目标来介绍应用场景、标准化工作、应用实践等内容。

本书在编写时得到了中信科智联科技有限公司、中国移动通信集团有限公司、中国联合网络通信集团有限公司、中国电信集团有限公司、华为技术有限公司、中兴通讯股份有限公司、东软集团有限公司、北京百度网讯科技有限公司、腾讯云计算(北京)有限责任公司等企业以及清华大学、重庆大学、吉林大学、北京航空航天大学、北京邮电大学等高等院校的大力支持,在此向这些单位表示感谢。

限于作者的水平,书中难免存在不足或不妥之处,衷心希望广大读者批评和指正。

作 者
2024 年 4 月

[①] https://www.chinanews.com/gn/2023/03-05/9965785.shtml。

目 录

第一篇 面向智能网联汽车应用的直连通信技术

第1章 C-V2X 应用场景 ········· 004
1.1 欧美典型车联网应用场景 ········· 004
1.2 我国 C-V2X 应用场景 ········· 018

第2章 LTE-V2X 关键技术 ········· 032
2.1 LTE-V2X 关键技术概述 ········· 032
2.2 物理信道及信号相关技术 ········· 033
2.3 同步技术 ········· 035
2.4 资源调度技术 ········· 036
2.5 安全关键技术 ········· 038

第3章 LTE-V2X 技术标准化 ········· 043
3.1 早期 V2X 标准化工作 ········· 043
3.2 我国 LTE-V2X 标准化工作 ········· 045

第4章 LTE-V2X 技术验证与应用示范 ········· 055
4.1 LTE-V2X 互联互通验证 ········· 055
4.2 LTE-V2X 产业化进展 ········· 058
4.3 LTE-V2X 基础设施建设及应用实践 ········· 060
4.4 LTE-V2X 商业模式探索 ········· 068

第 5 章　NR-V2X 关键技术与产业发展 ……… 073

5.1　NR-V2X 典型应用场景及业务要求 ……… 073
5.2　NR-V2X 通信业务总体技术指标 ……… 076
5.3　NR-V2X 的关键技术 ……… 081
5.4　NR-V2X 技术的发展路径 ……… 086

第二篇　面向智能网联汽车应用的蜂窝通信技术

第 6 章　面向车联网的 5G 关键技术 ……… 090

6.1　5G 标准关键技术与标准化概述 ……… 090
6.2　面向车联网的 5G 关键技术标准化 ……… 093

第 7 章　5G 与 MEC 融合关键技术与标准化 ……… 100

7.1　5G 与 MEC 融合的车联网架构 ……… 100
7.2　5G 与 MEC 融合的车联网开放服务能力 ……… 104
7.3　5G 与 MEC 融合的车联网关键技术 ……… 105
7.4　5G 与 MEC 融合的车联网跨域协同关键技术 ……… 109

第 8 章　5G+车联网的典型应用场景：5G 远程遥控驾驶 ……… 125

8.1　5G 远程遥控驾驶系统 ……… 125
8.2　5G 远程遥控驾驶研究进展 ……… 133
8.3　5G 远程遥控驾驶典型应用 ……… 135

第三篇　面向智能网联汽车应用的车内无线通信技术

第 9 章　车内无线通信的应用场景及关键技术 ……… 146

9.1　车内无线通信的应用场景 ……… 146
9.2　车内无线通信的关键技术 ……… 152

第 10 章　车内无线通信技术的标准化 ……… 158

10.1　车载蓝牙技术的标准化 ……… 158
10.2　星闪技术的标准化 ……… 164

第 11 章	车内无线通信产业化进程	169
	11.1 车载蓝牙技术的产业化	169
	11.2 星闪技术的产业化	172

参考文献 ········· 174

网络覆盖范围内时,可在蜂窝网络的控制下使用 Uu 接口;无论有无网络覆盖,均可以采用 PC5 接口进行直连通信。C-V2X 将 Uu 接口和 PC5 接口相结合,彼此相互支撑、相互补充。

本篇内容主要聚焦 C-V2X 的直连通信技术,重点介绍当前已相对成熟的 LTE-V2X 直连通信技术的应用场景、关键技术、标准化工作和应用示范,并对 NR-V2X 直连通信技术的相关内容进行简要介绍。

第 1 章
C-V2X 应用场景

无线通信技术的发展通常是由场景需求驱动的,车用无线通信技术也不例外。美国汽车工程学会(SAE)、欧洲电信标准化协会(European Telecommunications Standards Institute,ETSI)以及中国汽车工程学会(C-SAE)等行业组织,开展了大量关于智能网联汽车应用场景的研究与标准化定义工作,并给出了应用场景对于无线通信技术的需求。基于这些应用场景的需求,国内外通信行业的专家们先后设计了专用短程无线通信(DSRC)技术、C-V2X 技术(以 LTE-V2X 直连通信技术和 5G 蜂窝通信技术为主)等通信协议。前期,欧美主要推动 DSRC 技术的产业化应用,我国借助在蜂窝网络建设和运营方面的基础优势,选择支持 C-V2X 技术路线。2020 年左右,美国联邦通信委员会(FCC)收回为 DSRC 技术分配的频率资源,转而支持 C-V2X 技术,欧盟也从支持 DSRC 为主逐渐转为技术中立,标志着 C-V2X 技术逐渐成为全球技术主流。需要说明的是,本章所介绍的 C-V2X 应用场景中有部分场景是直接面向 C-V2X 应用定义的,如我国标准定义的场景;有部分场景最初是适配 DSRC 技术的、但当前也可以适配 C-V2X 技术,如美国 SAE 标准定义的部分场景;还有部分场景是同时适配 DSRC 与 C-V2X 技术的,如 ETSI 标准定义的部分场景。此外,虽然目前国内外产业中主要通过 LTE-V2X 直连通信技术支持场景实现,但这并不意味着 NR-V2X 直连通信技术或 5G 蜂窝通信技术不能支持这些场景。

1.1 欧美典型车联网应用场景

1.1.1 美国车联网应用场景

美国汽车工程学会(SAE)于 2017 年成立了 C-V2X 技术委员会,在早期 DSRC 系列标准的基础上制定了美国的 C-V2X 标准化应用场景。首先,SAE 新增制定了 J3161 系列标准,描述基于 C-V2X 系统的架构、系统要求、功能要求及性能要求,用于解决由于 C-V2X 技术带来的必需的标准内容改动。同时,SAE J2945 系列标准定义了应用场景,涵盖了安全类、安全提醒类、路端安全类、弱势交通安全类四类,包括 V2V 车载安全通信系统要求(On-Board System Requirements for V2V Safety Communications,J2945/1)、V2V 安全预警专用短程通信(DSRC)性能要求[Dedicated Short Range Communications(DSRC)Performance Requirements for V2V Safety Awareness,J2945/2]、道路气象应用要求(Requirements for Road Weather Applications,J2945/3)、弱势交通参与者(VRU)安全消息最低性能要求(Vulnerable Road User Safety Message Minimum Performance Requirements,J2945/9)。其中:

(1) J2945/1 标准基于基本安全信息,制定了轻型车辆之间的 V2V 安全类应用场景,规定了相关场景安全通信的功能和性能要求;

(2) J2945/2 在 J2945/1 的基础上,制定了安全提醒类应用场景,规定了 V2V 安全预警应用的接口要求;

(3) J2945/3 制定了路端安全类应用场景,规定了车辆和道路气象应用基础设施之间的接口要求;

(4) J2945/9 制定了弱势交通参与者安全类应用场景,对弱势交通参与者和车辆之间安全信息最低性能要求提供了建议。

SAE 制定的安全类、安全提醒类、路端安全类、弱势交通安全类标准化应用场景列表见表 1-1,本节将对其中典型的应用场景进行简要介绍。

SAE 车联网应用场景列表 表1-1

序号	场景分类	通信方式	场景名称	功能定义	预期效果	所在标准
1	安全类	V2V	紧急制动预警(EEBL)	当前方的他车紧急制动且与主车在同一个车道或者相邻车道上时,主车会对驾驶员进行预警	提醒驾驶员及时响应,以避免发生事故	J2945/1
2		V2V	前向碰撞预警(FCW)	当主车与行驶方向正前方的他车有碰撞风险时,主车会对驾驶员进行预警	帮助驾驶员避免追尾风险或减轻追尾带来的伤害	J2945/1
3		V2V	盲区预警/变道预警(BSW/LCW)	当主车在变道的过程中,若盲区内有或即将有相同方向他车时,对驾驶员进行预警。同时,此功能还可以在相邻车道的盲区内有车辆时对驾驶员提供建议性信息	帮助驾驶员避免变道时与盲区内车辆的碰撞风险	J2945/1
4		V2V	交叉路口碰撞预警(ICW)	当主车即将进入交叉路口且有碰撞风险时对驾驶员进行预警	帮助驾驶员避免进入交叉路口时的碰撞风险	J2945/1
5		V2V	左转辅助(LTA)	提醒主车的驾驶员受他车的影响,当前进行左转不安全	帮助驾驶员避免在路口左转过程中的碰撞风险	J2945/1
6		V2V	车辆失控预警(CLW)	当同一方向或对向车道的他车发生了车辆失控事件(如 ABS 系统、TCS 系统或车身稳定系统启动)时,主车会对驾驶员进行预警	协助驾驶员及时响应,以避免碰撞风险	J2945/1

续上表

序号	场景分类	通信方式	场景名称	功能定义	预期效果	所在标准
7	安全提醒类	V2V	紧急车辆提醒（EVA）	当紧急车辆执行任务时可以与周围车辆通信，以通知周围的驾驶员。必要时周围车辆的驾驶员应让出道路，以避免阻挡紧急车辆	协助驾驶员避免与附近紧急车辆的碰撞，同时让出道路，使紧急车辆更有效地通行	J2945/2
8	安全提醒类	V2V	路端提醒（RSA）	当特殊车辆或故障车辆在路上停止或缓行，且有可能影响交通时，可以与周围车辆通信，以通知周围车辆的驾驶员。周围车辆的驾驶员应采取措施与其保持安全距离	提醒驾驶员与周围车辆保持安全距离，以避免与特殊车辆或故障车辆发生碰撞	J2945/2
9	安全提醒类	V2V	障碍物安全提醒（SAW-O）	当一辆车检测到路上有障碍物时，可以使用本应用将此信息广播给别的车。接收到此消息的主车将判断此障碍物与本车的相关性，如果与本车相关，将对驾驶员进行预警	被提醒的驾驶员将提前采取措施，以提高行车安全性	J2945/2
10	安全提醒类	V2V	危险路况安全提醒（SAW-A）	当一辆车检测到路况不利于行车安全时，可以使用本应用将此信息广播给别的车。接收到此消息的主车将判断此路况与本车的相关性，如果与本车相关，将对驾驶员进行预警	被提醒的驾驶员将提前采取措施，以提高行车安全性	J2945/2
11	路端安全类	V2I	天气提醒	天气应用可以使用联网车辆或可移动设备收集天气信息，增加信息来源。反过来，与天气相关的提醒也可以通过联网车辆或者手持设备发送给驾驶员	天气应用可以给陆上交通基础设施的拥有方或使用方提供额外的信息，使得它们更准确地评估天气对交通带来的影响以更好地使用交通系统	J2945/3
12	弱势交通安全类	V2P	弱势交通参与者提醒	弱势交通参与者的手持设备向外播发 PSM 消息，帮助驶来的车辆识别潜在的碰撞风险，识别到风险后，车辆应采取相应的措施，如提醒驾驶员	弱势交通参与者提醒可以与车辆已有的行人检测系统形成互补，使驾驶员更早地收到提醒，以采取相应的措施	J2945/9

1.1.1.1 安全类

1）典型场景1：紧急制动预警（EEBL）

（1）功能介绍。

若前方车辆（在标准中一般称之为远车，Remote Vehicle，RV）发生了紧急制动且与自身车辆（在标准中一般称之为主车，Host Vehicle，HV）在同一车道或者相邻车道上，紧急制动预警功能会对 HV 驾驶员进行预警。RV 在紧急制动时会在车辆基本安全消息(Basic Safety Message,BSM)中标记紧急制动事件,收到此消息后,HV 会结合自身的行驶轨迹进行相关度检测,如果判断与本车相关则向驾驶员进行预警。

(2)场景描述。

①场景示意如图 1-1 所示。HV 在 RV-2 后面跟车行驶,RV-2 在 RV-1 后面跟车行驶,此时 RV-1 进行了紧急制动,且 RV-1 处于 HV 的视野盲区。

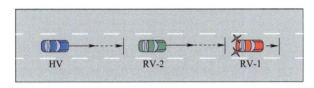

图 1-1 紧急制动预警场景

②RV-2 可以具备也可以不具备 V2V 通信能力,但 RV-1 需要具备 V2V 通信能力。当 RV-1 的制动减速度超过紧急制动预警功能的判断阈值时,对 HV 驾驶员进行预警。

③紧急制动预警功能的判断阈值应预留足够的时间,避免 HV 与前方的 RV-2 发生追尾。

④若图中 RV-2 发生紧急制动,紧急制动预警功能也可以发挥功能,在必要时向 HV 驾驶员进行预警。但由于此时 RV-2 处于 HV 的直视视场内,驾驶员可直接作出判断,或通过车载摄像头或毫米波雷达来替代实现驾驶辅助,基于车联网的场景价值没有图 1-1 所示的 RV-1 紧急制动时高。

(3)基本原理。

紧急制动预警功能中与 HV 相关的 RV 所在的区域如图 1-2 所示,紧急制动预警功能应在直道和弯道上都可用。

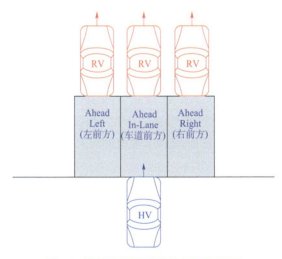

图 1-2 紧急制动预警系统基本原理示意图

紧急制动预警执行流程如下:

①RV 在紧急制动之后在 BSM 消息中增加了紧急制动事件;

②HV 收到包含此事件的 BSM 消息后辨别出发送紧急制动事件的 RV;

③HV 针对发生了紧急制动事件并处在前方车道、前方左车道或者前方右车道的 RV,进一步判断本车与它们之间的距离是否小于一个预设的阈值;

④HV 对所有上述步骤中已识别出来的 RV 进行判断,筛选出风险最大的 RV,并对其设置风险状态;

⑤通过用户界面对驾驶员进行预警。

2)典型场景2:前向碰撞预警(FCW)

(1)功能介绍。

前向碰撞预警会在 HV 与行驶方向正前方的 RV 有碰撞风险时对驾驶员进行预警。前向碰撞预警功能的目的是帮助驾驶员规避与前面车辆碰撞的风险,或降低碰撞带来的伤害。

(2)场景描述。

场景类型1:RV 在同一车道前停止(图1-3)。

图1-3　RV 在同一车道前停止

①HV 驶近停在同一车道前方的 RV-1;

②在 HV 与停止的 RV-1 有碰撞风险时,前向碰撞预警会对 HV 驾驶员进行预警;

③前向碰撞预警功能的判断阈值应预留足够的时间,避免 HV 与前方的 RV-1 发生追尾。

场景类型2:RV 在相邻车道前停止(图1-4)。

图1-4　RV 在相邻车道前停止

①HV 驶近停在相邻车道前方的 RV-1;

②由于没有追尾碰撞的风险,前向碰撞预警应能对其进行过滤,HV 驾驶员不会收到前向碰撞预警。

场景类型3:RV 在同一车道前缓行或减速(图1-5)。

图1-5　RV 在同一车道前缓行或减速

①HV 驶近在同一车道前方缓行或正在减速的 RV-1;

②在 HV 与前方缓行或减速的 RV-1 有碰撞风险时,前向碰撞预警功能会对 HV 驾驶员进行预警;

③前向碰撞预警功能的判断阈值应预留足够的时间,避免 HV 与前方的 RV-1 发生追尾。

场景类型 4:RV 在同一车道前停止且 HV 的视线受阻(图 1-6)。

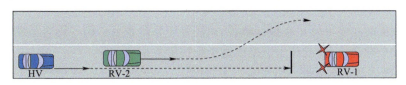

图 1-6 RV 在同一车道前停止且 HV 的视线受阻

①HV 跟随前方的 RV-2 行驶且 RV-2 正在驶近同一车道前方停止的 RV-1;
②RV-2 可以具备也可以不具备 V2V 通信能力,但 RV-1 具备 V2V 通信能力;
③RV-2 变道避让停止的 RV-1;
④在 HV 与停止的 RV-1 有碰撞风险时,前向碰撞预警功能会对 HV 驾驶员进行预警;
⑤前向碰撞预警功能的判断阈值应预留足够的时间,避免 HV 与前方的 RV-1 发生追尾。

(3)基本原理。

前向碰撞预警功能在 HV 与正前方第一辆车有碰撞风险时对驾驶员进行预警,此功能应在直道和弯道上都可用。前向碰撞预警功能中与 HV 相关的 RV 所在的区域如图 1-7 所示。

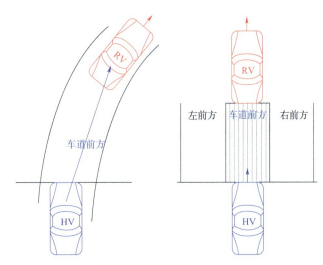

图 1-7 前向碰撞预警功能原理图

前向碰撞预警功能执行如下操作:

①HV 分析所接收到的每个 RV 的 BSM,然后识别出前方同车道的 RV,以便下一步分析;
②HV 分析前方同车道是否有 RV 与本车的距离在一个预设的阈值范围内;

③HV 计算与每个 RV 的碰撞时间(TTC)与/或碰撞规避范围,以确定潜在的碰撞风险;

④如果多个 RV 被识别为有风险,则筛选出风险最大的 RV;

⑤对 HV 的驾驶员进行预警。

1.1.1.2 安全提醒类

1)典型场景 1:紧急车辆提醒(EVA)

(1)功能介绍。

紧急车辆提醒功能可使正在执行救援、执法等任务的紧急车辆与周边车辆通信,要求周边车辆的驾驶员知晓情况,或让出道路以避免阻挡紧急车辆。

(2)场景描述及基本原理。

①执行紧急救援的 RV 需采用某种方法获得紧急授权,如采用特定的数字证书(license)进行通信;

②执行紧急救援的 RV 需指示自己当前的状态(如正在进行紧急救援任务),需传输服务状态、航向角以及定位信息,需提供正在处理的紧急情况的更多细节,并向 HV 驾驶员提供授权过的指示信息(如让出右边的车道),这样便于 HV 进行正确的响应;

③HV 需从 RV 得到足够的信息以计算自身与 RV 的相对位置,这样便于 HV 确认 RV 与自身的相关性;

④无论执行紧急救援的 RV 从哪个角度靠近 HV,HV 驾驶员都应收到提醒,RV 需知道 HV 是否收到了紧急车辆提醒,这样有助于 RV 更好地预测 HV 的动作;

⑤当执行紧急救援的 RV 结束救援任务后,应恢复到正常/非紧急的信息发送状态。

2)典型场景 2:路端提醒(RSA)

(1)功能介绍。

路端提醒功能指特殊车辆或故障车辆在路上停止或缓行且有可能影响交通安全时,可以与周围车辆通信以通知其驾驶员。周围车辆的驾驶员应采取措施与其保持安全距离。

(2)场景描述及基本原理。

①特殊车辆(或故障车辆,下同)作为 RV 需设置自己的角色(如我是拖车)和相应的状态;需传输自己的角色、航向角及定位信息,特别是定位信息;可提供额外的描述性信息,包括行驶方式(如慢行)和车辆/工作性质(如树木修剪),这些将有利于 HV 作出合适的响应。

②特殊车辆 RV 应及时向 HV 告知自己的状态,即使信道存在拥塞可能,也要保证整个系统拥有满足要求的无线通信可靠性。

③HV 从特殊车辆 RV 得到足够的信息后,计算其与 RV 的相对位置,从而确认 RV 与本车的相关性。

④无论特殊车辆 RV 从哪个角度靠近 HV,HV 的驾驶员都应收到预警。

⑤当 RV 恢复到正常行驶状态时(如不再停止或慢行),应恢复到正常的消息发送状态。

1.1.1.3 路端安全类

典型场景:天气提醒

(1)功能介绍。

天气提醒功能可以使用联网车辆或可移动设备收集天气信息,增加信息来源。反过来,与天气相关的提醒也可以通过联网车辆或者手持设备发送给驾驶员。天气应用可以给道路交通基础设施建设方或使用方提供额外的信息,使得它们更准确地评估天气对交通带来的影响,从而更好地使用道路交通系统。

(2)场景描述及基本原理。

接收与天气相关的数据:与天气相关的数据可从个人、车辆设备获取,天气观察员或市民也可以提供天气数据。这些数据可被道路交通基础设施建设方输入天气预测模型、道路运维系统、车辆信息服务系统。它们包括:

①天气相关的基础数据。

a. 风的数据;

b. 相对湿度数据;

c. 露点温度数据;

d. 人行道状态数据;

e. 可见度数据;

f. 降水数据;

g. 日照强度数据。

②来自车辆传感器的环境数据。

a. 外界气温数据;

b. 车辆刮水器的旋转速度数据;

c. 车辆的灯光亮度数据;

d. 车辆的加速度数据;

e. 车辆的防抱死系统(Antilock Brake System,ABS)数据;

f. 车辆的牵引力控制系统(Traction Control System,TCS)数据;

g. 车辆的顺序控制系统(Sequence Control System,SCS)数据;

h. 车辆的行驶速度数据。

③市民上报的环境数据。

向驾驶员提供与天气相关的信息:包括向驾驶员提供天气预报、不利路况提醒、与天气相关的封路提醒、行驶速度建议、风的数据、可见度数据等。路政部门还可以为一些特别的车辆(如紧急车辆、维修车辆)提供路线建议。此路线建议不是具体的导航路线规划,而是高层级建议,如建议走某条路。

与天气相关的交通管理:路政部门可根据天气状态的变化调整某个路端的限速数据或建议的行驶速度。

与天气相关的路政管理:路政部门可根据天气的变化撤销当前的道路养护方案并发送新的方案,还可以向维护车辆发送路线建议。

1.1.1.4 弱势交通安全类

典型场景:弱势交通参与者提醒

(1)功能介绍。

弱势交通参与者(VRU)提醒功能中,VRU 的手持设备向外广播 BSM 消息,帮助驶来的车辆识别潜在的碰撞风险,识别到风险后,车辆应采取相应的措施,如提醒驾驶员。弱势交通参与者提醒功能可以与车辆已有的行人检测系统形成互补,让驾驶员更早地收到提醒,以采取相应的措施。

（2）场景描述及基本原理。

弱势交通参与者提醒功能的主要场景如图 1-8～图 1-11 所示，SAE J2945/9 详细描述了实现这些场景的具体要求。

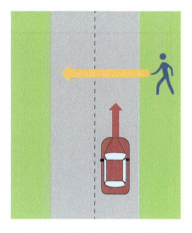

图 1-8　场景 1：VRU 在 HV 前方横穿道路

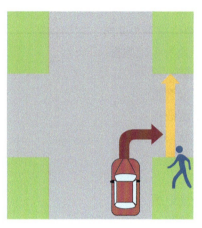

图 1-9　场景 2：VRU 在 HV 右转时穿过道路

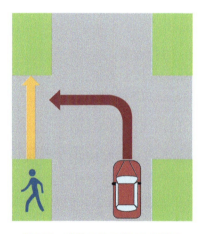

图 1-10　场景 3：VRU 在 HV 左转时穿过道路

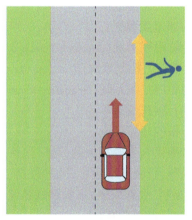

图 1-11　场景 4：VRU 沿着道路行走

1.1.2　欧洲车联网应用场景

ETSI 智能交通系统技术委员会（TC ITS）负责开发与 V2X 应用服务、通信体系结构、管理和安全性相关的标准。目前，TC ITS 共有 5 个工作组负责相关标准的制定，包括：

（1）ITS-WG1：负责应用和服务的 ITS 标准制定；

（2）ITS-WG2：负责总体体系结构和 OSI（Open System Interconnection）参考模型跨层问题的 ITS 标准制定；

（3）ITS-WG3：负责数据传输和网络协议层的 ITS 标准制定；

(4) ITS-WG4：负责物理层和数据链路层的 ITS 标准化制定；

(5) ITS-WG5：负责 ITS 安全标准化制定。

其中，ITS-WG1 在已发布的《智能交通系统车辆通信基本应用集定义》[Intelligent Transport Systems (ITS); Vehicular Communications; Basic Set of Applications; Definitions, TR 102 638]中对应用场景按照道路安全类、交通效率类进行了分类，标准化应用场景列表见表 1-2。可以看出，ETSI 对于车联网应用场景的标准化与美国汽车工程学会（SAE）在场景分类方式、场景名称等方面有所区别，但总体比较接近。本节将对其中典型的应用场景进行展开介绍，与美国汽车工程学会（SAE）场景类似的内容会有所精简，读者可以与 1.1.1 节对照阅读。

ETSI 车联网应用场景列表 表 1-2

序号	应用类别	应用	应用场景	功能定义
1	道路安全类	协作式道路安全	紧急电子制动灯	车辆向本地后方车辆发送紧急制动信号，紧急制动表现为车辆启动紧急电子制动灯
2			安全功能异常预警	车辆检测到安全功能异常（转向、制动等）并对其他车辆造成危险时，发出车辆状态异常的信号
3		车辆类型警告	慢速车辆预警	紧急车辆可以表明其身份。在许多国家，车辆有义务为紧急车辆让路并腾出紧急通道
4			摩托车预警	向驾驶员预警有摩托车正在接近。该场景在能见度降低的情况下尤其有用
5			弱势交通参与者预警	向车辆发出弱势交通参与者预警（如行人或骑自行车的人），以防出现危险情况
6		交通危险警告	错误方向驾驶预警	有车辆正在逆向行驶，并对一定区域内的车辆行驶造成影响。受影响区域主要是车辆逆向行驶的道路，受影响车辆是接近违规车辆的车辆
7			静止车辆预警	车辆在道路上无法行驶（因连续发生事故、故障等原因），提醒其他接近的车辆注意与这种危险情况相关的风险
8			违反信号预警	ITS 检测站（很可能是一个 RSU）向受影响的用户发出有车辆违反信号灯，增加了事故发生风险的信号
9			交通状况预警	车辆或 RSU 向其他车辆发出当前交通状况的信号
10			道路作业预警	通过道路基础设施与车辆通信，提供当前有效的道路工程和相关限制的信息
11			去中心化浮动车辆	车辆检测并向其他车辆发出某些局部危险或某些交通流演变的信号。该信息也可以由 RSU 接收并转发至交通管理中心或附近的 RSU，以便转发给更远的车辆
12		动态车辆预警	超车预警	超车车辆向其他车辆发出信号，以确保超车安全
13			换道辅助	通过提供相邻车道上车辆的相关信息，并通过 V2V 合作方式，为驾驶员提供帮助
14			预碰撞感应预警	在检测到不可避免的碰撞后，通过交换车辆属性，为即将发生的和不可避免的碰撞做准备
15			协同式减少眩光	车辆在检测到对向车道驶来车辆时，自动将远光灯切换到近光灯

续上表

序号	应用类别	应用	应用场景	功 能 定 义
16	道路安全类	碰撞风险预警	交叉路口转弯碰撞风险预警	通知接近的车辆,有车辆(传输车辆)打算在交叉路口转弯
17			合流转向碰撞风险预警	提供左侧右转车辆的存在、位置和移动情况信息
18			危险位置通知	通知车辆任何临时或永久(即长期)危险位置
19			交叉路口碰撞预警	在交叉路口存在碰撞风险的情况下,通知受影响区域内的车辆,以降低风险
20			协同式前向碰撞预警	基于检测到前方碰撞风险的车辆之间的协作。这种协作是为了避免事故发生,可以通过驾驶员的协助,或者直接对汽车采取行动
21			来自RSU的碰撞风险预警	通过RSU检测两辆或更多车辆之间的碰撞风险,并警告它们这种风险
22	交通效率类	速度管理	监管限速	RSU以给定的频率广播当前本地车速限制值(监管)
23			交通灯最佳速度咨询	交通灯广播与其当前状态相关的计时数据(例如,在绿色、黄色、红色之间切换前的剩余时间)
24		协作导航	交通信息和推荐行程	通知附近车辆交通异常情况,并在交通拥堵的情况下给出建议
25			增强型路线引导和导航	一种能够访问互联网的RSU装置,使过往车辆或停放车辆能够访问互联网服务器,并根据个性化请求下载优化行程
26			交叉路口管理	考虑所有V2V和V2I合作的可能性,以提高交叉路口的交通效率,例如交通灯同步
27			协作式灵活车道变化	为某些在特定条件下(例如,没有公交车)获得永久或临时通行权的车辆灵活分配专用车道(例如,公共交通专用车道)
28			限制通行警告和绕行通知	警告接近的车辆这些道路限制通行,并提供限制通行的相关数据(例如限制措施、限制对象、起止时间等),便于主车优化行车路线
29			车内标识	通过道路基础设施和车辆通信,将当前有效的交通标志信息提供给驾驶员
30			电子收费系统	一种能够在电子收费后控制对路网部分访问的RSU
31			协同自适应巡航控制	基于V2X协作感知信息和单播交换来获取头部车辆动态和前方交通概况,以提高当前车辆自适应巡航控制(ACC,Adaptive Cruise Control)的性能
32			协作式车辆公路编队行驶	使用V2X协作感知信息和单播交换,使车辆在高速公路或特定车道上安全运行

1.1.2.1 道路安全类

按照ETSI的分类依据,该类应用的主要目标是提供安全驾驶辅助类服务,改善道路安全。

1) 场景范例 1：协作式道路安全——紧急电子制动灯

（1）场景描述。

车辆向本地后方车辆发送紧急制动信号，将车辆突然减速的信息预警给后方车辆，降低纵向碰撞的风险，如图 1-12 所示。紧急制动表现为车辆启动紧急电子制动灯。

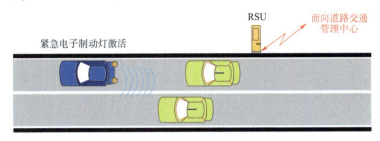

图 1-12　紧急电子制动灯用例场景

（2）通信方式。

紧急制动车辆广播 V2X 事件消息。

（3）性能要求。

①车辆具备启动紧急电子制动灯并广播相应 V2X 消息的能力；

②相关车辆具备接收和处理相应 V2X 消息的能力；

③消息最小更新频率：10Hz；

④系统端到端时延：不超过 100ms。

2) 场景范例 2：车辆类型警告——弱势交通参与者预警

（1）场景描述。

向车辆发出弱势交通参与者预警（如行人或骑自行车的人）的位置信息，以防出现车辆碰撞弱势交通参与者的危险情况，如图 1-13 所示。

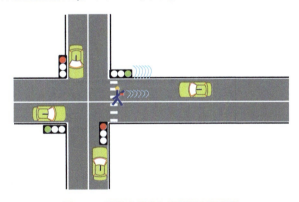

图 1-13　弱势交通参与者预警用例场景

（2）通信方式。

弱势交通参与者或 RSU 广播 V2X 协作感知消息。

（3）性能要求。

①配备相关设备的弱势交通参与者或配备感知系统的 RSU 能够广播相应的 V2X 感知消息，提供弱势交通参与者存在、轨迹和速度信息；

②有关车辆能够接收、解码和处理相应的 V2X 感知消息,并向驾驶员提供预警,以避免与弱势交通参与者发生碰撞;

③消息最小更新频率:1Hz;

④系统端到端时延:不超过 100ms。

3)场景范例 3:交通危险警告——错误方向驾驶预警

(1)场景描述。

有车辆正在道路逆向行驶,且对一定区域的车辆行驶造成影响,通过预警尽量限制因错误驾驶方式造成的正面碰撞,如图 1-14 所示。受影响区域主要是车辆逆向行驶的道路,受影响车辆是接近违规车辆的车辆。

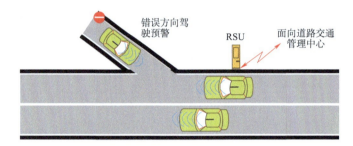

图 1-14　错误方向驾驶预警用例场景

(2)通信方式。

逆向行驶车辆广播 V2X 协作感知消息或 RSU 广播 V2X 事件消息。

(3)性能要求。

①检测车辆是否以错误的方式行驶,并通过广播 V2X 消息,通知周围车辆当前有"错误行驶方向"的车辆状态;

②有关车辆具备接收和处理相应 V2X 消息的能力;

③消息最小更新频率:10Hz;

④系统端到端时延:不超过 100ms。

4)场景范例 4:动态车辆预警——超车预警

(1)场景描述。

超车车辆向其他车辆发出信号,以确保超车安全,降低事故的风险,特别是在极限条件下,如图 1-15 所示。

图 1-15　超车预警用例场景

(2)通信方式。

超车车辆广播 V2X 协作感知消息。

(3)性能要求。

①超车车辆能够广播 V2X 协作感知消息,表明其超车状态;

②所有相关车辆能够接收和处理相应 V2X 消息;

③超车车辆和所有相关车辆可在数字地图上实现精确定位;

④消息最小更新频率:10Hz;

⑤系统端到端时延:不超过 100ms。

5)场景范例5:碰撞风险预警——交叉路口转弯碰撞风险预警

(1)场景描述。

通知接近的车辆,有车辆在交叉路口转弯(重点是左转),从而避免横向碰撞,如图1-16所示。

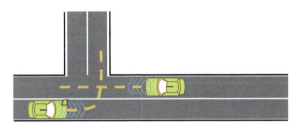

图 1-16　交叉路口转弯碰撞风险预警用例场景

(2)通信方式。

转弯车辆广播 V2X 协作感知消息。

(3)性能要求。

①转弯车辆能够在 V2X 协作感知消息中广播其状态;

②相关车辆具备接收和处理相应 V2X 消息的能力;

③如果车辆之间的视线受阻,可安装 RSU,在检测到碰撞风险后由 RSU 广播相应消息;

④消息最小更新频率:10Hz;

⑤系统端到端时延:不超过 100ms。

1.1.2.2　交通效率类

按照 ETSI 的分类依据,该类应用的主要目标是提高交通流动性,改善道路安全。

1)场景范例1:速度管理——交通灯最佳速度咨询(即绿波速度建议)

(1)场景描述。

广播与交通灯当前状态相关的计时数据(例如,在绿色、黄色、红色之间切换前的剩余时间),向驾驶员提供通过路口的最佳速度建议,如图1-17所示。

(2)通信方式。

长期周期性广播 V2X 协作感知消息。

(3)性能要求。

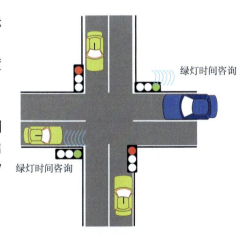

图 1-17　交通灯最佳速度咨询用例场景

①RSU能够获取并周期性广播与交通灯当前状态相关联的定时数据；
②车辆具有关于交叉路口的详细拓扑和几何信息；
③车辆具备接收并处理相应V2X消息的能力；
④消息最小更新频率：2Hz；
⑤系统端到端时延：不超过100ms；
⑥车辆定位精度：优于5m。

2）场景范例2：协作导航——车内标识

（1）场景描述。

通过道路基础设施和车辆通信，将当前有效的交通标志信息提供给驾驶员，促进提升道路安全和交通效率，如图1-18所示。

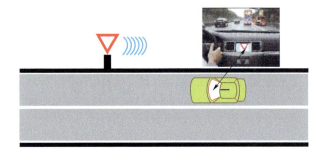

图1-18 车内标识用例场景

（2）通信方式。

长期周期性广播V2X事件消息。

（3）性能要求。

①RSU具备周期性广播交通标志类型和状态等消息的能力；
②车辆具备接收并处理相应消息的能力，并将交通标志类型和状态等告知驾驶员；
③消息最小更新频率：1Hz；
④系统端到端时延：不超过500ms。

1.2 我国C-V2X应用场景

1.2.1 C-V2X第一阶段应用场景

基于C-V2X通信技术，中国汽车工程学会（C-SAE）研究制定了《合作式智能运输系统车用通信系统应用层及应用数据交互标准》（T/CSAE 53—2020），定义了安全、效率、信息服务三大类17个C-V2X典型应用场景，见表1-3。同时，中国通信标准化委员会（CCSA）同步研究制定了《基于LTE的车联网无线通信技术 消息层技术要求》（YD/T 3709—2020），对支持应用场景实现的信息交互消息集进行标准化。需要指出的是，由于我国在发展车联网初期就确定采用C-V2X技术路线，故国内定义的应用场景基本适配了C-V2X技术（主要是LTE-V2X技术）的性能特点。考虑C-V2X技术成熟度与产业进程，第一阶段主要定义了预警类和提示引导类等实现相对简单的场景,而涉及多车协作交互的相对复杂场景则在第二阶段中予以定义。在场景定义过程中,国内标准化组织既对美欧已有标准进行了参考,又结合国内道路交通特色、智能网联汽车发展需求进行了补充、完善和优化。本节将对第一阶段应用中的部分场景进行展开介绍,读者可与1.1节对照阅读。

LTE-V2X 第一阶段应用列表 表1-3

序号	类别	通信模式	应用场景名称
1	安全	V2V	前向碰撞预警
2		V2V/V2I	交叉路口碰撞预警
3		V2V/V2I	左转辅助
4		V2V	盲区预警/变道预警
5		V2V	逆向超车预警
6		V2V-Event	紧急制动预警
7		V2V-Event	异常车辆提醒
8		V2V-Event	车辆失控预警
9		V2I	道路危险状况提示
10		V2I	限速预警
11		V2I	闯红灯预警
12		V2P/V2I	弱势交通参与者碰撞预警
13	效率	V2I	绿波车速引导
14		V2I	车内标识
15		V2I	前方拥堵提醒
16		V2V	紧急车辆提醒
17	信息服务	V2I	汽车近场支付

1.2.1.1 安全类

1)场景范例1:前向碰撞预警

(1)应用概要。

与美国汽车工程学会(SAE)的场景定义类似,我国C-V2X第一阶段应用场景定义的前向碰撞预警(FCW)是指主车(HV)在车道上行驶,与在正前方同一车道的远车(RV)存在追尾碰撞危险时,FCW应用将对HV驾驶员进行预警。该应用适用于普通道路或高速公路等车辆追尾碰撞危险的预警,可辅助驾驶员避免或减轻前向碰撞,提高道路行驶安全。

(2)主要场景。

我国定义的FCW同样包括四类主要场景,分别是:①HV行驶,RV在HV同一车道正前方停止(图1-19);②HV行驶,RV在HV相邻车道前方停止(图1-20);③HV行驶,RV在HV同一车道正前方慢速或减速行驶(图1-21);④HV行驶,HV视线受阻,RV-1在HV同一车道正前方慢速或减速行驶(图1-22)。四类场景的实现方式、基本原理与第1章中美国汽车工程学会(SAE)的定义类似,在此不再赘述。

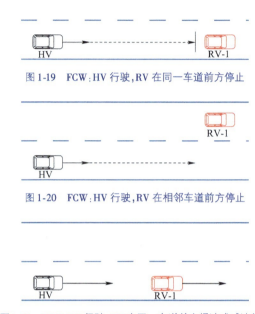

图 1-19 FCW：HV 行驶，RV 在同一车道前方停止

图 1-20 FCW：HV 行驶，RV 在相邻车道前方停止

图 1-21 FCW：HV 行驶，RV 在同一车道前方慢速或减速行驶

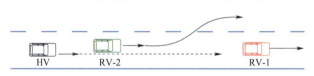

图 1-22 FCW：HV 行驶，视线受阻，RV 在同一车道慢速或减速行驶

(3) 通信方式及性能要求。

HV 和 RV 需具备 C-V2X 短程无线通信能力，车辆信息通过短程无线通信在 HV 和 RV 之间传递 (V2V)，主要包括：时刻、位置（经纬度、海拔）、车头方向角、车体尺寸（长、宽）、速度、三轴加速度、横摆角速度等，其他基本性能要求如下：

① 主车车速范围：0～130km/h；

② 通信距离：≥300m；

③ 数据更新频率：≤10Hz；

④ 系统延迟：≤100ms；

⑤ 定位精度：≤1.5m。

2) 场景范例 2：交叉路口碰撞预警

(1) 应用概要。

交叉路口碰撞预警 (Intersection Collision Warning, ICW) 是指主车 (HV) 驶向交叉路口，与侧向行驶的远车 (RV) 存在碰撞危险时，ICW 应用将对 HV 驾驶员进行预警。该应用适用于城市及郊区普通道路及公路的交叉路口、环岛的入口、高速公路入口等处碰撞危险的预警，可辅助驾驶员避免或减轻侧向碰撞，提高交叉路口通行安全。

(2) 主要场景。

按照标准定义,ICW 包括以下两类主要场景:

① HV 在路口起步(图 1-23)。

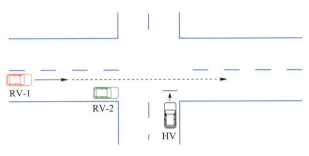

图 1-23　ICW:HV 在路口起步

a. HV 停止在路口,RV-1 从 HV 左侧或右侧驶向路口,HV 的视线可能被出现在路口的 RV-2 遮挡;

b. 当 HV 起动并准备进入路口时,ICW 应用对 HV 驾驶员发出预警,提醒驾驶员与侧向来车 RV-1 存在碰撞危险。

② HV 和 RV 同时驶向路口(图 1-24)。

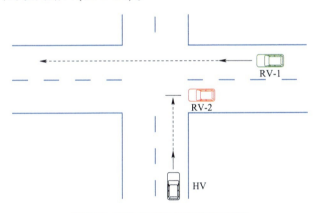

图 1-24　ICW:HV 和 RV 同时驶向路口

a. HV 驶向路口,同时 RV-1 从 HV 左侧或右侧驶向路口,HV 的视线可能被出现在路口的 RV-2 遮挡;

b. 当 HV 驶近路口时,ICW 应用对 HV 驾驶员发出预警,提醒驾驶员与侧向来车 RV-1 存在碰撞危险。

HV 驶向交叉路口时若与任意一辆驶向同一路口的 RV 存在碰撞危险,ICW 应用会对 HV 驾驶员进行预警。触发预警功能的 HV 和 RV 位置关系如图 1-25 所示,其中 HV 和 RV 行驶方向不限于垂直交叉(90°),可为一定范围内的多角度交叉。ICW 应用分析接收到的 RV 消息,筛选出位于交叉路口左侧(Intersecting Left)或交叉路口右侧(Intersecting Right)区域的 RV;进一步筛选处于一定距离范围内的 RV 作为潜在威胁车辆;计算每一个潜在威胁车辆到达路口的时间(TTI:time-to-intersection)和到达路口的距离(DTI:distance-to-intersection),筛选出与 HV 存在碰撞危险的威胁车辆;若有多个威胁车辆,则筛选出最紧急的威胁车辆;最终通过 HMI 对 HV 驾驶员进行相应的碰撞预警。

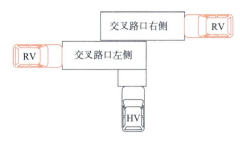

图 1-25　ICW:HV 和 RV 位置关系

(3)通信方式及性能要求。

HV 和 RV 需具备 C-V2X 短程无线通信能力,车辆信息通过短程无线通信在 HV 和 RV 之间传递(V2V);利用具备 C-V2X 短程无线通信能力的路侧设备直接探测碰撞危险或远车信息,发送给主车(V2I)。车辆信息主要包括:时刻、位置(经纬度、海拔)、车头方向角、车体尺寸(长、宽)、速度、三轴加速度、横摆角速度等。其他基本性能要求如下:

① 主车车速范围:0~70km/h;

② 通信距离:≥150m;

③ 数据更新频率:≤10Hz;

④ 系统延迟:≤100ms;

⑤ 定位精度:≤5m。

3)场景范例 3:左转辅助

(1)应用概要。

与 ETSI 定义的交叉路口转弯碰撞风险预警场景类似,我国 C-V2X 第一阶段应用场景定义的左转辅助(Left Turn Assist,LTA)是指,主车(HV)在交叉路口左转,与对向驶来的远车(RV)存在碰撞危险时,LTA 应用将对 HV 驾驶员进行预警。该应用适用于城市及郊区普通道路及公路的交叉路口,可辅助驾驶员避免或减轻侧向碰撞,提高交叉路口通行安全。

(2)主要场景。

LTA 的主要场景为,HV 在交叉路口左转,RV 从对向驶向路口,如图 1-26 所示。具体描述如下:

① HV 和 RV 同时从相对的方向驶向交叉路口;

② HV 起动并准备进入路口左转时,若检测到与对向来车 RV 存在碰撞危险,LTA 应用将对 HV 驾驶员发出预警。

HV 驶向交叉路口左转行驶时若与对向行驶车辆(RV)存在碰撞危险,LTA 会对 HV 驾驶员进行预警。触发 LTA 功能的 HV 和 RV 位置关系如图 1-27 所示。LTA 分析接收到的 RV 消息,筛选出位于 HV 相邻车道对向车辆(oncoming left)和远端车道对向车辆(oncoming far left)区域的 RV;进一步筛选处于一定距离范围内的 RV 作为潜在威胁车辆;计算每一个潜在威胁车辆到达路口的时间(TTI)和到达路口的距离(DTI),筛选出与 HV 存在碰撞危险的威胁车辆;若有多个威胁车辆,则筛选出最紧急的威胁车辆;最终通过 HMI 对 HV 驾驶员进行相应的碰撞预警。

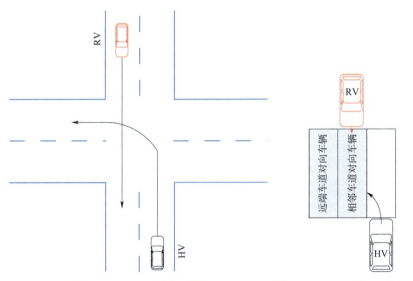

图 1-26　LTA：HV 在路口左转　　图 1-27　LTA：HV 和 RV 位置关系

(3) 通信方式及性能要求。

HV 和 RV 需具备 C-V2X 短程无线通信能力，车辆信息通过短程无线通信在 HV 和 RV 之间传递（V2V）；利用具备 C-V2X 短程无线通信能力的路侧设备直接探测碰撞危险或远车信息，发送给主车（V2I）。车辆信息除了前述 FCW、ICW 中涉及的时刻、位置（经纬度、海拔）、车头方向角、车体尺寸（长、宽）、速度、三轴加速度、横摆角速度等信息外，还应包括转向信号信息。其他基本性能要求如下：

①主车车速范围：0～70km/h；

②通信距离：≥150m；

③数据更新频率：≤10Hz；

④系统延迟：≤100ms；

⑤定位精度：≤5m。

1.2.1.2　效率类

1) 场景范例1：绿波车速引导

(1) 应用概要。

与 ETSI 定义的交通灯最佳速度咨询场景类似，我国 C-V2X 第一阶段应用场景定义的绿波车速引导（Green Light Optimal Speed Advisory，GLOSA）是指，当装载车载单元（OBU）的 HV 驶向信号灯控制交叉路口，收到由 RSU 发送的道路数据及信号灯实时状态数据时，GLOSA 应用将给予驾驶员一个建议车速区间，以使车辆能够经济、舒适地（不需要停车等待）通过该信号灯控制路口。该应用适用于城市及郊区普通道路信号灯控制路口，可提高车辆通过交叉路口的经济性和舒适性，提升交通系统效率。

(2) 主要场景。

GLOSA 的主要场景如图 1-28 所示。具体描述如下：

①HV 从远处接近信号灯控制路口；

②路侧通信设备发出局部道路数据信息及从路口信号机处获得的信号灯数据信息和实

时状态信息;

③GLOSA 应用根据上述信息,给出 HV 前方信号灯的实时状态,并结合 HV 的定位和行驶状态信息,计算出通过路口的引导车速区间。

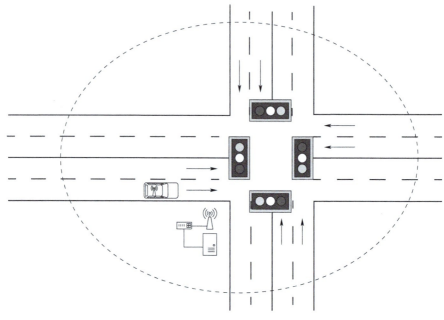

图 1-28　GLOSA:绿波车速引导场景

在 GLOSA 应用中,HV 根据收到的道路数据,以及本车的定位和运行数据,判定本车在路网中所处的位置和运行方向;判断车辆前方路口有无信号灯,提取信号灯对应相位的实时状态;若有信号灯信息,则可直接显示给驾驶员;GLOSA 应用根据本车的位置,以及信号灯对应相位的实时状态,计算本车能够在本次或下次绿灯期间不停车通过路口所需的最高行驶速度和最低行驶速度,并进行提示。

(3)通信方式及性能要求。

GLOSA 应用要求路侧设备具备 C-V2X 短程无线通信能力,并将道路数据与信号灯实时状态数据发送给 HV(V2I),具体包括:时刻、地图节点、路段、车道、连接转向关系、信号灯静态信息、实时状态信息、转向-相位关系等。其他基本性能要求如下:

①车辆速度范围:0~70km/h;

②通信距离:≥150m;

③道路数据集更新频率典型值:1Hz;

④信号灯数据集更新频率典型值:5Hz;

⑤系统延迟:≤200ms;

⑥定位精度:≤1.5m。

2)场景范例 2:前方拥堵提醒

(1)应用概要。

我国 C-V2X 第一阶段应用场景定义的前方拥堵提醒(Traffic Jam Warning,TJW)是指,主车(HV)行驶前方发生交通拥堵状况,RSU将拥堵路段信息发送给HV,TJW应用将对驾驶员进行提醒。该应用适用于城市及郊区普通道路及高速公路拥堵路段的预警,可提醒驾驶员前方路段拥堵,有助于驾驶员合理制定行车路线,提高道路通行效率。

(2)主要场景。

TJW的主要场景如图1-29所示。具体描述如下:

①HV从远处接近相应的RSU,RSU周期性广播局部道路拥堵数据信息;

②TJW应用根据上述信息,结合本车的定位和行驶状态,计算出本车在路网中的位置,并判断前方是否拥堵;如果拥堵,则对驾驶员进行前方拥堵的提示。

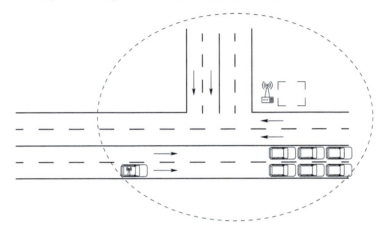

图1-29　TJW:前方拥堵提醒典型场景

在TJW应用中,HV根据收到的道路数据,以及本车的定位和运行数据,判定本车在路网中所处的位置和运行方向;判断车辆前方道路有无交通拥堵。若有,则直接提醒驾驶员。

(3)通信方式及性能要求。

TJW应用要求路侧设备具备C-V2X短程无线通信能力,可将直接探测到的拥堵信息或ITS中的拥堵路段信息,发送给HV(V2I)。此外,利用具备C-V2X短程无线通信能力的车辆可将前方道路拥堵信息转发给后方车辆(V2V)。其中,道路拥堵信息主要包括:拥堵起止点位置(经纬度)和拥堵程度。其他基本性能要求如下:

①主车车速范围:0~130km/h;

②通信距离:≥150m;

③数据更新频率典型值:1Hz;

④系统延迟:≤500ms;

⑤定位精度:≤5m。

1.2.2　C-V2X第二阶段应用场景

随着我国主导的C-V2X技术与产业不断成熟,为匹配国内车联网产业发展进程,进一步支持C-V2X完善协同控制类应用场景,在第一阶段应用场景基础上,中国汽车工程学会(C-SAE)研究制定了《合作式智能运输系统　车用通信系统应用层及应用数据交互标准(第二阶段)》(T/CSAE 157—2020),定义了安全、效率、信息服务、交通管理、高级智能驾驶等12

个 C-V2X 典型应用场景（表 1-4），以及相应的应用需求和数据集。相比第一阶段应用场景的标准化部分参考了欧美相关工作，第二阶段应用场景的标准化大多是前沿、引领、创新的工作，场景选择上更侧重于车辆协作交互、高阶交通管理、高级别自动驾驶等对 C-V2X 通信性能要求更高的场景。本节将对上述第二阶段应用中的部分场景进行详细阐述。

C-V2X 第二阶段应用列表　　　　表 1-4

序号	类别	通信模式	应用场景名称
1	安全	V2V/V2I	感知数据共享
2	安全	V2V/V2I	协作式变道
3	安全/效率	V2I	协作式车辆汇入
4	安全/效率	V2I	协作式交叉路口通行
5	信息服务	V2I	差分数据服务
6	效率/交通管理	V2I	动态车道管理
7	效率	V2I	协作式优先车辆通行
8	信息服务	V2I	场站路径引导服务
9	交通管理	V2I	浮动车数据采集
10	安全	P2X	弱势交通参与者安全通行
11	高级智能驾驶	V2V	协作式车辆编队管理
12	效率/信息服务	V2I	道路收费服务

1.2.2.1　安全类

场景范例：协作式变道。

（1）应用概要。

协作式变道场景是指车辆 EV 在行驶过程中需要变道，车辆 EV 将行驶意图发送给相关车道（本车道和目标车道）的其他相关车辆或路侧设备 RSU，相关车辆收到 EV 的意图信息或路侧设备的调度信息，根据自身情况调整驾驶行为，使得车辆 EV 能够安全完成变道或延迟变道，实现车辆之间安全高效地自行合作变道，提升通行效率和道路安全。

（2）主要场景。

①车车协作式变道。

车车协作式变道场景如图 1-30、图 1-31 所示。

a. 装备有 V2X 通信设备的车辆 EV-1、EV-2 在道路上正常行驶，EV-2 在 EV-1 相邻车道内行驶；

b. EV-1 在行驶过程中需要进行变道时，将变道意图发送给目标车道的相关车辆 EV-2；

c. EV-2 收到 EV-1 的变道意图，根据自身信息、周围车辆信息或者其他车载传感器感知的周边环境信息，经决策判断，加速通过（图 1-30），或减速让道（图 1-31），同时 EV-2 将其自身驾驶行为调整的结果即时发送给 EV-1。

②车路协作式变道。

车路协作式变道场景如图 1-32、图 1-33 所示。

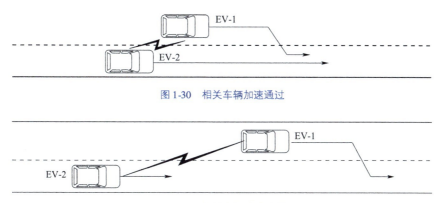

图1-30　相关车辆加速通过

图1-31　相关车辆减速让道

a. 车辆 EV 在道路上正常行驶，车辆 NV 在 EV 相邻车道内行驶；

b. EV 在行驶过程中需要变道，EV 向 RSU 发送变道意图，RSU 根据 EV 信息和当前相关道路车辆信息以及感知信息作出判断，向 EV 下发引导信息，辅助其安全变道，或延后变道，同时 EV 也将自身的驾驶行为即时发送给周边车辆和 RSU。

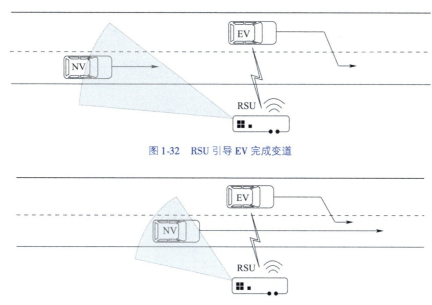

图1-32　RSU 引导 EV 完成变道

图1-33　RSU 引导 EV 延后变道

(3) 通信方式及性能要求。

在车车协作变道场景中，变道车辆和周围相关车辆应具备 C-V2X 短程无线通信能力 (V2V)；在车路协作变道场景中，变道车辆和相关路侧设备应具备 C-V2X 短程无线通信能力，可采用单播、组播或广播方式进行交互 (V2I)。在变道场景触发的一段连续时间内，车辆或路侧设备应周期性发送信息，其中变道车辆发送的内容包括：时刻、车辆标识、车辆位置信息、当前驾驶行为意图、短时轨迹规划、意图请求有效时间、当前所在车道、换道目标车道等；路侧设备发送的引导内容包括：被引导车辆标识、驾驶行为建议、驾驶行为建议的有效时间、相关道路、相关路径、路径引导信息(引导建议速度、引导建议驾驶行为、引导生效起止时间)等。其他基本性能要求如下：

① 车速范围：0～120km/h；

② 通信距离：≥200m；

③ (应用触发期间)数据通信频率：≥10Hz；

④ 应用层端到端时延：≤50ms；

⑤ 水平方向定位精度：≤0.5m。

1.2.2.2　安全/效率类

场景范例：协作式车辆汇入。

(1) 应用概要。

协作式车辆汇入场景是指，在高速公路或快速道路入口匝道处，路侧单元获取周围车辆运行信息和行驶意图，通过发送车辆引导信息，协调匝道和主路汇入车道车辆，辅助匝道车辆安全、高效地汇入主路。该应用在确保安全汇入的前提下，通过选择合理的汇入时间、汇入位置和汇入车速，减少汇入车辆对主路车流的影响，提高高速公路或快速道路入口匝道处通行安全和通行效率。

(2) 主要场景。

① RSU 引导匝道车辆汇入。

RSU 引导匝道车辆汇入场景如图 1-34 所示。

a. 车辆 EV 在匝道上行驶，即将汇入主路，主路最右侧车道有车辆 NV 直行，匝道附近设有路侧单元；

b. RSU 根据匝道车辆 EV 的行驶状态信息或 EV 发送的行驶意图信息，判断 EV 即将汇入主路，并根据主路车辆运动信息，生成匝道汇入的引导信息，并发送给匝道车辆 EV；

c. EV 收到 RSU 的汇入引导信息，根据自身运行状态和主路交通参与者信息(可能来自自身感知或其他 V2X)，生成驾驶行为策略或汇入轨迹规划，在不影响主路车辆正常行驶的前提下，安全地从匝道汇入主路；

d. 若主路车辆 NV 也具备无线通信能力，则 RSU 可以向其发布驾驶辅助信息，以确保主路车辆 NV 的安全行驶和匝道车辆的安全汇入。

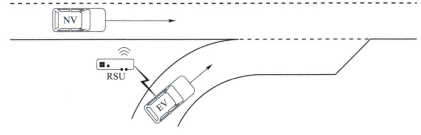

图 1-34　RSU 引导匝道车辆汇入主路

② 协作式匝道信号控制。

协作式匝道信号控制场景如图 1-35 所示。

a. RSU 通过主路的网联车辆以及路侧传感器，获取主路交通参与者情况以及匝道车辆运行状况和汇入意图；

b. RSU 分析主路交通状态并对可汇入间隙进行预测，将控制建议发送给匝道信号控制设备，由匝道汇入控制信号灯生成具体控制策略，通过信号灯控制保证主路交通流的顺畅、安全运行，同时引导匝道车辆安全、高效地进入主路。

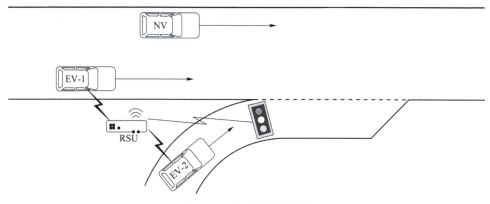

图 1-35　协作式匝道信号控制

（3）通信方式及性能要求。

车辆 EV 与路侧设备应具备 C-V2X 短程无线通信能力（V2V、V2I），彼此之间以单播、组播或广播方式进行信息交互。在应用触发期间，周期性发送信息，其中车辆发送的内容包括：时刻、当前位置、路径规划信息、计划行驶车道、计划行驶速度、计划行驶角度、预计到达时间等；路侧设备发送的内容包括：被引导车辆标识、驾驶行为建议、驾驶行为建议的有效时间、相关道路、相关路径、路径引导信息（引导建议速度、引导建议驾驶行为、引导生效起止时间）、信号机状态信息等。其他基本性能要求如下：

①车速范围：0～120km/h；

②通信距离：≥300m；

③（应用触发期间）数据通信频率：≥10Hz；

④应用层端到端时延：≤50ms；

⑤车辆侧向定位精度：≤0.5m；

⑥移动方向定位精度：≤1m。

1.2.2.3　信息服务类

场景范例：场站路径引导服务。

（1）应用概要。

车辆场站路径引导服务是指在场站内部区域（如停车场、高速路服务站、加油站等）向进入的车辆提供站点地图信息、车位信息、服务信息等，同时为车辆提供路径引导服务。该场景能够在场站内，使车辆更便捷、精确地获得内部道路地图、车位信息，以及引导路径，便于车辆更快地寻路和前往目的地，提升用户体验，服务"最后一公里"。

（2）主要场景。

场站路径引导服务场景如图 1-36 所示。

a. 车辆 EV 到达场站服务范围内，场站附近设有 RSU；

b. 车辆 EV 向场站发送入场/离场信息或服务请求(包括自身信息、入场/离场请求以及意图信息等);

c. 场站收到 EV 发送的入场/离场信息或服务请求,根据 EV 车辆请求服务类型、当前场站内服务点的状态信息、地图信息向 EV 下发场站地图信息(包括场站内地图信息、各类车位信息和服务点信息),同时向 EV 下发路径引导信息。

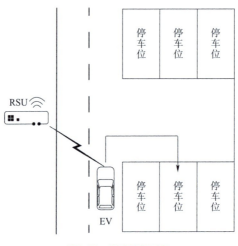

图 1-36　场站路径引导

(3)通信方式及性能要求。

车辆 EV 与路侧设备应具备 C-V2X 短程无线通信能力,采用单播/广播的通信方式进行信息交互。应用触发期间,周期性发送信息,其中车辆发送的内容包括:时刻、当前位置、请求的有效时间、车辆类型、入场请求类型、停车类型等;场站发送的内容主要包括:停车点标识、场站内停车点总数、停车场的层数、停车场的自动停车位类型、场站地图节点信息等。其他基本性能要求如下:

① 车速范围:0~25km/h;

② 通信距离:≥200m;

③ (应用触发期间)数据通信频率:≥2Hz;

④ 应用层端到端时延:≤100ms;

⑤ 水平方向定位精度:≤0.5m。

1.2.2.4　交通管理类

场景范例:交通管理类——浮动车数据采集。

(1)应用概要。

浮动车数据采集应用是指路侧设备通过接收通信范围内车辆发送的信息(包括行驶状态、驾驶意图以及感知信息等),进行数据融合与交通状态分析,形成局部端侧或边缘侧的基于浮动车数据的交通状态评估,可为交通状态监控、交通事件检测、流量分析和动态路径诱导等监控管理提供精确数据支撑。

(2)主要场景。

浮动车数据采集场景如图 1-37 所示。

①RSU 接收并收集通信范围内的 EV 广播信息(包括基础安全消息、意图与请求消息以及车端感知共享消息),作为浮动车数据;

②RSU 对浮动车数据进行筛选、处理和融合,交通状态分析、事件监测等,为局部或区域的交通管理提供数据支持。

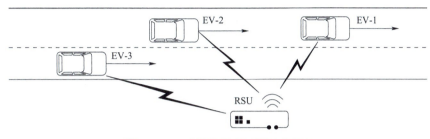

图 1-37　RSU 发送请求采集周围车辆信息

(3)通信方式及性能要求。

车辆和路侧设备需具备 C-V2X 短程无线通信能力,采用广播或单播的方式进行信息交互,主要内容包括:时刻、车辆标识、位置信息、车辆运动信息、车身状态信息、车辆紧急状态、当前驾驶行为状态、运行轨迹等。其他基本性能要求如下:

①车速范围:0~120km/h;

②通信距离:≥200m;

③应用层端到端时延:≤500ms;

④水平方向定位精度:≤1.5m。

第 2 章
LTE-V2X 关键技术

2.1 LTE-V2X 关键技术概述

21 世纪前 20 年,随着智能网联汽车的快速发展,人们逐渐意识到车联网应用的重要性和必要性。V2X 通信作为支撑车联网应用的无线通信技术,包括 V2V 通信、V2I 通信、V2P 通信和 V2N 通信,可支持交通安全类、交通效率类、自动驾驶类、信息娱乐类等丰富的应用类型。由于车辆经常处于高速移动状态,其无线传播环境时变性高,通信对象随机性较强,V2X 通信的网络拓扑也产生快速变化;在此基础上,还提出了在通信终端高密度的环境下需要保证低时延及高可靠的数据传输等需求,这些难题对车联网底层通信技术提出了十分严峻的挑战,导致传统的蜂窝无线通信很难满足车联网应用的严苛需求。

在 DSRC 技术推广受阻时,一部分科研人员开始研究如何利用移动通信的产业优势,研发基于蜂窝通信技术的车联网通信技术,特别是将蜂窝通信技术和直连通信技术有机结合起来,解决车与车、车与路、车与人之间的低时延和高可靠通信难题,支持智能交通和自动驾驶汽车等垂直行业新应用。这就催生了蜂窝车联网(C-V2X)技术。一方面,为了实现 V2V、V2I、V2P 通信的低时延及高可靠需求,C-V2X 技术基于 3GPP"设备与设备"(Device to device,D2D)通信技术,引入了直连通信特性,可以在蜂窝覆盖范围外工作,用户终端(User Equipment,UE)间可不经过基站转发直接进行数据传输,在高速移动环境中提供低时延、高可靠、高速率、安全的通信能力,满足车与车、车与路间信息快速交互的需求。另一方面,为了支持信息服务类等 V2N 业务,C-V2X 技术支持传统蜂窝特性,对终端-基站间通信进行了针对性增强设计,适应车联网多样化应用需求,可最大限度利用现有蜂窝网络及终端芯片平台等研发设计基础,复用 4G LTE/5G NR 基站等基础设施资源,节省网络投资与芯片研发成本。

3GPP 先后发布了 Release 14 和 Release 15 两个版本的 LTE-V2X 技术标准,其中 Release 14 版本的技术验证以及产业化进程均相对成熟,当前我国乃至全球 LTE-V2X 产品和系统绝大多数是基于 Release 14 版本研发的,故本书提到的 LTE-V2X,如无注释,均默认为 Release 14 版本。

根据我国通信行业标准《基于 LTE 的车联网无线通信技术 总体技术要求》(YD/T 3400—2018)中关于车联网应用的定义,车联网应用的信息交互可采用终端间直连通信模式,或者经由基础设施(如 RSU、应用服务器)在终端间交互信息。为了支持以上应用,LTE-V2X 通信有两种互为独立、相互补充的工作模式,即基于 PC5 直连通信模式的 V2X 通信和基于 LTE-Uu 蜂窝通信模式的 V2X 通信。目前,我国大部分地区的蜂窝通信基础设施已经演进至5G，因此基于LTE-Uu的V2X通信不作为本节重点内容。本章主要介绍基于PC5的V2X直连通信，而5G-Uu蜂窝通信将在第6~8章进行介绍。

LTE-V2X在PC5接口上的机制设计是以LTE-D2D技术为基础的，3GPP在TS 23.303文档中对PC5接口进行了定义。为支持V2X消息（特别是车辆之间、车辆与路侧基础设施之间的消息）广播、交换快速变化的动态信息（如位置、速度、行驶方向等），3GPP在多方面进行了增强设计，主要包括：

(1) 物理层结构进行增强，以便支持更高的速度。

LTE-V2X在高频段下支持高达500km/h的相对移动速度、高达250km/h的绝对移动速度，因此对信号物理层结构进行了增强，以解决高多普勒频率扩展以及信道快速时变的问题。

(2) 支持全球卫星导航系统同步。

为保证通信性能，LTE-V2X通信终端的接收机和发射机需要在通信过程中保持相互同步。LTE-V2X可支持包括全球卫星导航系统(Global Navigation Satellite System, GNSS)、基站和车辆在内的多种同步源类型，通信终端可通过网络控制或调取预配置信息等方式获得最优同步源，以尽可能实现全网同步。LTE-V2X还支持最优同源的动态维护，使得终端可及时选取到优先级更高的同步源进行时钟同步。

(3) 更加高效的资源分配机制以及拥堵控制机制。

作为LTE-V2X的关键核心技术，LTE-V2X PC5接口支持通过蜂窝网络提供资源调度的资源分配方式(Mode 3)和终端自主配置的资源分配方式(Mode 4)。此外，LTE-V2X还支持集中式和分布式相结合的拥塞控制机制，这种机制可以显著提升高密场景下接入系统的用户数。

此外，LTE-V2X在时延、通信安全、协议一致性等方面也提出了较严格的要求。在时延方面，对于V2V和V2P通信，LTE-V2X要求最大通信时延不应超过100ms，对于时延非常敏感的特殊用例（如碰撞感知），V2V消息的最大时延不宜超过20ms；对于V2I通信，LTE-V2X要求车与路边单元的最大通信时延不应超过100ms。在通信安全方面，LTE-V2X直连通信与传统的无线通信技术相比具有更高的开放性与随机性，为了应对数据窃听、信息替换、恶意占用信道资源等隐患，需要建立安全通信机制，以确保数据的安全传输。在协议一致性方面，由于LTE-V2X直连通信也是一种D2D通信，每个用户终端都是平等的，数据传输不需要经过基站，因此，需要每个用户终端都采用完全一致的通信协议（包括接入层、网络层、消息层协议），以确保传输消息的互联互通。

综上，为了实现端到端低时延、高可靠V2X应用需求，LTE-V2X直连通信进行了一系列关键技术创新设计，本章将分别从LTE-V2X直连通信物理信道及信号设计、同步技术、资源调度技术、安全关键技术等方面予以介绍，而协议一致性主要通过接入层、网络层、消息层等层级的标准化来实现，该内容将在第3章进行阐述。

2.2 物理信道及信号相关技术

与LTE-Uu类似，LTE-V2X直连通信链路中包含3个物理信道，分别是直通链路物理共享信道（PSSCH）、直通链路物理控制信道（PSCCH）和直通链路物理广播信道（PSBCH），其中 PSSCH 主要承载直通链路的业务数据，是一种共享信道；PSCCH 主要承载指示 PSSCH 传输的控制信令 SCI；PSBCH 则用于发送广播信息，获取直通设备间的同步。LTE-V2X 直连通信链路物理信道设计沿用 LTE 4G 蜂窝通信的物理信道基本框架，重用了 LTE Uu 接口上行传输波形——单载波频分多址（Single-Carrier Frequency Division Multiplexing，SC-FDM），以及对时频资源的定义，具体符号长度同 4G LTE 蜂窝通信网络设置。图 2-1 展示了物理直通链路信道基带信号的处理过程。

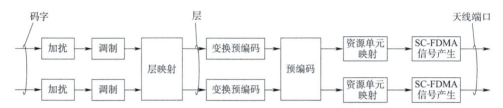

图 2-1 物理直通链路信道基带信号的处理过程

展开来说，直通链路的物理层信号是由长度为 T_f 的无线帧组成，每个无线帧包含 20 个长度为 T_{slot} 的时隙。一个直通链路子帧包含两个连续的时隙，并从偶数时隙起始。其中，

$$T_f = 307200 \times T_s = 10(\text{ms}) \tag{2-1}$$

$$T_{slot} = 15360 \times T_s = 0.5(\text{ms}) \tag{2-2}$$

$$T_s = \frac{1}{15000 \times 2048} \tag{2-3}$$

直通链路无线帧结构如图 2-2 所示。

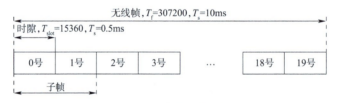

图 2-2 LTE-V2X 直通链路无线帧结构

一个直通链路物理信道或信号在一个时隙内包含 $N_{RB}^{SL} \times N_{sc}^{RB}$ 的子载波和 N_{symb}^{SL} 个 SC-FDMA 符号，直通链路的带宽的默认定义为 $N_{RB}^{SL} = N_{RB}^{UL}$。直通链路的资源格如图 2-3 所示。

一个资源块定义为时域上 N_{symb}^{SL} 个连续的 SC-FDMA 符号和 N_{sc}^{RB} 个连续的频域子载波，N_{symb}^{SL} 和 N_{sc}^{RB} 见表 2-1。一个物理资源块由 $N_{symb}^{SL} \times N_{sc}^{RB}$ 个资源元素组成，分别对应时域中的一个时隙和频域中的 180kHz。

更为详细的技术说明可以参考通信行业标准《基于 LTE 的车联网无线通信技术 空中接口技术要求》（YD/T 3340—2018）或 3GPP TS 36.211-214，TS 36.321-323，TS 36.331 等。

总的来说，相比 LTE 蜂窝通信，LTE-V2X 直连通信链路针对车联网通信特点进行的优化设计主要体现在自动增益控制（Automatic Gain Control，AGC）设计、解调参考信号（Demodulation Reference Signal，DMRS）信号设计、控制信道和数据信道复用方式等。在 AGC 设计方面，由于发送端和接收端的相对位置可能不断变化，导致接收端在每个子帧内的接收信号功

率动态范围很大,有时可高达80dB。为此,LTE-V2X 直连通信将子帧的第一个符号设置为 AGC 符号进行 AGC 测量及调整,接收端则可以将功率放大器调整到合适的状态,避免削峰噪声(clipping noise)或量化噪声(quantization noise)的影响。在参考信号的设计方面,为满足高移动速度和高载频环境下的频偏估计和补偿,LTE-V2X 直连通信在 1 个子帧内增加了 2 个 DMRS 符号,保证时域上每个子帧都有 4 个均匀分布的 DMRS,提高信号解调性能。在广播通信跳数方面,LTE-V2X 仅支持单跳广播通信,控制信道和数据信道复用方式可为频分多路复用(Frequency Division Multiplexing,FDM)方式,既考虑了针对 V2X 系统中较高的节点密度和业务量,也能够有效保证 V2X 业务的低时延传输需求。

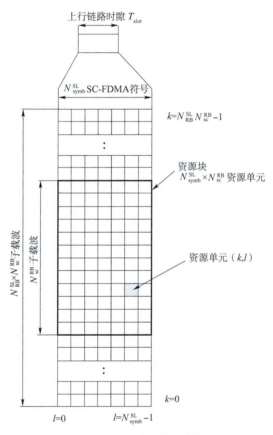

图 2-3　LTE-V2X 直通链路资源格

LTE-V2X 直通链路资源块配置　　　　　　　　　　　　　表 2-1

配　　置	N_{sc}^{RB}	N_{symb}^{SL}
常规循环前缀	12	7
扩展循环前缀	12	6

2.3　同步技术

在进行 LTE-V2X 直连通信之前,收发节点间首先需要进行同步,相邻节点如果定时和频率基准有较大偏差,则可能产生干扰,对车联网消息的传输可靠性产生影响。在进行 LTE-V2X 直连通信链路的同步机制设计时,要考虑车载终端的特殊性,提供统一且可靠的同步方案,满足相邻节点安全消息传输的低时延、高可靠要求。例如,车载终端相比手机终端容易直接获得 GNSS 信号,可作为高可靠的高精度同步源,故在 LTE-V2X 中,由于引入了 GNSS 或者 GNSS 等效的同步源,从同步周期、同步优先级以及同步机制等方面都需要进行相应的设计。

LTE-V2X 直连通信链路有四种基本的同步源:GNSS、基站、发送直连通信链路同步信号 (Sidelink Synchronization Signal,SLSS)的终端,以及终端内部时钟。通常认为 GNSS 和基站的同步源具有最高同步级别,系统内根据终端是否直接从 GNSS 或者基站获取同步,形成一个同步,优先级的层级关系。基于 GNSS 同步源的优先级定义见表 2-2。

基于 GNSS 同步源的优先级定义　　　　　　　　　　表 2-2

优先级	定义
第 1 优先级 P1(最高)	GNSS 本身
第 2 优先级 P2	直接从 GNSS 作为同步源的 UE
第 3 优先级 P3	将 P2 UE 作为同步源,间接 GNSS 作为同步源的 UE
第 4 优先级 P4(最低)	剩余 UE

LTE-V2X 系统同步周期长度固定为 160ms,每个系统帧周期内有完整的 640 个同步周期。考虑半双工限制,在一个同步周期内至少需要配置 2 个同步子帧,使得 UE 可以在其中一个同步子帧中接收同步信号,并在另一个同步子帧上发送自己的同步信号。

接收 UE 通过捕获同步子帧中的主同步序列(Primary Sidelink Synchronization Signal,PSSS)、辅同步序列(Secondary Sidelink Synchronization Signal,SSSS),获得当前同步子帧的起点,并进行解调,从内容中读取系统带宽、DFN(Direct Frame Number)编号、子帧编号等信息,从而实现时间和频率同步。

PSSS 和 SSSS 被称为 SLSS,标准中详细定义了 SLSS ID 设置的规则,终端通过使用的 SLSS ID 指示同步源的信息、判断同步源的质量。例如,直接与 GNSS 同步的,SLSS ID = 0,而间接与 GNSS 同步的,SLSS ID = 168(或者 169),从而终端可以判断出系统同步源的层级关系,并作出同步源的选择。需要说明的是,当 UE 无法搜索到表 2-2 中定义的所有同步源时,则采用自身内部的时钟作为同步参考,相应的同步优先级为 P4 最低。

在隧道等特殊环境中,GNSS 盲区会导致其无法作为同步源。设备实现时可以结合晶振维持手段降低影响,但该方法并不能从根本上解决问题。因此,直连通信链路设计了基于 UE 之间的空口自同步机制。该机制的核心思想是,通过 UE 在直连通信链路发送 SLSS 同步信号,相互传递同步信息,最终将隧道外的 GNSS 同步源传递至隧道内,作为过往车辆的直连通信链路同步源,从而取得全网统一的同步。

2.4　资源调度技术

车联网 LTE-V2X 系统终端进行广播通信,具备分布式通信的特征,由于终端间可能通过共享资源池中的无线资源进行传输,若不进行资源管理,则可能出现资源冲突,影响系统通信性能。因此,需要设计技术机制,对有限的无线资源进行合理分配和有效管理,统筹考虑匹配 LTE-V2X 应用性能要求、尽量减少系统干扰、提升系统容量等联动问题。

(1) 应用性能要求:LTE-V2X 应用具有低时延、高可靠的相对严苛的通信需求。LTE-V2X 消息可分为周期性消息和事件触发消息,周期性消息用于与周围邻近节点交互状态信息(如车辆位置、行驶方向等),业务发送频率较高,持续时间长;事件触发类消息在被触发首次发送后,可能周期性发送一段时间,也可能只发送一次。

(2) 通信方式:蜂窝通信的基本通信方式是 UE 和基站间的点对点通信,而 LTE-V2X 是点对多点和多点对多点的广播方式,故需对可能影响通信可靠性和资源利用率的多种因素进行考虑,如车辆快速移动导致网络拓扑变化快、半双工的通信机制、远近效应、邻频泄漏以及资源碰撞等带来的干扰影响等。

(3) 地理位置信息:LTE-V2X 通信终端间由于需要周期性交互状态信息,必须包括位置信息。利用这种特有的位置信息进行资源管理,可减少干扰并提高资源利用率。

(4) 不同的资源分配方式:前文提到 LTE-V2X 有基站调度式的资源分配方式(Mode 3)和终端自主式的资源分配方式(Mode 4),而与蜂窝通信基站的依赖关系会影响资源分配机制的设计,例如在基站覆盖范围内支持 Mode 3,基站覆盖范围外支持 Mode 4。此外,基站调度式的分配机制还需进一步考虑终端和基站交互的信令开销、时延等因素。

结合以上若干边界问题,考虑 LTE-V2X 应用的通信频率高、拓扑变化快,低时延的直连通信易出现资源冲突,LTE-V2X 的 Mode 3 机制与传统 LTE 调度类似,是基于基站进行调度的。在蜂窝通信网络的覆盖范围内,车辆在连接到网络的状态下,通过向基站发送传输请求,由基站为 V2V 通信动态分配直连通信链路传输控制信息和数据信息所需的资源,从而进行整个 LTE-V2X 的干扰管理。基站与车辆间的信令传输需要通过 Uu 接口,车辆也可向基站上报位置,以辅助基站进行资源调度、规避干扰。而 LTE-V2X 的 Mode 4 调度则需要分布式调度,本质上是车辆基于竞争来自主选择发送资源,这里引入了 3 种具体的资源选择方法。

(1) 基于感知的半持续资源选择方法:终端根据资源感知的结果选择传输资源,且选中的传输资源在后续一段时间内可以周期性占用。这种方法的优势在于其他终端在进行资源感知时,可以预测未来被占用的资源,最大限度地避免资源冲突发生,主要用于周期性的业务传输。

(2) 基于感知的单次资源选择方法:终端根据资源感知的结果选择传输资源,选中的传输资源仅使用一次。这种方法主要用于非周期性的业务传输,其潜在问题是其他终端在进行资源感知时,不能很好地预测未来被占用的资源,相比半持续资源选择方法,资源冲突的概率会大一些。

(3) 随机资源选择方法:终端不进行资源感知,在给定的资源池中随机选择传输资源,相比前面两种基于感知的资源分配方法有明显的劣势。当终端发生异常情况时,在系统配置的特定资源池中采用这种方法,例如小区切换、资源池重配置等情况时。

在以上 3 种资源选择方法中,基于感知的半持续资源选择方法是 LTE-V2X 针对周期性数据传输需求重点优化设计的资源选择方法,主要考虑道路安全业务的周期性特性。该方法兼顾了其他发送节点的需求和业务发送周期的严格要求，既减少了系统干扰和信令开销，又提高了 LTE-V2X 的传输可靠性。具体来说，利用车联网业务数据的周期性特点，发送终端需要周期性地发送资源，除了在本周期发送资源外，还可以预约未来使用的资源。根据发送终端周期性占用资源的特点，接收终端需要持续监听资源池，获知其他终端使用的周期性发送资源，通过解码控制信道信息，获取其他节点当前资源占用的情况以及预约未来资源的情况。通过物理层测量，评估时频资源占用情况；资源选择时需要根据感知结果（资源占用、干扰情况等），对已占用资源进行有效避让，选取自己的周期性发送资源。此外，考虑业务服务质量需求，可对高优先级业务提供优先发送处理机制。需要说明的是，LTE-V2X 终端在基于感知的半持续资源选择方法以外，也可以支持基于感知的单次资源选择方法和随机资源选择方法。

此外，考虑在一些场景（如密集城区、堵车的路口等）中车辆密度很大，当大量车辆都发送 V2X 消息时，资源的冲突概率将明显升高。为此，LTE-V2X 引入了拥塞控制机制，即定义了信道繁忙率指标指标 CBR（channel busy ratio）和信道占用率指标 CR（channel occupancy ratio），其中 CBR 是衡量资源池当前拥塞程度的物理层测量值，CR 是衡量一个终端有多少资源的测量值。每个终端可（预）配置一个 CBR 范围的集合，每个 CBR 范围都对应一个上限。如果终端发现自身 CR 超过了当前其所测量的 CBR 范围上限，则该终端需要适应调整发送参数，包括调整最大发射功率、资源大小等，降低自身 CR，从而不超过限值。

2.5 安全关键技术

2.5.1 LTE-V2X 安全技术概述

从 LTE-V2X 应用的角度出发，车联网 LTE-V2X 系统要保证使用者和服务者合法访问相关的应用、应用数据存储和传输中的机密性和完整性，以及安全审计的可追溯性。同时车联网应用应采用安全防护措施保证智能网联汽车、路侧系统、云平台等子系统的安全。

具体来说，LTE-V2X 无线通信要能支持对消息来源进行认证，保证消息的合法性；支持对消息的完整性及抗重放保护，确保消息在传输时不被伪造、篡改、重放；支持根据业务需求支持对消息的机密性保护，确保消息在传输时不被窃听，防止用户敏感信息泄露；支持对终端真实身份标识及位置信息的隐藏，防止用户隐私泄露。

从终端的角度出发，设备要实现接口的安全防护，通过完备的接入控制机制保证合法的用户访问合法的业务，设备要具有对敏感数据的存储和运算进行安全隔离的能力，同时确保设备基础运行环境的安全，实现启动验证功能、固件升级验证功能、程序更新及完整性验证功能。为了应对恶意消息带来的影响，车联网 LTE-V2X 设备要具有入侵检测和防御能力，并能够将可能的恶意消息上报平台进行分析和处理。

从端到端的数据角度出发，车联网 LTE-V2X 系统应保证不同类型的数据在其生命周期中各个阶段的安全，对数据要采取相应的安全措施进行差异化的安全保护，要实现数据的机密性、完整性、可用性、可溯源性和隐私保护，同时也要加强车联网 LTE-V2X 系统的安全管理，防止数据从内部侵入。

2.5.2 LTE-V2X 应用层通信安全技术

LTE-V2X 的通信安全包括基于 Uu 接口的安全和基于 PC5 接口的安全。对于 Uu 接口的通信安全,可采用非常成熟的 LTE 蜂窝系统提供的安全机制来保障;对于 PC5 接口的通信安全,出于通信性能、广播通信机制等原因的考虑,LTE-V2X 在传输层和网络层没有设计安全防护机制,主要依靠应用层通信安全技术来保障。由于应用层与底层通信无关,故适用于 LTE-V2X PC5 接口的应用层通信安全技术同样适用于蜂窝通信场景(Uu 接口),作为附加的安全解决方案,确保业务数据传输时的私密性及完整性,防止业务数据被重放;或者适用于未来演进的 NR-V2X 等 PC5 接口通信。

2.5.2.1 PKI 体系概述

为了实现车联网设备之间的安全认证和安全通信,LTE-V2X 系统使用基于公钥证书的公共密钥基础设施(Public Key Infrastructure,PKI),采用数字签名和加密等技术手段。

PKI 体系是一种遵循标准的利用公钥理论和技术建立的提供安全服务的基础设施。通过数字证书认证技术的加密传输和数字签名可从技术上实现身份认证、安全传输、不可否认性和数据完整性。

数字证书是一个经证书授权中心数字签名的包含公开密钥拥有者信息和公开密钥的文件。最简单的证书包含一个公开密钥、名称以及证书授权中心的数字签名。一般情况下,证书还包括密钥的有效时间、发证机关(证书授权中心)的名称、该证书的序列号等信息,证书的格式遵循相应的标准。

PKI 采用证书进行公钥管理,通过第三方的可信任机构(认证中心,CA),使用用户的公钥和用户的其他标识信息一起验证用户的身份。PKI 在实际应用上是一套软硬件系统和安全策略的集合,它提供了一整套安全机制,使用户在不知道对方身份的情况下,以证书为基础,通过一系列的信任关系进行安全通信。PKI 管理加密密钥和证书的发布,并提供诸如密钥管理(包括密钥更新、密钥恢复和密钥委托等)、证书管理(包括证书产生和撤销等)和策略管理等服务。PKI 体系允许一个组织通过证书列表或直接交叉认证等方式来同其他安全域建立信任关系。PKI 体系至少包括证书机构 CA、注册机构 RA 和相应的存储数据库。CA 用于签发并管理证书;RA 可作为 CA 的一部分,也可以独立部署,其功能包括个人身份审核、证书吊销列表(Certificate Revocation List,CRL)管理、密钥产生和密钥对备份等;存储数据库包括 LDAP 目录服务器和普通数据库,用于对用户申请、证书、密钥、CRL 和日志等信息进行存储和管理,并提供相应的查询功能。

2.5.2.2 LTE-V2X 应用层安全通信过程

使用基于公开密钥证书的 PKI,LTE-V2X 应用层的安全通信过程如图 2-4 所示[①]。
典型的安全过程如下:

(1)证书管理系统向 LTE-V2X 设备颁发其用于签发消息的公开密钥证书(安全消息证书),并以安全的方式向接收消息的 LTE-V2X 设备提供 CA 公开密钥证书(以 LTE-V2X 车辆和 LTE-V2X 路边单元通信为例,如图 2-4 中①所示,C1/C2 向 LTE-V2X 车辆下发 Co1、

---

① 《基于 LTE 的车联网通信安全技术要求》(YD/T 3594—2019)。

Co2……,向 LTE-V2X 路边单元下发 Cca1、Cca2)。证书管理系统可以向 LTE-V2X 车辆下发多个公开密钥证书,LTE-V2X 车辆每次从这些证书中随机选取一个使用,以保证用户隐私。

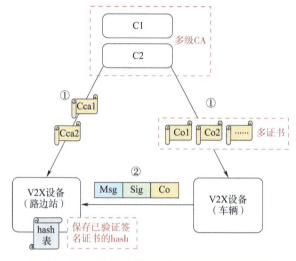

图 2-4 基于 PKI 体系的 C-V2X 应用层安全通信过程

(2)LTE-V2X 设备利用与颁发给它的公开密钥证书相对应的私钥对消息进行数字签名,将签名消息连同公开密钥证书或证书链一同播发出去(如图 2-4 中②所示,上述消息由需要传递的内容、对内容的签名以及所使用的公开密钥证书/证书链构成)。

(3)作为接收方的 LTE-V2X 设备,首先利用 CA 公开密钥证书验证消息中携带的公开密钥证书或证书链,然后利用公开密钥证书中的公开密钥验证签名检查消息的完整性。接收方 LTE-V2X 设备成功验证对端的公开密钥证书(Co)后,可将该证书的 hash 值保存在本地,后续可以通过验证证书 hash 的方式验证该证书,从而减少证书验证所需的密码学操作。

LTE-V2X 路侧设备到 LTE-V2X 车辆间的通信、LTE-V2X 车辆到 LTE-V2X 车辆间的通信与上述过程类似。

2.5.2.3 LTE-V2X 应用层安全通信的身份认证体系

为了实现 LTE-V2X 应用层安全通信,需要建立身份认证体系,实现证书颁发、证书撤销、终端安全信息收集、数据管理、异常分析等一系列与安全相关的功能,确保 LTE-V2X 通信的安全[①]。美国 IEEE 1609.2 定义了车联网安全消息格式及处理过程,是一种较为成熟的车联网安全标准,借鉴了传统 PKI 系统的体系结构,通过证书链实现车联网设备互信。在此基础上,我国根据实际情况和管理需求设计了相应的 LTE-V2X 安全管理系统,其系统架构如图 2-5 所示。

LTE-V2X 安全管理系统主要包括根证书机构、LTE-V2X 证书机构、认证授权机构和证书申请主体四部分。实际应用时,图 2-5 中各逻辑实体可以根据实际设备开发及部署需要合设或者分设,并可以根据政策法规、行业监管要求和业务运营需要,由不同机构分层分级部署、管理和运营。

---

① 房骥,于润东,葛雨明,等. C-V2X 直连通信安全机制和测试体系[J]. 移动通信,2022,46(11):6。

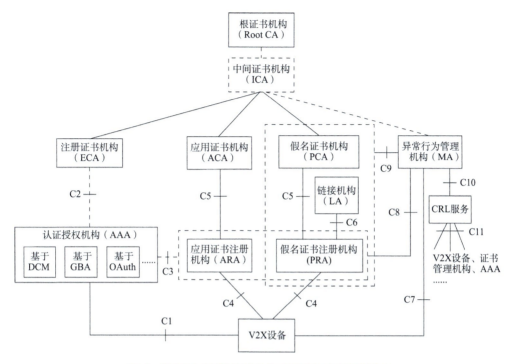

图 2-5　适合中国车联网需求的 LTE-V2X 安全管理系统架构
注：虚线表示基于实际部署方式可能存在，也可能不存在。

在 LTE-V2X 系统中，可能会有多个独立的 PKI 系统为 LTE-V2X 设备提供证书服务，每个 PKI 的服务范围称为一个认证域。为实现跨域认证，一个认证域中的设备需要获取另一个认证域签发证书的 CA 证书或证书链。当安全管理系统由多个独立 PKI 构成时，这些根 PKI 之间可以根据需要构建可信关系，以便实现证书互认。多个根 PKI 系统之间的可信关系是通过一个"根 CA 证书可信列表"实现的。"根 CA 证书可信列表"采用数字签名技术生成。图 2-6 为一种由多个根 CA 构建的 LTE-V2X PKI 体系部署方式。

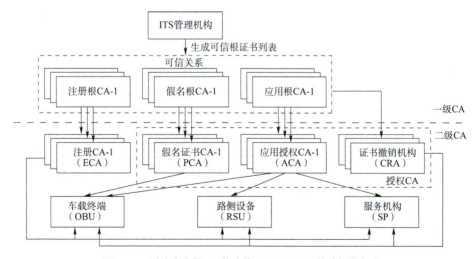

图 2-6　一种由多个根 CA 构建的 LTE-V2X PKI 体系部署方式

除了身份认证技术以外,为了防止数据在 LTE-V2X 系统内部或外部遭受攻击者非法窃听、篡改、伪造等攻击,LTE-V2X 系统可以对数据在传输和使用中进行加密保护,确保数据的机密性和完整性,同时 LTE-V2X 系统也要建立完善的密钥管理体系,保证与车联网业务相关的密码安全。由于密码技术较为成熟与通用,与 LTE-V2X 通信本身相对独立,故在此不再展开介绍。

2.5.3　LTE-V2X 应用层数据隐私保护技术

LTE-V2X 应用不仅能够为驾驶员提供周围基础设施和导航信息,还可以记录车辆的位置信息,以及一些与用户隐私强相关的数据,如车辆用户数据包含用户姓名、家庭住址、联系方式,用户驾驶习惯,车辆行驶路线等。这些信息和用户的身份信息相关联,攻击者可以通过用户身份信息跟踪到车辆的位置,也可以通过车辆的位置描绘出车辆的行驶轨迹,进而得到用户的身份信息和用户的运动规律等个人隐私信息,因此车联网应用中既需要保护用户的身份信息,也需要保护车辆的位置信息。

LTE-V2X 系统应该从技术和管理两个方面加强用户数据隐私保护。一方面应对车联网应用中的敏感数据、重要数据进行明确的界定和划分,通过采用去标识化、匿名化的方法来保护用户数据隐私。另一方面,LTE-V2X 系统可以通过加密技术、水印技术等机制对敏感数据进行保护,防止敏感数据、重要数据被攻击者窃取泄露,同时在对外发布用户数据时,需对数据进行脱敏处理。目前的车联网通信主要对车载终端采用匿名证书的方式来保护用户隐私信息,并根据提前设定的策略更换所使用的匿名通信证书来达到保护用户隐私的目的。

第 3 章
LTE-V2X技术标准化

在 LTE-V2X 技术快速发展之前,IEEE 定义了基于 Wi-Fi 的专用短程通信技术(DSRC),它只有直连通信模式,没有蜂窝通信模式,因此只能支持 V2V、V2I 和 V2P 通信。欧美、日韩等多个国家和地区针对 DSRC 开展了多年的产业化和标准化工作。而 LTE-V2X 作为 3GPP 体系下第一代车用无线通信技术,在标准化和研制过程中都参考了 DRSC 的发展经验,同时 LTE-V2X 具备覆盖、可靠性、容量等性能优势,满足了车联网应用多元化的需求,且 LTE-V2X 直连通信可与蜂窝通信融合,有利于技术的长期演进,因此得到了产业界越来越多的支持。2020 年 11 月,FCC 正式投票决定将 DSRC 所属 5.9GHz 频段(5.85~5.925GHz)划拨给 Wi-Fi 和 C-V2X(包括当前 LTE-V2X 以及未来的 NR-V2X)使用,这标志着美国在车联网技术路线上正式放弃 DSRC 并转向 C-V2X。

虽然 DRSC 技术的时代已经基本结束,但从技术发展和延续的角度,其标准化的思路还是非常有借鉴价值的,因此本章内容将依次介绍 DRSC 和 LTE-V2X 的标准化工作情况。

3.1 早期 V2X 标准化工作

美国交通部于 2017 年 6 月发布了"合作式智能交通架构参考"(ARC-IT),其内容覆盖了网联车(connected vehicle)。从通信视角观察 ARC-IT 架构,其可分为车载终端、路侧设备、业务监控系统 3 个部分,如图 3-1 所示。其中,车载终端的通信协议由上至下包括智能交通应用信息层、应用层、表示层、会话层、传输层、网络层、数据链路层和物理层,路侧设备涉及的通信协议则不包含信息层、应用层和表示层,而业务监控系统与车载终端的通信协议是一一对应的。可以从该架构看出前期美国在智能交通方面所采用的通信技术/标准思路。

IEEE 以上文提出的美国国家智能交通系统架构为基础,针对车辆直连通信的特点开发了一整套通信协议架构,并将这套协议命名为 WAVE(Wireless Access in Vehicular Environments)系统。一个 WAVE 系统的协议架构如图 3-2 所示。

WAVE 协议族位于美国国家智能交通系统架构协议栈传输层以下,其中 IEEE 1609 系列标准针对 WAVE 系统定义了其架构以及能够支持 V2V、V2I 通信的一系列服务与接口。IEEE 1609 系列依托 IEEE 802.11p(也即专用短程通信技术,DSRC)为其提供媒体接入层及物理层,搭配上 UDP/TCP 及 IPv4/IPv6 标准之后便构建成了完整的 V2X 通信架构。

此外,IEEE 1609 系列标准还在使用的有 IEEE 1609.0、IEEE 1609.2、IEEE 1609.3、IEEE 1609.4、IEEE 1609.11、IEEE 1609.12。

IEEE 1609.0 描述了整个 WAVE 系统的架构,给出了 IEEE1609 标准体系的介绍。

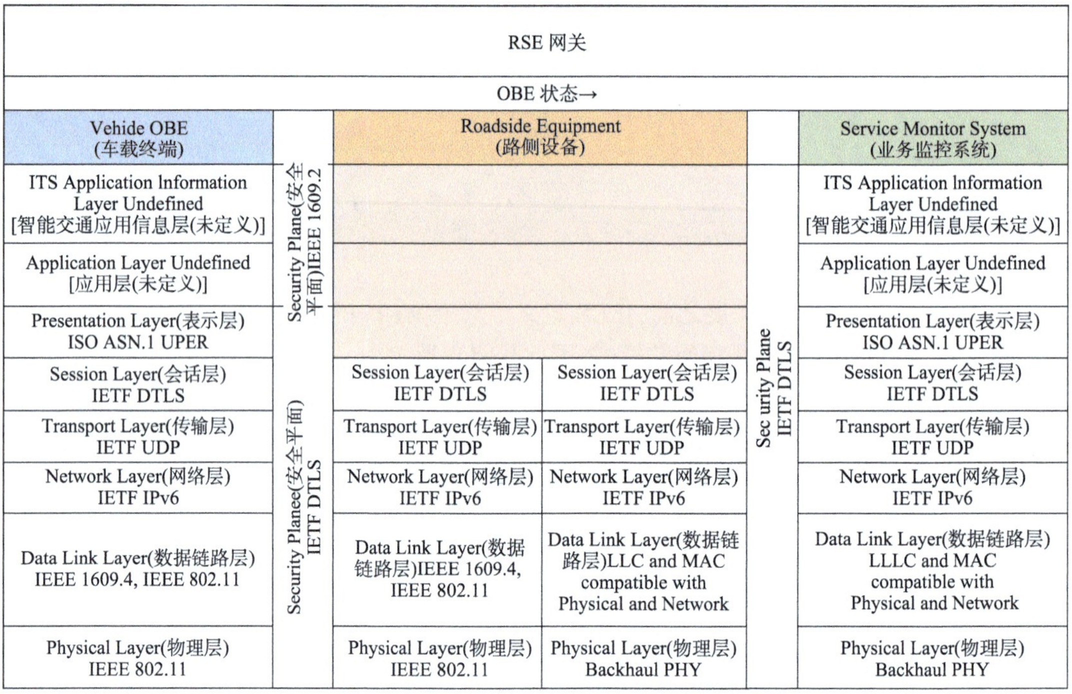

RSE 网关				
OBE 状态→				
Vehicle OBE (车载终端)	Roadside Equipment (路侧设备)			Service Monitor System (业务监控系统)
ITS Application Information Layer Undefined [智能交通应用信息层(未定义)]	Security Plane(安全平面)IEEE 1609.2		Security Plane IETF DTLS	ITS Application Information Layer Undefined [智能交通应用信息层(未定义)]
Application Layer Undefined [应用层(未定义)]				Application Layer Undefined [应用层(未定义)]
Presentation Layer(表示层) ISO ASN.1 UPER				Presentation Layer(表示层) ISO ASN.1 UPER
Session Layer(会话层) IETF DTLS	Session Layer(会话层) IETF DTLS	Session Layer(会话层) IETF DTLS		Session Layer(会话层) IETF DTLS
Transport Layer(传输层) IETF UDP	Transport Layer(传输层) IETF UDP	Transport Layer(传输层) IETF UDP		Transport Layer(传输层) IETF UDP
Network Layer(网络层) IETF IPv6	Network Layer(网络层) IETF IPv6	Network Layer(网络层) IETF IPv6		Network Layer(网络层) IETF IPv6
Data Link Layer(数据链路层) IEEE 1609.4, IEEE 802.11	Data Link Layer(数据链路层)IEEE 1609.4, IEEE 802.11	Data Link Layer(数据链路层)LLC and MAC compatible with Physical and Network		Data Link Layer(数据链路层) LLLC and MAC compatible with Physical and Network
Physical Layer(物理层) IEEE 802.11	Physical Layer(物理层) IEEE 802.11	Physical Layer(物理层) Backhaul PHY		Physical Layer(物理层) Backhaul PHY

图 3-1　美国国家智能交通参考架构(通信视图,Communication View)

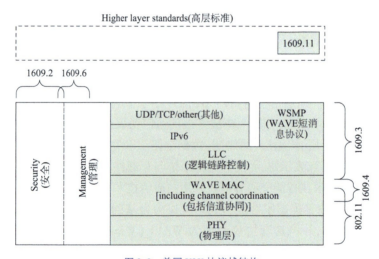

图 3-2　美国 V2X 协议栈结构

IEEE 1609.2 定义了 WAVE 设备的安全消息格式及处理流程,包括 WAVE 管理消息及应用消息的安全处理方式。

IEEE 1609.3 定义了 WAVE 系统在网络及传输层上的服务,为车辆间通信(V2V)设计了两类消息格式:WSA(WAVE Short Advertisement)消息与 WSM(WAVE Service Message)消息,以避免 UDP/IP 分组包的层层封装与过大开销。

IEEE 1609.4 规范了多信道操作的方法。FCC 为车辆专用短程通信技术在 5.9GHz 频段(5.850~5.925GHz)分配共计 7 个 10MHz 信道与 1 个 5MHz 保护带。其中一个信道是控制信道(CCH),其他为业务信道(SCH)。各终端在 CCH 期间监听相邻终端或邻近区域广播的 WSA 消息和传输 WSM 消息,并可根据 WSA 指示跳转至特定业务信道(SCH)。

IEEE 1609.11 定义了电子支付所需的服务及安全消息格式。

IEEE 1609.12 定义了 IEEE 1609 系列标准所使用的 PSID(Provider Service Identifier)格式及目前分配的 PSID 值。

此外,美国汽车工程学会(SAE)在 WAVE 系统之上定义了一系列应用层的标准或指南,包括 SAE J2735 定义了基于 DSRC 的消息集;J2945 规范了基于 DRSC 的系统工程导则,包括 J2945/1 定义了 V2V 安全通信的系统要求,J2945/2 定义了路侧或车辆告警应用的系统要求,J2945/5 定义了各类应用的权限和安全要求,J2945/9 定义了行人手持设备的系统要求;而 J3161 标准则专门在 J2945 标准的基础上为 LTE-V2X 做了适配,包括定义了 LTE-V2X 的部署配置要求、基于 LTE-V2X 的 BSM 消息实现 V2V 安全通信的系统要求等。

3.2 我国 LTE-V2X 标准化工作

3.2.1 我国 LTE-V2X 标准体系

2016 年 12 月,我国工信部将 5905~5925MHz 作为 LTE-V2X 的研究试验工作频段,产业界基于该频段进行了充分的频谱相关验证。2018 年 11 月,工信部无线电管理局正式发布《车联网(智能网联汽车)直连通信使用 5905~5925MHz 频段的管理规定(暂行)》,规划 5905~5925MHz 频段作为基于 LTE-V2X 技术的车联网(智能网联汽车)直连通信的工作频段,标志着我国 LTE-V2X 正式进入产业化阶段。

2018 年 6 月起,工信部联合国家标准化管理委员会组织完成制定并印发《国家车联网产业标准体系建设指南》系列文件,明确了国家构建车联网生态环境的顶层设计思路,表明了积极引导和直接推动跨领域、跨行业、跨部门合作的战略意图。该系列文件包括总体要求、智能网联汽车、信息通信、电子产品与服务、车辆智能管理和智能交通相关分册,其中智能网联汽车和信息通信分册分别从智能网联汽车应用和通信技术演进角度明确了 LTE-V2X 和 NR-V2X 的技术标准选择。图 3-3 为我国车联网产业标准体系建设结构图。

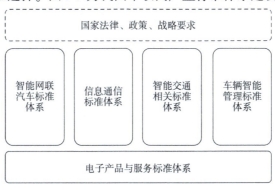

图 3-3 我国车联网产业标准体系建设结构图

在汽车、智能交通、通信及交通管理四方标准化委员会积极合作下,我国 LTE-V2X 标准化工作取得积极进展,核心技术和设备标准制修订基本完成。中国通信标准化协会(CCSA)基本完成了 LTE-V2X 总体架构、空中接口、安全、网络层、消息层等技术标准和测试规范的制定,形成了完整的 LTE-V2X 协议栈架构(图3-4),以及形成了车载、路侧、基站、核心网等设备技术要求和测试方法等基础标准。行业应用类标准随产业发展持续完善。汽车标准化委员会在智能网联汽车分标委下设立"网联功能及应用标准工作组",推动 LTE-V2X 标准向汽车商用方向延伸。

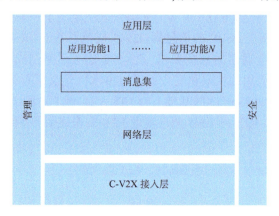

图 3-4　C-V2X 协议栈架构

表 3-1 简要总结了国内 LTE-V2X 系列标准内容及进展情况。

我国 C-V2X 核心技术标准　　　　　　　　　　表 3-1

标准分类	标准名称	标准等级	标准组织	状态	对应 V2X 协议栈中的部分
总体技术要求	合作式智能运输系统 专用短程通信 第1部分:总体技术要求	国家标准	TC-ITS	已发布	总体架构
	基于 LTE 的车联网无线通信技术 总体技术要求	行业标准	CCSA	已发布	接入层需求 架构 总体描述
	基于 LTE 的车联网无线通信技术 总体技术要求	团体标准	C-ITS	已发布	接入层需求 架构 总体描述
	基于 ISO 智能交通系统框架的 LTE-V2X 技术规范	团体标准	C-ITS	已发布	将 LTE-V2X 技术适配入 ISO-ITS 系统框架
接入层	基于 LTE 的车联网无线通信技术 空中接口技术要求	行业标准	CCSA	已发布	接入层
	基于 LTE 的车联网无线通信技术 空口技术要求	团体标准	C-ITS	已发布	接入层
	基于 LTE 的车联网无线通信技术 设备技术要求和测试方法	系列行业标准	CCSA	完成报批稿	接入层

续上表

标准分类	标准名称	标准等级	标准组织	状态	对应 V2X 协议栈中的部分
网络层	合作式智能运输系统专用短程通信 第3部分:网络层和应用层规范	国家标准	TC-ITS	已发布	网络层
	基于LTE的车联网无线通信技术网络层技术要求及一致性测试方法	行业标准	CCSA	已发布	网络层
应用层	合作式智能运输系统专用短程通信 第3部分:网络层和应用层规范	国家标准	TC-ITS	已发布	应用层消息集
	合作式智能运输系统车用通信系统应用层及应用数据交互标准	团体标准	C-SAE 和 C-ITS	已发布	应用层消息集
	基于LTE的车联网无线通信技术消息层技术要求及一致性测试方法	行业标准	CCSA	已发布	应用层消息集
信息安全	基于LTE的车联网通信安全技术要求	行业标准	CCSA	已发布	通信安全
	基于LTE的车联网无线通信技术 安全证书管理系统技术要求	行业标准	CCSA	已发布	通信安全
Profile 系统要求	基于LTE-V2X直连通信的车载信息交互系统技术要求及试验方法	国家标准	TC114	制定中	系统要求
	基于LTE的车联网无线通信技术 直连通信系统路侧单元技术要求	团体标准	C-SAE 和 C-ITS	已发布	系统要求
标识	基于LTE的车联网无线通信技术 应用标识分配及映射	行业标准	CCSA	制定中	标识

3.2.2 LTE-V2X 标准的物理层

LTE-V2X 底层通信标准由 3GPP 主导推动。3GPP 的标准体系分为 TSG RAN(无线接入网)、TSG SA(业务与系统)、TSG CT(核心网与终端),其制定的技术规范以 Release 作为版本进行管理,平均一到两年就会完成一个版本的制定,从建立之初的 R99,到之后的 R4,目前已经发展到 R18。3GPP 于 2017 年 3 月发布了 Release 14 版本 LTE-V2X 标准,面向基本的道路安全业务通信需求,引入了基于 PC5 接口的短程分布式直连通信,并对移动蜂窝网的 Uu 接口进行了优化,支持 Mode 3 基站调度式的资源分配模式和 Mode 4 终端自主式的资源选择模式。2018 年 6 月,3GPP 于 Release 15 版本中完成对 LTE-V2X 的增强标准化工作(即 LTE-eV2X),在 PC5 接口引入了载波聚合、高阶调制等技术以提升数据速率,UE 可实现 Mode 3 和 Mode 4 资源池共享,同时对低时延技术进行了增强。3GPP LTE-V2X 标准演进时间表如图 3-5 所示。

3GPP LTE-V2X 系列的主要标准见表 3-2。

图 3-5　3GPP LTE-V2X 标准演进时间表

3GPP LTE-V2X 系列主要标准　　　　　　　　　　　　　　　　　　　表 3-2

标准名称	核心内容
Service requirements for V2X service	规定了采用 LTE 技术支持 V2X 业务的传输需求，包括整体需求、可靠性、距离、消息大小/频度、速度、通行安全等需求
Architecture enhancements for V2X service	规定了用于支持 V2X 业务的 LTE/EPS 系统架构增强，包括系统架构模型、功能实体、高层功能、流程等
V2X services Management Object（MO）	规定了用于配置 UE 支持 V2X 业务的管理对象，包括参数提供、PC5 V2X 相关参数、Uu V2X 相关参数
User Equipment（UE）to V2X control function；protocol aspects；Stage 3	UE 和 VCF 之间接口协议，规定如下内容：V2X 控制功能（VCF）对 UE 的 V2X 授权过程、UE 之间的 PC5 通信过程、UE 和 V2X 应用服务器之间的 Uu 通信过程
Security aspect for LTE support of V2X services	V2X 通信安全，规定支持 V2X 业务的通信安全设计，包括安全架构、需求、过程
Evolved Universal Terrestrial Radio Access（E-UTRA）；User Equipment（UE）radio transmission and reception	UE 发送接收要求，规定 LTE UE 的最低射频要求及最低性能要求，包括频段和信道划分、发射机特性、接收机特性、性能要求、测量信道等
Evolved Universal Terrestrial Radio Access（E-UTRA）；Requirements for support of radio resource management	支持无线资源管理要求，规定 UE 和 EUTRAN 为支持无线资源管理而进行的测量要求
Evolved Universal Terrestrial Radio Access（E-UTRA）；Physical channels and modulation	物理层规范，规定 LTE 系统的物理信道，包括帧结构、上行链路、下行链路、直连通信链路、NB IoT 等
Evolved Universal Terrestrial Radio Access（E-UTRA）；Multiplexing and channel coding	物理层规范，定义 LTE 系统的信道编码和信道复用，包括信道映射、信道编码/复用/交织
DG31.15mmEvolved Universal Terrestrial Radio Access（E-UTRA）；Physical layer procedures	物理层规范，规定 LTE 系统的物理层过程，包括直连通信链路相关过程
Evolved Universal Terrestrial Radio Access（E-UTRA）；Physical layer；Measurements	物理层规范，规定 LTE 系统的物理层测量量，包括 UE 直连通信链路物理层测量量

续上表

标准名称	核心内容
Evolved Universal Terrestrial Radio Access (E-UTRA); Medium Access Control (MAC) protocol specification	媒体接入控制(MAC)规范,规定 LTE 系统的 MAC 层架构、实体、上下层服务接口、功能、MAC 层过程、MAC 层协议数据单元等
Evolved Universal Terrestrial Radio Access (E-UTRA); Radio Link Control (RLC) protocol specification	无线链路控制(RLC)规范,规定 LTE 系统的 RLC 层架构、实体、上下层服务接口、功能、RLC 层过程、RLC 层协议数据单元等
Evolved Universal Terrestrial Radio Access (E-UTRA); Packet Data Convergence Protocol (PDCP) specification	分组数据汇聚协议(PDCP)规范,规定 LTE 系统的 PDCP 层架构、实体、上下层服务接口、功能、PDCP 层过程、PDCP 层协议数据单元等
Evolved Universal Terrestrial Radio Access (E-UTRA); Radio Resource Control (RRC); Protocol specification	无线资源控制(RRC)规范,规定 LTE 系统中 UE 和 EUTRAN 之间的 RRC 层架构、实体、上下层服务接口、功能、RRC 层过程、RRC 层协议数据单元、固定和默认配置等

3.2.3 LTE-V2X 标准的网络层和应用层

在 3GPP 定义的 LTE-V2X 物理层标准的基础上,我国主要在通信标准化协会(CCSA),开展 LTE-V2X 标准网络层、消息层的标准化工作[①]。

其中 LTE-V2X 协议栈的网络层由数据子层和管理子层两部分构成,如图 3-6 所示。数据子层主要包括适配层(Adaptation Layer)、专用短消息协议(Dedicated Short Message Protocol,DSMP)以及 IP 和 UDP/TCP。其中,适配层提供接入层与上层协议栈之间的传输适配功能,如应用标识与目标层二标识之间的映射、源层二标识的产生/改变/维持、消息优先级和邻近业务数据包优先级(PPPP)之间的映射、向底层指示业务周期、向上层指示信道繁忙率或最大数据速率等;IP 协议和 DSMP 协议分别实现了网络层对 IP 数据流和 Non-IP 数据流的支持;DSMP 协议可通过 AID 来区分不同的应用层业务。管理子层主要规定了应用注册、业务管理、MIB 维护以及业务公告的相关技术要求。

协议栈的应用层由消息层和具体的用户应用构成[②]。消息层向下对接网络层的数据子层,向上支持具体的用户应用,可支持网络层定义的各类数据传输。消息层通过标准化的消息定义(包括数据帧、数据元素、数据结构和编码方式),支撑交通安全、效率及信息服务类的应用场景。消息层数据集用 ASN.1 标准进行定义,遵循"消息帧-消息体-数据帧-数据元素"层层嵌套的逻辑进行制定。数据集交互的编解码方式遵循非对齐压缩编码规则 UPER。当前,应用层消息集包括车辆基本安全消息(BSM)、地图消息(MAP)、信号灯消息(SPAT)、路侧交通消息(RSI)、路侧安全消息(RSM),如图 3-7 所示,主要实现了对基础安全类业务的支

[①] 《基于 LTE 的车联网无线通信技术 网络层技术要求》(YD/T 3707—2020)。
[②] 《基于 LTE 的车联网无线通信技术 消息层技术要求》(YD/T 3709—2020)。

持,未来消息层将通过更丰富的消息集支持更多类型的网联应用。

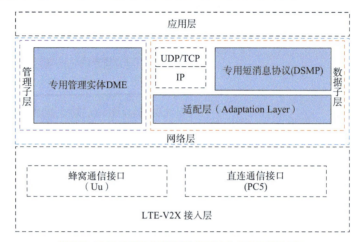

图 3-6 基于 LTE 的车联网无线通信技术的网络层框架

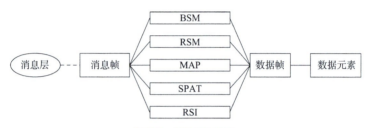

图 3-7 消息层数据集

需要说明的是,虽然目前协议栈的网络层和应用层标准运用在 LTE-V2X 通信技术之上,但由于其与物理层是独立的,所以在未来一样可以用于 NR-V2X 等演进的技术。

部分已发布或者研制的标准以及其中的主要内容见表 3-3。

CCSA LTE-V2X 相关主要标准　　　　　　　　　　　　表 3-3

标准名称	核心内容
基于 LTE 的车联网无线通信技术 网络层技术要求	本标准规定了基于 LTE 的车联网无线通信技术的网络层技术要求,包括短消息协议、应用注册、业务管理以及业务公告,具体包括网络层框架、数据子层技术要求、管理子层技术要求和接入点及服务原语。本标准适用于基于 LTE 的车联网无线通信技术的网络层
基于 LTE 的车联网无线通信技术 网络层测试方法	本标准规定了基于 LTE 的车联网无线通信技术网络层测试方法,对基于 LTE 的车联网无线通信技术网络层的测试参数与指标、测试方法、测试用例进行了规范。本标准适用于基于 LTE 的车联网无线通信技术的网络层
基于 LTE 的车联网无线通信技术 消息层技术要求	本标准规定了基于 LTE 的车联网无线通信技术的消息层技术要求,具体包括了消息层数据集的架构以及具体的数据定义和编码方式等。本标准适用于基于 LTE 的车联网无线通信技术的消息层
基于 LTE 的车联网无线通信技术 消息层测试方法	本标准规定了基于 LTE 的车联网无线通信技术消息层测试方法,对基于 LTE 的车联网无线通信技术消息层的测试参数与指标、测试方法、测试用例进行了规范。本标准适用于基于 LTE 的车联网无线通信技术的消息层

续上表

标准名称	核心内容
基于车路协同的高级自动驾驶数据交互内容	本标准规定了基于车路协同的L4、L5高等级自动驾驶数据交互内容。本标准所涉及的数据交互内容指的是道路子系统和车辆子系统之间的数据交互,子系统内部组成单元之间的数据交互不在本标准范围内。涉及的应用场景包括协同式感知、基于路侧控制的无信号交叉路口通行、自动驾驶车辆"脱困"、高精度地图版本对齐及动态更新、自主泊车、基于路侧感知的"僵尸车"识别、基于路侧感知的交通状况识别、基于协同式感知的异常驾驶行为识别
增强的C-V2X业务总体要求和应用层交互数据要求	本标准定义了增强的C-V2X业务总体要求以及应用消息层交互数据要求。具体涉及的应用场景包括车辆汇入汇出、弱势交通参与者识别、基于车路协同的交叉路口通行、车辆路径引导、交叉路口动态车道管理、基于实时网联数据交通信号配时动态优化、智能停车引导、车辆编队行驶、协作式车队管理、高速公路专用道柔性管理、基于车路协同的主被动收费、电动汽车动态路径规划、基于车路协同的远程软件升级、基于车路协同的自动驾驶整车在环仿真

3.2.4 LTE-V2X 标准的安全层

LTE-V2X 协议栈的安全层标准规定了基于 LTE 的车联网应用层通信安全架构,如图 3-8 所示,安全子系统包括 V2X 应用安全子系统、V2X 应用、V2X 安全管理实体、V2X 应用安全服务和安全环境等功能实体。在安全层中,PC5 接口使用基于公钥证书的 PKI 机制确保设备间的安全认证和安全通信,采用数字签名等技术手段实现 V2V/V2I/V2P 直连通信安全。密码算法采用国家密码管理局批准的国密算法,数字证书应符合国家标准或者行业标准的技术要求。

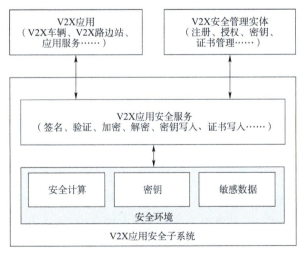

图 3-8 基于 LTE 网络的车联网应用层通信安全架构[①]

---

① 《基于 LTE 的车联网通信安全技术要求》(YD/T 3594—2019)。

在标准中,为了保护用户隐私,CA 管理系统可以一次下发多个采用假名方式标识的公钥证书供终端随机使用。终端使用公开密钥证书对应的私钥对业务消息内容进行数字签名,使用 CA 公钥证书验证消息中携带的公钥证书或证书链,并利用公钥证书里的公钥验证消息签名,以检查消息的完整性。此外,终端通过跨层同步机制,随机动态改变源端用户层二标识、源 IP 地址和应用层用户身份标识,防止用户身份标识信息在 PC5 广播通信的过程中遭到泄露,被攻击者跟踪。

除了 LTE-V2X 通信安全以外,在广义的车联网信息安全方面,国内外标准化组织开展了大量的工作。国际标准化组织 ISO TC22 成立了信息安全工作组,联合美国汽车工程协会(SAE)共同开展信息安全国际标准 ISO 21434(道路车辆信息安全工程)的制定工作。ISO/IEC 信息安全分技术委员会制定网联汽车信息安全测评准则。国际电信联盟(ITU-T)SG17 工作组也开展了对包括 V2X 通信安全在内的智能交通以及联网汽车安全的研究工作。3GPP SA3 从 Release 14 便开始进行 LTE-V2X 安全的研究和标准化工作。国外车联网安全的标准明细见表 3-4。

国外车联网安全标准明细表　　　　　　　　　　　　　　表 3-4

标准名称	标准组织
ISO 21434 Road Vehicles—Cybersecurity engineering	ISO、SAE
J3061 Cybersecurity Guidebook for Cyber-Physical Vehicle Systems	SAE
Security guidelines for V2X communication systems for determination	ITU-T
Security Requirements of Categorized Data in V2X Communication	ITU-T
Security threats in connected vehicles	ITU-T
TS 33.185 Security aspect for LTE support of Vehicle-to-Everything (V2X) services	3GPP
TS 33.536 V16.3.0 Security aspects of 3GPP support for advanced Vehicle-to-Everything (V2X) services	3GPP
TR 33.836 V16.1.0 Study on security aspects of 3GPP support for advanced Vehicle-to-Everything (V2X) services	3GPP
TS 33.185 V16.0.0 Security aspect for LTE support of Vehicle-to-Everything (V2X) services	3GPP

国内方面,全国汽车标准化技术委员会 TC114、全国信息安全标准化技术委员会 TC260、中国通信标准化协会(CCSA)、智能交通产业联盟 C-ITS 等都设立了车联网安全相关工作组,加速研制车联网安全标准,重点关注车联网无线通信安全和数据安全。

2017 年,全国汽车标准化技术委员会正式成立汽车信息安全标准工作组。目前,已完成 3 项汽车信息安全基础标准,并在推进 2 项行业急需标准研究(表 3-5)。

汽标委汽车信息安全标准　　　　　　　　　　　　　　表 3-5

序号	标准名称	进度
1	汽车信息安全通用技术要求	报批
2	车载网关信息安全技术要求	报批

续上表

序号	标准名称	进度
3	汽车信息交互系统信息安全技术要求	报批
4	电动汽车远程管理与服务系统信息安全技术要求	在研
5	电动汽车充电信息安全技术要求	在研

全国信息技术安全标准化技术委员会 TC260 立项了与车联网安全相关的强制性国家标准项目"信息安全技术网络产品和服务安全通用要求",详见表 3-6。

全国信息技术安全标准化技术委员会汽车信息安全标准体系建设　　表 3-6

序号	标准名称	进度
1	信息安全技术 汽车电子系统网络安全指南	已发布
2	信息安全技术 车载网络设备信息安全技术要求	征求意见
3	信息安全技术 汽车电子芯片安全技术要求	在研
4	信息安全技术 公钥基础设施数字证书格式	已发布

中国通信标准化协会(CCSA)长期致力于车联网系列标准的制定。目前,CCSA 已经发布和正在推进车联网信息服务、安全认证技术管理、测试方法多项行业标准,详见表 3-7。

CCSA 信息安全标准体系建设进度　　表 3-7

序号	标准名称	进度
1	车联网信息服务 数据安全技术要求	已发布
2	车联网信息服务 用户个人信息保护要求	已发布
3	车联网无线通信安全技术指南	已发布
4	车联网信息服务平台安全防护要求	已发布
5	车联网网络安全应急中心平台技术要求	征求意见稿
6	基于移动互联网的虚拟车钥匙信息安全技术要求	征求意见稿
7	基于 LTE 的车联网通信安全技术要求	已发布
8	基于 LTE 的车联网无线通信技术 安全证书管理系统技术要求	报批
9	基于公众电信网的联网汽车信息安全技术要求	已发布
10	基于 LTE 的车联网无线通信技术 安全认证测试方法	征求意见稿

3.2.5　LTE-V2X 标准的演进

针对车联网应用在通信时延、可靠性和数据速率等方面的严苛需求,国内外多个标准化组织积极开展标准化工作,LTE-V2X 技术作为 C-V2X 成员,有着类似蜂窝通信的清晰的演进路径。

C-V2X 无线通信技术从演进阶段划分为 LTE-V2X 和 NR-V2X,两个阶段的技术互为补充、长期并存,共同支持丰富的车联网业务应用。LTE-V2X 技术主要面向基本道路安全类业务和部分更高级的 V2X 业务(如半自动驾驶、低等级编队行驶等),包括支持低时延直连通信的 PC5 接口和支持蜂窝网通信的 Uu 接口,其标准体系已经基本构建。NR-V2X 则主要面向自动驾驶和演进的车联网需求,支持车辆编队行驶(高等级)、高级自动驾驶、扩展传感器数据共享、远程驾驶等业务。3GPP 从 Release 16 开始开展 NR-V2X 的技术研究和标准化,已完成 Release 17 的工作,并将持续进行演进和增强①。

目前 3GPP LTE-V2X 标准已发布,NR-V2X 标准的 Release 16 版本已在 2020 年 6 月完成,Release 17 版本已在 2022 年 6 月宣布冻结,NR-V2X 的后续演进版本正在持续研究制定中。我国 LTE-V2X 标准化工作取得积极进展,LTE-V2X 核心技术和设备标准制修订基本完成,行业应用类标准随产业发展持续完善;NR-V2X 已启动研究项目,后续将启动标准制定工作。

针对多样性的业务类型以及更低时延、更高可靠性、更大带宽的业务需求,NR-V2X PC5 接口具备以下特性:

(1)支持单播、组播、广播的通信方式,不同的车联网业务可支持不同的通信方式;

(2)单播、组播支持直连通信链路反馈机制,进一步提升通信可靠性;

(3)支持多种基带参数配置,可支持不同的业务需求;

(4)支持基站调度直连通信链路资源(Mode 1)和终端自主选择直连通信链路资源(Mode 2)的资源分配方式;Mode 2 引入重评估和抢占机制,从而支持周期性业务和非周期业务的可靠传输;

(5)支持 LTE-V2X 和 NR-V2X 的共存机制(异信道),满足 LTE-V2X 和 NR-V2X 未来长期共存的需要;

(6)支持直连通信链路同步机制;

(7)支持终端节电机制,以满足 VRU 等终端的节电需求;

(8)支持 UE 间协调的资源选择机制,进一步提升业务可靠性。

为了满足不断丰富和扩展的车联网应用场景和业务需求,NR-V2X PC5 还将持续演进和增强,主要方向如下:

(1)面向车联网全场景定位需求的直连通信链路定位/测距技术;

(2)支持更大带宽、更高可靠性的直连通信链路增强,如 NR-V2X 载波聚合机制等;

(3)面向终端覆盖范围增强的直连通信链路 UE 到 UE 中继转发机制。

对于 5G Uu,技术特性演进目前主要包括以下方向:

(1)3GPP Release 17 标准增加广播、组播特性,减少空口资源开销,同时降低时延;

(2)增加核心网 MEP 网元,完成移动性管理,同时可以实现车路协同时延敏感业务信息的本地交换,降低网络侧传输和处理时延。

上述方向将是 2025 年之前,C-V2X 技术从 LTE-V2X 向 NR-V2X 技术演进的主要方向。后续,NR-V2X 还会持续开展技术增强研究和标准化工作,以支持不断丰富和细化的车联网应用,满足车路协同和自动驾驶更高传输速率、更低时延、更高可靠性的需求。

---

① 张天,汤利顺,王彦聪,等.C-V2X 标准演进及产业化综述[J].汽车文摘,2020(02):22-28。

第4章 LTE-V2X技术验证与应用示范

LTE-V2X 技术应用实践集中在 LTE-V2X 互联互通验证、LTE-V2X 基础设施建设及应用实践、LTE-V2X 商业模式探索等方面，目前取得初步成效。

4.1 LTE-V2X 互联互通验证

4.1.1 LTE-V2X"四跨"应用示范活动

2018 年，IMT-2020(5G)推进组 C-V2X 工作组、中国智能网联汽车产业创新联盟等联合举办了 LTE-V2X"三跨"应用示范活动，如图 4-1 所示，实现了世界首例跨通信模组、跨终端、跨整车的互联互通。本次活动的参与单位包括 3 家通信模组厂家、8 家 LTE-V2X 终端提供商和 11 家中外整车企业，中国信息通信研究院提供了实验室的端到端互操作和协议一致性测试验证。

图 4-1　2018 年 LTE-V2X"三跨"应用示范活动

"三跨"应用示范活动展示了底层采用的 3GPP Release 14 LTE-V2X PC5 直连通信技术，选取了 7 个典型的车与车、车与路应用场景，包括车速引导、车辆变道/盲区提醒、紧急制动预警、前向碰撞预警、紧急特殊车辆预警、交叉路口碰撞预警和道路湿滑提醒。

2019 年，IMT-2020(5G)推进组 C-V2X 工作组、中国智能网联汽车产业创新联盟等联合举办了 LTE-V2X"四跨"应用示范活动，如图 4-2 所示，首次实现国内"跨芯片模组、跨终端、跨整车、跨安全平台"的 LTE-V2X 应用展示。在"三跨"的基础上，"四跨"增加了通信安全场景，基于国内已经完成的 LTE-V2X 安全层标准，"四跨"应用示范活动验证了多家安全芯片企业、安全解决方案提供商、CA 证书管理服务提供商之间的互操作。

图 4-2　2019 年 LTE-V2X"四跨"应用示范活动

"四跨"应用示范活动共选取 4 类 V2I 场景、3 类 V2V 场景和 4 个安全机制验证场景,聚集了 26 家整车厂商、28 家终端设备和协议栈厂商、10 个芯片模组厂商、6 个安全解决方案厂商、2 个 CA 平台厂商。可以看到,"四跨"应用示范活动的规模和参与度相对"三跨"应用示范活动都有了进一步的扩大,这也体现了 C-V2X 产业生态的蓬勃发展。"四跨"应用示范活动有效展示了我国 C-V2X 标准协议栈的成熟度,为 C-V2X 大规模商业化应用奠定了基础。

2020 年,IMT-2020(5G)推进组 C-V2X 工作组、中国智能网联汽车产业创新联盟等再次联合举办了 C-V2X"新四跨"暨大规模先导应用示范活动,如图 4-3 所示。"新四跨"应用示范活动在"四跨"应用示范活动的基础上进一步部署了更贴近实际、更面向商业化应用的连续场景,采用全新数字证书格式,并重点增加了高精度地图和高精度定位。参加单位超过 100 家,涵盖整车、模组、终端、安全、地图、定位等。此外,此次活动重点验证了车联网 LTE-V2X 规模化运行能力,充分验证了 LTE-V2X 技术在真实环境下的资源调度、拥塞控制等关键技术及其性能。同时,此次活动针对 LTE-V2X 应用中地理坐标使用等进行了探索,并进行了多厂家的综合测试,为后续大规模商业化提供了重要的技术依据。值得一提的是,"新四跨"应用示范活动面向普通观众提供了人机界面友好的 LTE-V2X 体验,实车行驶中人机界面可提供基于 LTE-V2X 的道路安全提示,驾驶员使用方便、提示有效,参展车企、参观群众对前装 LTE-V2X 或使用 LTE-V2X 应用表达了积极意向。

图 4-3　2020 年 LTE-V2X"新四跨"暨大规模先导应用示范活动

此后,已经形成品牌的"四跨"应用示范活动逐步探索开展二阶段面向协同控制和自动驾驶类场景的验证。2021年10月,LTE-V2X"四跨"(沪苏锡)先导应用实践活动,首次实现国内跨域协同的车联网LTE-V2X规模化先导应用实践,形成了区域协同联动发展效应,演示场景包括典型的车联网一阶段辅助驾驶基础场景和协作式变道、协作式汇入、感知数据共享等车联网二阶段协作式驾驶增强场景。

2022年,LTE-V2X"四跨"先导应用实践活动分别在北京、柳州、苏州、无锡等地开展。LTE-V2X"四跨"应用实践活动除包含前期较为成熟的一阶段辅助驾驶基础场景外,重点开展面向二阶段协作式车车、车路协作式驾驶增强场景的测试验证,感知数据共享应用场景,车联网数字货币应用,路侧感L4级无人驾驶,基于V2X的自适应巡航ADAS场景。

4.1.2 "四跨"应用示范活动的成效

通过持续性地开展"四跨"应用示范活动,国内主机厂、终端模组企业普遍可以稳定实现一阶段辅助驾驶场景,例如前向碰撞预警、盲区预警、绿波车速引导、红绿灯信息提示、车内标牌等,车端一阶段辅助驾驶场景加速实现量产,不同品牌车型无障碍实现互联互通。自2021年C-V2X"四跨"应用实践活动首次验证二阶段协作式驾驶场景以来,二阶段感知数据共享、车车/车路协作式变道、车道预留等场景数据交互流程更加清晰,企业实现度不断提升,逐步探索解决"鬼探头、转弯盲区"等单车感知瓶颈问题。前瞻应用场景不断丰富,ADAS + C-V2X协作式自适应巡航应用验证取得实质进展,车联网+数字货币、纯路端感知L4级无人驾驶应用场景开展原型验证,不断推动C-V2X融合技术应用落地。2022年C-V2X"四跨"应用实践活动对北京、柳州、苏州、无锡四地基础设施进行了充分测试验证,四地车联网路侧基础设施可以稳定地提供红绿灯状态、路侧标志等基础信息,路侧感知能力快速提升,行人、机动车、非机动车等交通参与者识别精度不断提升,促进不同地方的LTE-V2X基础设施实现能力互等[①]。

此外,自2019年C-V2X"四跨"应用示范活动实现安全信任体系验证后,各企业、各地区车联网身份认证基础设施不断健全,终端安全通信机制逐步规范。依托2021年工业和信息化部"车联网身份认证和安全信任试点工作",中国信息通信研究院支撑建立了工信部车联网安全信任根管理平台,接入30余个安全信任根,覆盖10余个车联网先导区和智能网联汽车示范区,通过历次在多地举办的"四跨"应用实践活动,有效支撑实现C-V2X跨企业、跨地区互信互认互通技术验证,推动C-V2X产业身份认证和安全信任体系基本建立。

但回溯分析近年"四跨"应用实践活动期间参与车辆、主办城市各方的技术验证结果,会发现部分仍有待优化的问题。例如,部分路口存在消息内容填充不规范、播发周期与标准不一致、消息稳定性不足等问题,影响车端应用实现。第一阶段辅助驾驶基础场景实现相对稳定,但仍然存在报警时机不准确、不统一、频繁报警等现象,企业应用实现水平参差不齐,影响用户体验。第二阶段应用场景如协作式增强驾驶仍需不断完善,第二阶段场景对应的消息与汽车驾驶控制的深度融合实现度不佳,虽然车辆可以通过LTE-V2X接收到行人、机动车、非机动车等交通参与者信息,但如何运用这些信息辅助解决"鬼探头"

---

① 《车联网C-V2X"四跨"先导应用实践活动总结报告(2022)》,IMT-2020(5G)推进组C-V2X工作组。

等单车感知瓶颈仍有待攻关。

4.2 LTE-V2X 产业化进展

4.2.1 通信芯片和模组

（1）通信芯片。

当前，LTE-V2X 芯片厂商（中信科智联、华为、高通等）的 LTE-V2X 芯片已经量产，采用相关芯片的模组、终端等产品也已大量上市。从 2020 年开始，逐步有支持 LTE-V2X 功能的新车上市。随着越来越多的汽车支持 LTE-V2X 功能，以及路侧 RSU 设备的不断部署，LTE-V2X 将快速实现规模商用。

（2）通信模组。

当前阶段，业界的主流厂家已经实现了 LTE-V2X PC5 单模模组、4G 单模、LTE-V2X + 4G 双模模组的量产，LTE-V2X + 5G 的双模模组已在 2021 年出现量产产品。在车联网产业的起步阶段，LTE-V2X 的主要应用为标准定义的第一阶段应用场景，主要为面向提醒的安全和效率类应用，尚不涉及基于 LTE-V2X 的车辆控制。因此，当前的 LTE-V2X 模组能够满足汽车和交通产业的需求。

从汽车产业角度出发，车联网的目标旨在实现自动驾驶；从交通产业角度出发，车联网的目标是实现智慧交通。基于这两个目标，考虑通信产业的技术演进，模组的演进主要涉及两个方向：一是通信技术的演进，即在芯片完成 NR-V2X 的支持后，推出支持 NR-V2X 的模组，以支撑更高速率、更低时延的数据传输能力；二是面向实现 C-V2X 与传统单车智能感知（如视觉、雷达等）的融合，从信息辅助逐渐过渡到协同感知，最终实现协同决策与控制。涉及车辆控制，对 C-V2X 模组产品的可靠性、数据的可信度等要求将会更高。

当前，LTE-V2X 模组需要将实现功能安全分解到 LTE-V2X 通信模组的相关功能。LTE-V2X 功能定义部分，需要满足的功能安全需求差异也会比较大。例如，应用处理器相对弱的模组，则仅需要保证通信功能的功能安全需求；而配置更强应用处理器的模组，可以实现更高层面的数据处理，在业务层面，与辅助驾驶/自动驾驶的融合更加深入，需要承接的功能安全需求会更多。此外，LTE-V2X 模组需适应汽车电子电气架构的演进。汽车电子电气架构将从分布式逐渐走向集中式已经成为产业共识。在不同的阶段，LTE-V2X 模组所在的控制器将存在差异，对 LTE-V2X 模组亦将不同。现阶段，LTE-V2X 主要用于驾驶过程中的信息提醒，因此，LTE-V2X 模组主要被集成在 T-Box 中。因为各大车企已经具备成熟的 T-Box 产品，在成熟产品中扩展 LTE-V2X 功能时，双模模组在技术方面更有优势，因此，接受度更高；但是随着技术演进，蜂窝移动通信将更加偏重智能座舱相关功能，而 LTE-V2X 乃至未来 NR-V2X 直连通信将更加偏重自动驾驶相关功能，因此，模组应为单模还是双模，需要更多的技术探索和实践积累。

4.2.2 车载终端

（1）产品发展。

随着车联网产业的发展，OBU 产品的产业应用需求不断增加。与此同时也带来了新的要求,这使得OBU产品无论在尺寸、外观上,还是安装方式上都会发生变化。未来产品将朝小型化、集成化、美观化、安装便捷化方向发展。

随着自动驾驶产业的发展,车联网之间的功能属性将进一步融合已经成为必然趋势。其中,作为车载通信单元的OBU产品,在未来设计上也将充分考虑多技术融合,使其在汽车上的功能得到强化,产品属性更强。特别是随着芯片算力的提升,智能座舱集成度将得到进一步发展,智能车载终端设备也面临变革,LTE-V2X或将与车载娱乐系统TBOX、ADAS或自动驾驶平台发生融合。未来,随着LTE-V2X标准的演进,以及与自动驾驶车辆结合,LTE-V2X将助力自动驾驶的发展。

(2)市场格局。

目前,OBU设备服务商较为集中,产业竞争优势明显。目前具有通信背景的企业正在凭借自身技术优势抢占市场,但产业总体竞争规模较小,围绕产业加速应用至关重要。此外,在竞争过程中技术能力也将成为重要一环。LTE-V2X技术前装量产已成为多家车企布局的重要发展方向,这将推动OBU新车渗透率逐渐走高。从中长期看,OBU渗透率的提高将主要依靠整车厂商前装方式推动,但短期内应该是以后装OBU产品的快速发展为主,其中营运车辆搭载有可能成为重中之重,如出租汽车、公交车、物流货车、矿卡、港口车辆等,会优先于乘用车部署LTE-V2X车载终端。这将推动OBU产品销量走高,解决营运车辆在实际运营过程中的数据交互和协同控制问题,以此降低交通事故发生率,提升交通效率。

4.2.3 路侧单元

(1)产品发展。

目前,RSU产品功能较为简单,未来将朝融合方向发展。例如,与授时定位基础设施融合,成为支持高精定位、高精授时的RSU,可以支持给路侧其他设备高精授时;或与感知设备逐渐融合,形成内置感知计算能力的RSU,可直接完成感知计算。同时,RSU在安全能力上将进一步获得提升,安全性逐步增强。通过内置安全芯片,RSU产品能够进一步确保安全性;设备支持直连通信口(PC5)安全加密、系统可达到等级保护2.0水平。

(2)市场格局。

RSU市场参与企业众多,目前RSU供应商主要来自国内企业,凭借各自优势参与市场竞争。在未来的市场竞争中,整个市场仍将保持"群雄并起"的状态,企业与企业之间的竞争仍将各自为据。但随着产业规模化推进,未来市场将逐步向头部企业集中,具有资源优势和技术优势的企业将脱颖而出。

在一系列政策引导下,RSU作为车联网新型基础设施的一部分预计在近期获得突破性发展。2020年3月,国家提出新基建发展战略。其中,信息基础设施的发展将推动5G、北斗系统、人工智能等新技术在智慧路侧方面的发展。此外,2021年,国家综合立体交通网和"十四五"规划政策相继出台,从国家政策层面推动公路智能化建设,加强路侧感知系统、智能调度平台等建设,并持续推进终端联网。这意味在未来的发展过程中,RSU产品在高速公路和城市主干道将成为布局重点。据不完全统计,截至2022年,我国已部署的LTE-V2X RSU超过6200台。

此外，随着政策助推和智能网联汽车产业的发展，场景需求不断显现，RSU 产品将从重点场景部署走向开放道路规模化部署。在辅助驾驶安全中，RSU 产品部署也将围绕城市道路、高速公路等重点场景和公交车、出租汽车、物流货车等商用车加速布局；在自动驾驶产业发展过程中，半封闭场景如港口、矿山、干线物流、末端配送、园区、物流、环卫、Robotaxi 等多场景成为重点。

4.3 LTE-V2X 基础设施建设及应用实践

随着 LTE-V2X 技术验证不断成熟，LTE-V2X 应用开始从测试向先导应用演进，其实践的广度、深度和技术创新性逐步提升，社会各界高度关注。从服务对象出发，LTE-V2X 应用主要有三个分类：一是面向普通用户，通过车联网提供车载信息服务，以增强人民体验感、获得感；二是面向企业用户，通过网联化、智能化水平的提升辅助行业进行生产、运输等方面业务的升级和转型，以提高企业生产或运行效率；三是服务于政府部门，通过缓解交通环境拥堵、提高道路环境安全并优化系统资源，提升政府数字化治理能力。本节将重点从智能驾驶、智慧公交、Robotaxi、智慧高速等方向介绍 LTE-V2X 的落地应用，不同的应用面向的服务对象各有侧重。

4.3.1 智能驾驶应用

（1）应用概述。

智能辅助驾驶场景是 LTE-V2X 基础应用场景，适用于私家车、公交车、出租汽车、货运物流车等各类车型，通过部署 LTE-V2X 路侧 RSU，以及安装智能座舱、智能后视镜等车载 LTE-V2X 终端，可主要向驾驶员提供安全驾驶、效率提升两大类服务，解决城市中交通事故频发、交通拥堵等问题。

安全驾驶如图 4-4 所示。在车辆相互接近并可能发生交通事故时，车载终端通过语音提醒、画面警示等方式，向驾驶员发出预警信息。例如，前向碰撞预警可提示驾驶员前方车辆的停车或减速，从而提前避让或制动；交叉路口碰撞预警可在车辆驶向交叉路口时，向驾驶员预警垂直方向驶向同一路口车辆的潜在碰撞威胁。此外，安全驾驶服务还可包含异常车辆提醒、车辆失控预警、道路危险状况提示、紧急制动预警、紧急车辆提醒等应用。

效率提升如图 4-5 所示。车载终端从平台或路侧获取交通道路状态、交通管控、高优先级车辆通行请求等信息，使驾驶员可以在第一时间更合理地决策出行时间和行驶路线，实现车内标牌、绿波车速引导等功能。其中，车内标牌可将道路标志与交通信号灯等信息直接显示在车载终端设备上，为驾驶员提供更清晰、动态的道路信息，同时避免环境对道路标志的遮挡；绿波车速引导则通过接收红绿灯状态信息，计算并向驾驶员建议车速区间，使车辆能够经济、舒适地通过信号灯控制的交叉路口，无须停车等待。此外，效率提升服务还可包含前方拥堵提醒、紧急车辆提醒等应用。

（2）量产车型智能座舱案例。

广汽集团在 2020 年 12 月量产了 AION V 车型，全系可选装 5G VBOX，具备 5G 蜂窝通信和 LTE-V2X 直连通信能力。AION V 将 C-V2X 直连通信数据与车载摄像头、雷达进行了感知融合，不仅可以增强前向碰撞预警、盲区预警等传统的高级驾驶辅助系统(ADAS)功能，而且可以支持交叉路口碰撞预警、逆向超车预警、异常车辆提醒等依托单车智能无法支持的功能，提高行车安全。

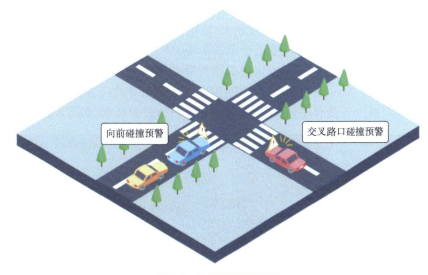

图 4-4　安全驾驶服务示例

图 4-5　效率提升服务示例

上汽通用别克于 2020 年底在 GL8 艾维亚量产车型上搭载 LTE-V2X 直连通信能力，可通过接收周围车辆的行驶状态信息，结合自身车速、加速度等相关数据，评估是否存在碰撞风险，并通过仪表盘/抬头显示功能(HUD)向驾驶员提供紧急制动预警、异常车辆提醒、车辆失控预警、交叉路口碰撞预警等功能。

奥迪(中国)基于 LTE-V2X 直连通信技术，结合中国道路交通环境打造了智能互联驾驶功能解决方案，可实现道路危险状况提示、紧急制动预警、紧急车辆提醒等车间交互功能，并在2019年世界物联网博览会期间,展示了16个面向城市场景的全新智能互联驾驶功能以及下一代协作型自适应巡航控制等新功能。

(3)武汉智能后视镜案例。

武汉经开区在近500km²的道路范围内建设部署了LTE-V2X RSU,通过对社会车辆加装支持LTE-V2X直连通信功能的智能后视镜,车辆可与RSU以及"城市操作系统平台"进行通信交互,获取智慧出行服务。通过语音助手、地图导航、个性化音频内容等交互方式,路侧或者平台侧的车联网服务信息可以推送至车载终端用户。通过为用户提供交通灯倒计时状态等信息,实现车内标牌服务;通过为用户提供行驶速度建议,实现绿波车速引导功能。以部署的10个路口共7.5km路程为例,用户使用绿波车速引导的行驶速度建议,可缩短行程时间约2min,同时减少行驶启停顿挫,提高了用户出行体验和效率,如图4-6所示。

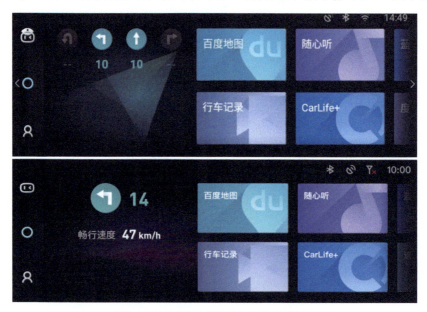

图4-6 车内标牌与绿波车速引导功能展示

4.3.2 智慧公交应用

(1)应用概述。

智慧公交场景通过在路侧建设部署LTE-V2X RSU以及感知系统,对公交站台、公交车进行网联化改造,支撑公交系统数字化升级,实现乘客、车、路、站台、平台之间的协同,提升公交车的行驶安全和运行效率,解决城市道路中因公交车造成的拥堵以及乘客上车时的安全问题,多维度地优化用户乘坐体验。智慧公交场景除了智能辅助驾驶的安全驾驶和效率提升服务外,还包括了精准停靠、交通灯透传以及优先通行等服务。

精准停靠如图4-7所示。公交车可从路侧LTE-V2X系统获取站台高精度地图,配合融合感知算法、路径规划策略等,缩短停靠时与站台间的距离,减少乘客下车踩空事故。

交通灯透传如图4-8所示。公交车可从路侧收取交通灯状态信息,并将其显示于车尾的显示屏上,避免后车因受到遮挡无法观察到交通灯状态。

优先通行如图 4-9 所示。公交车在通过有交通灯的十字路口时,可向路侧 LTE-V2X 系统发送优先通行请求,交通灯信号机可动态调整交通灯状态,减少公交车等待红灯时间。

图 4-7　精准停靠服务示例

图 4-8　交通灯透传服务示例

(2)长沙智慧公交案例。

湖南长沙打造了基于 LTE-V2X 的智慧公交示范应用,如图 4-10 所示,目前在智慧公交 315 路、3 路、9 路实现了商用运营。可实现公交信号优先、交通灯穿透等多项功能,日均服务乘客约 3 万人。其中,智慧公交 315 路全程长约 14km,智能化改造路段长约 10km,涉及 18 个路口,改造车辆数为 10 辆;智慧公交 3 路全程长约 19km,智能化改造路段长 11.5km,涉及 18 个路口,改造车辆数为 35 辆;智慧公交 9 路全程长约 13.4km,智能化改造路段长 10.5km,涉及 17 个路口,改造车辆数为 42 辆。

在交通灯透传功能中,智能网联公交车可将通过路侧设备广播得到的交通灯状态信息通过车尾显示屏显示出来,避免造成对后车的遮挡;在优先通行功能中,智能网联公交车可主动向智能路口发送包含车辆位置、行驶速度、车内乘客数、准点状态等在内的数据,路侧计算设备据此生成公交信号优先策略,通过红灯缩短、绿灯延长等方式实现公交优先通行。公交优先功能可显著提升公交车的运行效率,例如 315 路的平均行程时间由 33.1min 缩减至 28.9min,优化率达 12.6%;线路平均行程车速由 18.1km/h 提升至 20.7km/h,提升率达 14%。

图 4-9　公交优先通行服务示例

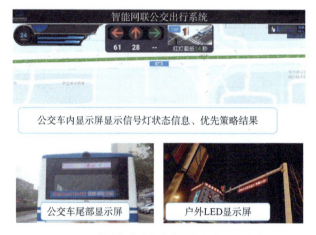

图 4-10　长沙智慧公交信息服务与交通灯透传

4.3.3　Robotaxi 应用

(1)应用概述。

网联自动驾驶出租汽车(Robotaxi)场景通过在单车自动驾驶的基础上叠加车与路之间的协同能力,提高自身感知与规划能力,改善乘客的乘坐体验并提升安全性、行驶及运营效率。车联网技术可支持自动驾驶出租汽车实现全息感知、智能车速等服务。

全息感知如图 4-11 所示。Robotaxi 可利用 LTE-V2X 从路侧获取车辆盲区内、交叉路口受遮挡区域的路况、道路标志等信息。这些信息是对单车自动驾驶感知能力的补充与完善，能够使自动驾驶系统作出更安全的决策。

图 4-11　全息感知服务示例

智能车速如图 4-12 所示。Robotaxi 可利用 LTE-V2X 从路侧获取交通灯状态信息和道路状态信息，自动驾驶系统可根据此信息调整行驶速度与车道规划，从而减少出租汽车的启停顿挫，优化出租汽车的行驶效率。

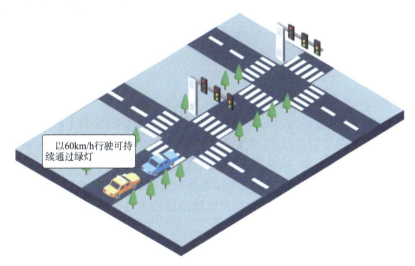

图 4-12　智能车速服务示例

（2）长沙市网联 RoboTaxi 案例。

长沙市自 2019 年以来，在梅溪湖、洋湖城区 100km² 城市范围内的开放道路和长益复线高速公路 100km 开放道路上建设了 LTE-V2X 基础设施。改造了梅溪湖区开放道路 32 个大型平交路口，覆盖生活区、商业区、景区等城市路段道路，涵盖快速路、主干路、辅路和立交等道路类型；改造了长益复线高速公路 15km，覆盖隧道、桥梁、互通、服务区、坡道、急弯等高速公路典型场景，支持 L4 级自动驾驶车辆运行。

通过路侧多种感知能力融合,借助 LTE-V2X 向 Robotaxi 提供车道级、连续轨迹、全采样及多模态的数据服务,从而支持网联 Robotaxi 在单车智能的基础上实现全息感知(图 4-13)与网联调度。项目示范区内,自动驾驶出租汽车成本较单车解决方案降低 30%,每次接管的行驶里程间隔(MPI)指标提升 110%,打造了良好的自动驾驶规模化推广基础。

图 4-13　全息感知功能补充了路口对面被遮挡的车辆信息(图中蓝色车辆)

4.3.4　智慧高速应用

(1)应用概述。

高速公路车路协同场景可通过在传统高速公路机电系统的基础上融合 LTE-V2X 系统,增强路侧的感知能力、动态管控能力、服务通行车辆能力,实现道路状况的可视、可测、可控,从而有效降低交通事故发生率、减少经济损失、提升物流运输效率,最终提升路方综合竞争力以及路网整体服务水平。当前 LTE-V2X 在高速车路协同应用可在匝道汇入汇出口、隧道出入口等路段支持安全驾驶和效率提升的智能辅助驾驶服务,还可实现公路异常感知、车辆编队行驶、重点车辆监控等服务。

公路异常感知如图 4-14 所示。智慧高速可通过 LTE-V2X 车路协同或路侧感知系统获取公路上的交通事故(V2I)、突发自然灾害或天气异常等信息,并通过 LTE-V2X 向通行车辆提供预警,从而减少交通事故发生率,并尽量避免二次事故。

车队编队行驶。高速公路上的货运车辆可通过 LTE-V2X 技术实现编队行驶,车队中的车辆接收来自头车以及路侧的信息,自动或部分自动地跟随头车行驶,可以降低空气阻力并节省油耗,同时有效降低驾驶员的劳动强度,从而适当减少车队驾驶员人数。

重点车辆监控如图 4-15 所示。智慧高速可对搭载了 LTE-V2X 终端的危险品运输车、重载货车等重点车辆进行全程定位与监控,确保重点车辆合理使用道路,减少事故发生时的响应与处理时间。

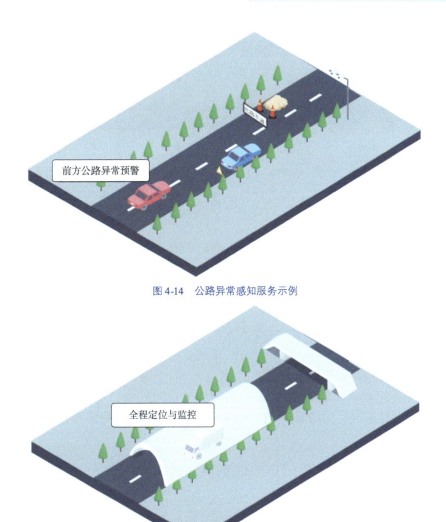

图 4-14 公路异常感知服务示例

图 4-15 重点车辆监控服务示例

(2)石渝高速公路涪丰段智慧高速案例。

重庆在石渝高速公路涪丰段打造基于 LTE-V2X 技术的智慧高速,如图 4-16 所示。该路段双向近 130km,其中交通互通 8 处,隧道 12 处(总长 15.5km),服务区 1 处,5 处事故多发区域。该路段所处区域地质、气象条件复杂,包含隧道群、特大桥、急弯、急下坡、多雾、积水、上下行车道分离等多种影响交通安全的不利因素,桥隧比高达 47% 以上,交通场景复杂。石渝高速公路涪丰段建设智慧高速时在路侧共部署了 350 余台 LTE-V2X RSU,400 余套路侧感知、计算、显示设备,基本实现双向近 130km 的全覆盖,实现了提升安全与效率的功能,有效保障了高速公路异常情况的快速发现、快速通知、快速处置。通过路侧融合感知和边缘计算实现了道路动态风险的快速发现;通过 LTE-V2X 技术与智能车载终端实现了公路异常感知与协同交通的应用场景;通过空口同步和定位技术实现了隧道定位不丢失,进而实现了重点车辆全程监控。该项目提高了高速公路在安全与效率提升领域的应急保障能力,提高了路网交通事件监测与快速响应协同救助能力。

图 4-16　石渝高速公路涪丰段应用场景示意图

4.4　LTE-V2X 商业模式探索

当前,LTE-V2X 应用服务体系日益丰富,并与汽车、交通等行业加速融合。从商业模式角度,LTE-V2X 应用在城市道路、高速公路、特定区域(矿区、港口等)道路等场景方面的落地模式略有不同,且不同类别场景下 LTE-V2X 应用在部署规模、技术难易程度等方面体现出了较为明显的差别。

4.4.1　城市道路场景下 LTE-V2X 的商业模式

(1)功能价值分析。

城市路网复杂、交通对象多元、出行需求庞大,交通效率提升、交通安全保障、新型交通服务是车联网在城市场景应用中的主要价值目标,而针对交通运行数据的挖掘运用亦成为当下热门方向之一[①]。

面向交通主管部门,LTE-V2X 系统可通过信号灯配时优化、绿波通行等场景应用,有效提高城市交通效率;通过超速预警、闯红灯预警、盲区预警等场景应用,提升交通安全;通过事故识别、异常行为上报、特殊车辆优先通行等场景应用,提升交通管理精度。

面向交通规划部门,车联网系统汇聚的道路运行数据、车辆轨迹数据等数据资源,能为城市交通规划决策提供大数据支撑,进而科学地开展道路改扩建、车道管理、新建道路规划。

面向城市公交运输企业,车联网系统通过信号灯配时策略建议,实现公交优先,提升公交车的运行效率;通过共享感知、盲区预警等提升公交车运行安全性;通过平台优化,精准调度公交车辆,动态优化调整发车频率甚至运行路线,实现交通运输资源的灵活配置,打造精准公交、定制公交。

面向个人用户,车联网系统通过信号灯信息下发、路线建议等场景应用,支撑绿波通行、

---

① 《车联网白皮书(2021 年)》,中国信息通信研究院。

自适应巡航控制等功能;通过感知信息共享、盲区预警等场景应用,支撑碰撞警告、自动紧急制动等功能;通过高精定位、高精度地图下发等场景应用,支撑自动驾驶等功能;未来还可以通过近场支付等场景应用,支撑停车无感支付等功能。

城市道路场景下的 LTE-V2X 应用价值分析如图 4-17 所示。

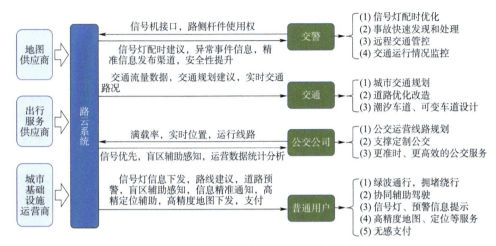

图 4-17　城市道路场景下的 LTE-V2X 应用功能价值分析

(2)商业模式探索。

城市场景下的车联网生态包括供应端、运营端和用户端,价值链条顺次展开。其中,供应端方面,企业围绕城市车联网系统建设,提供路侧设施、云控平台、高精定位、高精度地图、车载终端等设备和服务,获取商业回报。运营端方面,城市车联网基础设施运营主体,为各类用户提供多形态服务,获取服务回报;停车场等关联主体通过平台引流,获取停车收益。用户端方面,主机厂通过车联网功能获取车辆溢价;公交企业通过提升公交运行效率,提升服务水平,如图 4-18 所示。

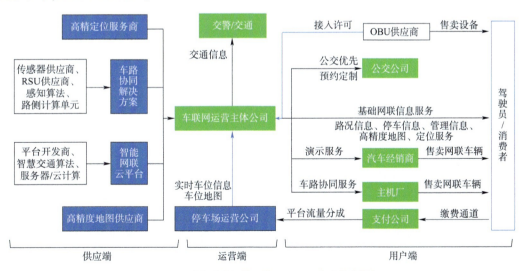

图 4-18　城市道路场景下的 LTE-V2X 商业模式探索

4.4.2　高速公路场景下 LTE-V2X 的商业模式

(1) 功能价值分析。

以提升通行效率、降低事故发生率为价值导向,安全预警及交通管控成为当前车联网在高速场景下的主要应用目标,而数据价值互通将助力构建信息服务应用新业态。

面向政府部门,一方面通过全线感知信息整合,支撑交通态势分析预测以及跨区域事件精准调度,提升调度效率;另一方面通过服务平台,实现用户侧终端统一发行认证和监管,保障安全运行。

面向高速公路运营企业,一方面通过车道级精准管控、准全天候辅助通行、区域级网联云控等应用,并通过与图商平台等交换交通数据,扩大触及范围,实现整体交通流量的动态联动调控,提升运营收益;另一方面通过安全信息提示、道路实时养护、应急救援等应用,服务安全运营。

面向个人用户,除享受安全与效率服务外,未来还有可能通过不同通行时段动态费率等应用,降低出行成本。

高速公路场景下的 LTE-V2X 应用价值分析如图 4-19 所示。

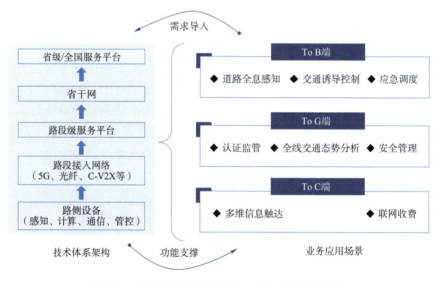

图 4-19　高速公路场景下的 LTE-V2X 应用功能价值分析

(2) 商业模式探索。

在高速公路场景下,面向个人用户,建设方单位一方面通过减少交通事故、优化通行效率,提升面向乘用车的整体运营效益;另一方面探索通过与其他商业模式、主体的结合,扩展增值服务,包括与图商平台合作将实时交通信息推送给终端用户,提供更精准的导航服务,以及将高速周边旅游服务生态与通行服务结合,向车主提供综合信息服务以及动态计价的商业模式。面向运输企业用户,建设方单位通过将车、路、云融合的大数据信息服务提供给道路运输企业,服务于车队智能化管理以及未来的编队自动驾驶,获得商业回报,如图 4-20 所示。

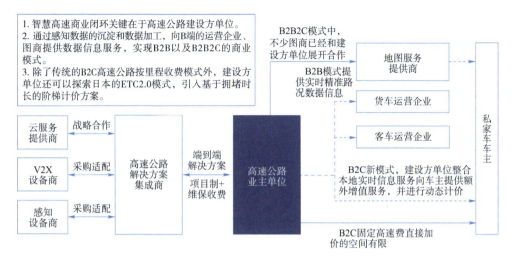

图 4-20　高速公路场景下的 LTE-V2X 商业模式探索

4.4.3　特定区域场景下 LTE-V2X 的商业模式

（1）功能价值分析。

在特定区域道路场景下，车联网主要服务于智能驾驶，或将比城市道路、高速公路场景更早成熟。矿区、港口等场景相对封闭，且存在明确的机器换人需求，商业模式清晰。

在矿山场景下，单车智能与调度平台的路径规划、监控应用深度融合。通过在车辆上搭载 LTE-V2X 终端、传感器、高精度定位等设备，结合平台或路端的统一规划及管理，完成无人矿卡的装载、运输、卸载的协同作业等功能，在保障矿卡车辆最优工作状态的同时，降低人员成本，减少安全事故的发生。

在港口场景下，LTE-V2X 应用主要包括自动驾驶集卡的协作式运输以及港机设备的远程控制。就自动驾驶集卡而言，车端完成数据的采集、传输及决策等功能，通过与港区设备、平台之间的信息交互，实现自动化运输，并在调度系统的路径规划之下，实现在狭窄、直弯的港区道路中的运输路径最优化，进一步实现作业效率的提升和能源消耗的降低。

（2）商业模式探索。

特定工况场景涉及主体包括矿区/港口运营主体、解决方案集成商以及其他设备商、零部件厂商等。目前主要存在两种商业模式：一是由矿区/港口建设方单位负责项目的整体规划，并获得"车-路-云"资产的归属权，解决方案集成商需要根据建设方单位需求完成基础设施建设和车辆改装工作；二是矿区/港口建设方单位"轻资产"管理，解决方案商与运输服务商合作，提供自动驾驶车端改造、网络环境建设、平台搭建等整体方案，以运输服务的形式提供给建设方单位。特定区域场景下的 LTE-V2X 商业模式探索如图 4-21 所示。

4.4.4　小结

当前，LTE-V2X 正处于基础设施建设与应用推广齐头并进的重要窗口期，应用服务体系逐渐成为带动产业技术体系、产品功能、服务模式发展的重要牵引。在此过程中，产业各方在前期基本已经验证了技术与标准的可行性基础之上，逐步推动 LTE-V2X 与汽车、交通等行业的深度融合应用,尤其是应用的可用性、易用性,快速地证明车联网整体系统的实用价值。更进一步地,从商业视角出发,各方需要凝心聚力、逐步推动 LTE-V2X 规模化商用,除了 C 端服务价值外,特别要在公共服务、数据服务等维度重点挖掘,使 LTE-V2X 应用真正走向商业闭环。

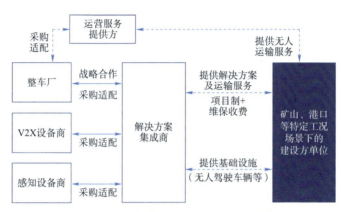

图 4-21　特定区域场景下的 LTE-V2X 商业模式探索

第 5 章
NR-V2X关键技术与产业发展

NR-V2X 作为 LTE-V2X 技术的演进和增强,在未来很长一段时间内并不会完全取代 LTE-V2X,而很有可能与 LTE-V2X 共存,并针对不同用例提供服务。3GPP Release 16 版本标准的设计也保证了 NR-V2X 在 LTE 网络中正常运行以及 LTE-V2X 终端在 NR 网络中正常工作。从标准需求角度,LTE-V2X 主要用于支持面向低等级自动驾驶的基础安全类应用,NR-V2X 则更倾向于面向高等级自动驾驶的高级应用。

5.1 NR-V2X 典型应用场景及业务要求

按照 3GPP Release 16 版本标准,NR-V2X 的技术需求主要考虑支持四种典型业务场景:车辆编队(Platoonning)、高级驾驶(Advanced Driving)、传感器扩展(Extended Sensor)和远程驾驶(Remote driving)[①]。

5.1.1 车辆编队业务

编队业务中车辆能够动态地形成统一编队一起行驶。编队中的所有车辆接收来自头车的周期性数据,以进行编队操作。该业务可使车辆在行驶过程中保持较小的间距,且支持编队中后面的车辆在没有驾驶员的情况下进行自动行驶。车辆编队业务性能要求见表 5-1。

车辆编队业务性能要求　　　　　　　　　　　表 5-1

场景	通信场景描述	包大小(Byte)	发送速率(消息个数/s)	最大端到端时延(ms)	可靠性(%)	数据速率(Mbit/s)	最小通信距离(m)
编队业务中协同驾驶车辆间的信息交换	最低级别的自动驾驶	300～400	30	25	90		
	低级别的自动驾驶	6500	50	20			350
	最高级别的自动驾驶	50～1200	30	10	99.99		80
	高级别自动驾驶			20		65	180

---

① 3GPP TS 22.886 Technical Specification Group Services and System Aspects; Study on enhancement of 3GPP Support for 5G V2X Services(Release 16)。

续上表

通信场景描述		包大小（Byte）	发送速率（消息个数/s）	最大端到端时延（ms）	可靠性（%）	数据速率（Mbit/s）	最小通信距离（m）
场景	级别						
编队业务中车辆间或车辆与路侧设备间的信息报告	N/A	50～1200	2	500			
编队业务中车辆与路侧设备间的信息共享	较低级别的自动驾驶	6000	50	20			350
	较高级别的自动驾驶			20		50	180

在该业务场景中，NR-V2X 系统应能支持 5 个承载该应用的车辆。

在车辆编队中，针对某一支持该应用的车辆，系统应能够支持该车辆和另外 19 辆车之间的可靠 V2V 通信。其中，对于重载货车编队，由于通信距离、货车长度、货车间距离等因素限制，一个编队中的车辆数量可以更少。

对于支持该应用的车辆，系统应支持小于 0.5m 的相对纵向定位精度，以便实现近距离编队。

5.1.2 高级驾驶业务

高级驾驶业务覆盖半自动驾驶或全自动驾驶。每辆车、路侧设备与附近的车辆共享本地传感器感知的数据，以实现车辆间行车路线和驾驶操作的协同。另外，每辆车都与附近的车辆分享其驾驶意图。高级驾驶业务场景可以使出行更加安全，降低事故发生率并提高通行效率。高级驾驶业务性能要求见表 5-2。

高级驾驶业务性能要求　　　　表 5-2

通信场景描述		包大小（Byte）	发送速率（消息个数/s）	最大端到端时延（ms）	可靠性（%）	数据速率（Mbit/s）	最小通信距离（m）
场景	级别						
车辆间协作避撞		2000	100	10	99.99	10	
自动驾驶车辆间的信息交换	较低级别的自动驾驶	6500	10	100			700
	较高级别的自动驾驶			100		53	360
自动驾驶车辆与路侧设备间的信息交换	较低级别的自动驾驶	6000	10	100			700
	较高级别的自动驾驶			100		50	360
车辆间紧急轨迹对齐		2000		3	99.999	30	500

续上表

通信场景描述		包大小 (Byte)	发送速率 (消息个数/s)	最大端到端时延 (ms)	可靠性 (%)	数据速率 (Mbit/s)	最小通信距离 (m)
场景	级别						
交叉路口安全场景车辆与路侧设备间的信息交换		UL: 450	UL: 50			UL: 0.25 DL: 50	
协作变道车辆间的信息交换	较低级别的自动驾驶	300~400		25	90		
协作变道车辆间的信息交换	较高级别的自动驾驶	12000		10	99.99		
车辆与平台间的视频信息共享						UL: 10	

5.1.3 传感器扩展业务

传感器扩展业务使车辆、路侧设备、行人设备和平台交换环境信息,包括本地传感器收集的原始数据、处理数据、实时视频数据。这些车辆可以增强对环境的感知能力,获得超出自身传感器范围的环境信息,对周围情况有更全面的了解。传感器扩展业务性能要求见表5-3。

传感器扩展业务性能要求 表5-3

通信场景描述		包大小 (Byte)	发送速率 (消息个数/s)	最大端到端时延 (ms)	可靠性 (%)	数据速率 (Mbit/s)	最小通信距离 (m)
场景	级别						
车辆间的传感器信息共享	较低级别的自动驾驶	1600	10	100	99		1000
车辆间的传感器信息共享	较高级别的自动驾驶			10	95	25	
				3	99.999	50	200
				10	99.99	25	500
				50	99	10	1000
				10	99.99	1000	50
车辆间的视频信息共享	较低级别的自动驾驶			50	90	10	100
车辆间的视频信息共享	较高级别的自动驾驶			10	99.99	700	200
				10	99.99	90	400

5.1.4 远程驾驶业务

远程驾驶业务将通过远程驾驶员或应用程序,为无法自行驾驶的乘客或处于危险环境中的远程车辆提供远程驾驶服务。远程驾驶业务性能要求见表5-4。

系统应支持车辆和平台之间的消息交换,绝对速度可达250km/h。

远程驾驶业务性能要求 表 5-4

通信场景描述	最大端到端时延（ms）	可靠性(%)	数据速率(Mbit/s)
车辆与平台之间的信息交换	5	99.999	UL：25 DL：1

5.2 NR-V2X 通信业务总体技术指标

本节将在 5.1 节的基础上，对 NR-V2X 通用应用场景的业务需求作进一步分析。典型安全驾驶类业务以及驾驶效率类业务场景指标需求见表 5-5[①]。

安全驾驶以及驾驶效率类业务场景指标需求 表 5-5

场景类别	指标总结
安全驾驶	安全驾驶类场景通常通信范围小，可靠性高，业务连续性需求低，平台需求普遍较低，除部分涉及感知需求的场景外，其他场景计算和存储能力需求都不高。具体指标要求如下： 时延：≤100ms，涉及决策信息时≤20ms； 数据包：<1600byte，以结构化数据为主； 频率：≥10Hz； 通信范围：≥300m； 可靠性：99%～99.999%； 定位精度：0.5～1.5m； 通信模式：都有广播、单播需求，部分场景有组播需求
驾驶效率	1. 编队类 编队类场景要求时延低，可靠性高，频率高，业务连续性和平台需求总体较低。具体指标要求如下： 时延：队内通信：20ms，队外通信：100ms； 可靠性：99%～99.99%； 频率：≥35Hz； 通信范围：≥300m； 车速：≤120km/h； 定位精度：亚米级到 1.5m； 业务连续性：协作式管理类需求高，交互类的低； 平台：涉及车队管理的平台需求高，其他平台需求低
	2. 精细化路径引导[智能停车引导和车辆路径引导（局部）] 精细化路径引导场景对速率、定位精度和平台需求高。具体指标要求如下： 时延：≤100ms； 速率：下行≤100Mbit/s，上行≤20Mbit/s； 频率：≥10Hz； 可靠性：99%～99.9%； 定位精度：≤0.5m； 业务连续性低； 平台：计算和存储能力需求高

---

① 《基于 5G 的车联网通信技术需求研究》，中国通信标准化协会。

续上表

场景类别	指标总结
驾驶效率	3. 其他 时延:≤100ms,部分场景车云通信≤1000ms; 数据包:≤1200byte; 可靠性:99%~99.9%; 平台:计算能力需求低,存储能力部分场景需求较高(例如,浮动车数据采集)

对于面向低等级(如 L0~L2 级)自动驾驶的基本安全驾驶类业务以及驾驶效率类业务,表 5-6 总结了直连通信 NR-V2X 和 LTE-V2X 对其支持情况。

面向低等级自动驾驶业务的直连通信能力分析　　　　表 5-6

指标	NR-V2X 分析	LTE-V2X 分析
通信模式:单播、组播和广播	可以满足。Release 16 NR-V2X 支持单播、组播和广播	部分满足。LTE-V2X 接入层仅支持广播传输
数据包: 安全驾驶:≤1600byte; 编队类:≤1200byte; 其他:≤1200byte	可以满足	可以满足
速率:≤1Mbit/s	可以满足	可以满足
时延: 安全驾驶:时延≤100ms,涉及决策信息时≤20ms; 低自动驾驶等级的编队类:≤100ms; 精细化路径引导:≤100ms; 其他:≤100ms	可以满足	可以满足
可靠性:90%~99%	可以满足	可以满足
车速:≤120km/h	可以满足	可以满足
频率: 安全驾驶:≥10Hz; 低自动驾驶等级的编队类:≥20Hz; 精细化路径引导:≥10Hz	可以满足	可以满足
通信范围:≥300m	部分场景可以满足	部分场景可以满足

对于面向高等级自动驾驶的车辆编队、精细化路径引导、协作式车辆换道或汇入、感知数据共享等业务,表 5-7 总结了直连通信 NR-V2X 和 LTE-V2X 对其支持情况。

表 5-7 面向高等级自动驾驶业务的 PC5 接口指标分析

指　　标	NR-V2X 分析	LTE-V2X 分析
通信模式:单播、组播和广播	可以满足。Release 16 NR-V2X 支持单播、组播和广播	部分满足。LTE-V2X 仅支持广播传输
数据包: 安全驾驶:≤1600byte; 编队类:≤1200byte; 其他:≤1200byte	可以满足	可以满足
速率:精细化路径引导、感知数据共享≤100Mbit/s	可以满足(假设带宽40MHz)	不满足 100Mbit/s 的速率要求
时延: 高等级自动驾驶车辆编队、高等级自动驾驶条件下的协作式车辆变道或汇入:≤20ms; 精细化路径引导、感知数据共享:≤100ms	可以满足	不满足。虽然 LTE-V2X 底层的资源选择窗口最低可设为 20ms,但周期性数据包的应用层时延一般为 100ms,典型使用条件下无法满足 20ms 的时延要求
可靠性: 高等级自动驾驶车辆编队、智能停车和局部路径引导、高等级自动驾驶条件下的协作式车辆变道或汇入:≥99.9%; 感知数据共享:≥99%	可以满足	不满足99.9%的可靠性要求
车速:≤120km/h	可以满足	可以满足
频率:高等级自动驾驶车辆编队≥35Hz	可以满足	不满足。典型使用条件下无法满足 35Hz 的频率要求
通信范围:≥300m	部分场景可以满足	部分场景可以满足

这里我们把速率、时延、可靠性、支持的车速、通信范围这几个通信关键参数的对比分析过程稍作展开。

(1) 速率对比。

假设 NR-V2X 可用带宽为 $W=40\mathrm{MHz}$,根据 5G 汽车联盟的频谱需求分析研究,NR-V2X 最大传输速率可达 211Mbit/s,可以满足直连通信单个用户峰值速率 100Mbit/s 的需求。在实际系统中,信号衰减和同频干扰会导致无线信道资源利用率的下降。通常,假设信道利用率为 80% 是较为合理的,此时 NR-V2X 最大传输速率为 169 Mbit/s,依然能够满足直连通信单个用户峰值速率 100Mbit/s 的需求。

根据中国通信标准化协会(CCSA)相关标准,LTE-V2X 中车辆的可用带宽为 $W=10\mathrm{MHz}$

（5G汽车联盟在车联网频谱需求分析中也假设10MHz带宽），LTE-V2X最大传输速率为48.9Mbit/s，难以满足直连通信单个用户峰值速率100Mbit/s的需求。

（2）时延对比。

NR-V2X采用和Uu口相同的参数集。一方面，NR-V2X支持两种配置授权的传输方案，相比动态调度，配置授权的传输方案不需要调度请求授权的过程，一定程度上可以减少直连通信传输前的时延。另一方面，NR-V2X在终端自主式的资源分配模式下，其资源选择窗的长度可以根据业务的时延需求决定，紧急业务可以选择时延较小的资源进行传输。3GPP Release 16的设计目标是实现最低可达3ms的空口时延，NR-V2X按设计完全可以满足业务的时延要求。

LTE-V2X可以满足最大空口时延不超过20ms的要求，在终端自主式的资源分配模式（Mode 4）下，终端在资源选择窗内随机选择传输资源，而资源选择窗口后沿将决定空口时延。3GPP协议规定，资源选择窗口可以设定为20~100ms中的某个值，但不可超过业务的时延续期。即：当资源选择窗口后沿设定为20ms时，可确保空口时延最大不超过20ms；当后沿设定为100ms时，可确保空口时延最大不超过100ms。

（3）可靠性对比。

NR-V2X支持单播和组播传输，引入了专门的反馈信道支持HARQ反馈。以可靠性指标较为严格的编队类V2V通信为例进行分析，假设V2V单次传输的时延为2ms，则在用户面时延需求20ms的情况下最多可以传输10次。如果要满足99.99%的可靠性通信，那么每次传输的成功概率只需要大于0.6；如果要满足99.999%的可靠性通信，那么每次传输的成功概率需要大于0.7。考虑实际系统中留给空口的传输时延小于20ms（假设10ms），则在用户面时延需求10ms的情况下最多可以传输5次。此时，如果要满足99.99%的可靠性通信，那么每次传输的成功概率只需要大于0.85；如果要满足99.999%的可靠性通信，那么每次传输的成功概率需要大于0.9。以上分析未考虑IR重传推导得出，若采用IR重传方式，单次成功传输概率不需要达到该值，仍可满足场景可靠性要求。因此，推导得出的单次成功传输概率要求，可能高于实际场景可靠性所需要的单次成功传输概率，是实际单次成功传输概率要求的最大值。NR-V2X支持多种调制和编码方案，信道较差时可以采用较低的码率和阶数较低的调制方式进行传输，因此，可靠性需求在大部分场景（信道极差的场景除外）下是可以满足的。

LTE-V2X仅支持广播传输，不支持HARQ反馈，因此可靠性较差。通常情况下，物理层单次传输的可靠性可以达到90%~99%，难以满足99.99%和99.999%的传输可靠性。然而，LTE-V2X在初传的基础上支持最多一次盲重传，如果单次传输的可靠性为90%~99%，那么两次传输的可靠性可达99%~99.99%，可靠性需求在部分场景下可以满足。

（4）支持的车速对比。

NR-V2X支持较大的子载波间隔和时域密度较高的DMRS序列结构，来实现高速场景高频段的信道检测、估计与补偿。例如，NR-V2X最高支持15kHz子载波间隔传输，1个子帧最多可以支持4列DMRS传输，这样NR-V2X的DMRS时间间隔为0.25ms，假设NR-V2X工作在6GHz中心频点，能够有效支持相对速度240km/h的通信场景（对应单向速度为120km/h）。如果采用120kHz子载波间隔，DMRS时间间隔最小可达0.03125ms，能够有效支持相对速度高达 500km/h 场景下的通信场景(对应单向速度为 250km/h)。

LTE-V2X 同样支持时域密度较高的 DMRS 序列结构，来实现高速场景下的信道检测、估计与补偿。例如，采用 15kHz 子载波间隔传输，1 个子帧最多可以支持 4 列 DMRS 传输，这样 LTE-V2X 的 DMRS 时间间隔最小可达 0.25ms。假设 LTE-V2X 工作在 6GHz 中心频点，能够有效支持相对速度 240km/h 的通信场景(对应单向速度为 120km/h)。但 LTE-V2X 不支持较大的子载波间隔，故其可支持的最大车速小于 NR-V2X。

(5) 通信范围对比。

3GPP TR 38.885 对 NR-V2X 的平均包接收率(Packet Reception Ratio, PRR)性能进行了评估，从中可以看出 NR-V2X 对通信范围的支持程度。

在高速公路场景，320m 通信范围，6GHz 中心频点，单播周期业务可达 96.03% ~ 99.87% PRR，单播非周期业务可达 93.33% ~ 99.93% PRR；组播周期业务可达 90.69% ~ 99.91% PRR，组播非周期业务可达 82.12% ~ 99.87% PRR；广播周期业务可达 84.72% ~ 99.73% PRR，广播非周期业务可达 60.6% ~ 99.84% PRR；混合业务可达 91.13% ~ 99.08% PRR。

在城市道路场景，150m 通信范围，6GHz 中心频点，单播周期业务可达 41.26% ~ 99.62% PRR，单播非周期业务可达 39.2% ~ 99.73% PRR；组播周期业务可达 33.22% ~ 98.93% PRR，组播非周期业务可达 32.01% ~ 98.93% PRR；广播周期业务可达 16.98% ~ 92.78% PRR，广播非周期业务可达 18.18% ~ 92.94% PRR；混合业务可达 27.21% ~ 92.27% PRR。

根据上述 3GPP 评估结果，假设通信范围的定义以平均 PRR 不低于 95% 为标准，高速公路场景下，评估结果表明直连通信单播传输的通信范围基本上可以达到 320m，满足 300m 的通信范围需求；城市道路场景下，通信范围小于 150m，不满足 300m 的通信范围需求。需要说明的是，3GPP TR 38.885 是 SI 形成 TR，评估结果由各家公司提供，仿真结果受各公司仿真实现的资源分配方案影响，通信距离评估结果参差不齐。尤其是一些公司在仿真过程中没有设定二次重传，但在实际应用过程中，设备一般都会设置二次或多次重传，使得仿真评估结果与实际产品可提供的覆盖能力有一定差距。未来 NR-V2X 的通信将基于标准化的方案进行，通信范围需要在基于 3GPP 协议开发产品稳定后，进行测试后给出 NR-V2X 实际通信范围评估。

3GPP TR 36.885 对 LTE-V2X 直连通信的平均 PRR 性能进行了评估，在车速为 70km/h 的高速公路场景下，在 320m 通信范围内，平均 PRR 可达 80%；在车速为 15km/h 的城市道路场景下，在 50m 通信范围内，平均 PRR 可达 90%；在车速为 60km/h 的城市道路场景下，在 150m 通信范围内，平均 PRR 约 60%。

根据上述 3GPP 评估结果，假设通信范围的定义以平均 PRR 不低于 95% 为标准，LTE-V2X 直连通信均不能够满足 300m 的通信范围需求。同样，这里需要说明的是，3GPP 的仿真结果由各公司提供，一些公司在仿真过程中没有设定二次重传，但在实际应用过程中，LTE-V2X 的设备设定了二次重传。另外，3GPP 的评估结果由各家公司提供，受各公司仿真实现的资源分配及拥塞控制算法的影响较大，通信距离评估结果参差不齐。在实际测试过程中，城市场景的 LoS 条件下通信范围可达 800 ~ 1000m 以上，在评估通信距离时，应参考

LTE-V2X 产品实测的通信范围与覆盖能力。

5.3 NR-V2X 的关键技术

5.3.1 系统架构设计

如图 5-1 所示，NR-V2X 终端设备既可以工作在 5G 网络覆盖范围内，也可以工作在 4G 网络覆盖范围内。在 NR-V2X 网络架构设计中，需要能够灵活支持上述两种覆盖情况。

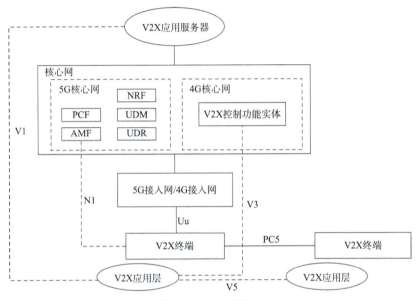

图 5-1　NR-V2X 系统架构

NR-V2X 参考网络架构中的 5G 核心网（5G Core-Network，5GC），与 V2X 应用服务器连接，为蜂窝覆盖内的 V2X 终端提供 V2X 通信的策略和参数配置以及签约信息和鉴权信息的管理。与 4G 核心网不同，5G 核心网采用了服务化架构，各个网络功能可以独立演进和扩展，3GPP 在 NR-V2X 中将 4G 核心网里的 V2X 控制功能放在 5G 核心网的策略控制功能中。相应地，对 5G 核心网的功能实体如统一数据存储库（Unified Data Repository，UDR）、统一数据管理（Unified Data Management，UDM）、策略控制功能（Policy Control Function，PCF）、接入和移动性管理功能（Access and Mobility Management Function，AMF）、网络存储库功能（Network Repository Function，NRF）等进行了扩展。

当 NR-V2X 终端位于蜂窝网络覆盖内时，相应的授权和参数配置都是通过网络配置的。当终端位于蜂窝网络覆盖外时，只有当终端明确知道其地理位置信息时，才可以根据鉴权信息进行直连通信。在 NR-V2X 的策略和参数配置信息中，包括 PC5 无线接入技术（LTE-V2X PC5 或 NR-V2X PC5）选择策略的配置，不同 V2X 应用可以配置不同的 PC5 无线接入技术，从而实现 LTE-V2X 和 NR-V2X 接入技术选择。同时在 NR-V2X 的策略和参数配置信息中，还包括了 V2X 广播、组播和单播通信类型管理配置，以及 PC5 接口基于 QoS（Quality of Service）流的参数配置。

5.3.2 物理信道和信号设计

在NR-V2X直连通信链路的设计中,沿用5G NR蜂窝通信的物理信道基本框架,也主要体现在传输波形、时频资源定义以及传输信道处理流程等。

在物理信道方面,NR-V2X PC5接口中用了5G NR Uu接口上行传输波形的OFDM;重用了NR Uu中时频资源的定义,时域资源的周期为10240ms,由1024个长度为10ms的无线帧构成,其中每个无线帧由10个1ms的子帧构成,每个子帧又进一步由若干时隙构成,在正常CP(Cyclic Prefix)长度下每个时隙包含14个OFDM符号(扩展CP长度中,每个时隙包含12个OFDM符号),其中一个子帧中包含的时隙个数与子载波间隔的大小有直接关系。频域上基本单位为子载波,12个子载波构成一个资源块,若干资源块构成一个直连通信链路的子信道,资源单元定义为1个OFDM符号上的1个子载波。NR-V2X波形仅支持CP-OFDM,子载波间隔支持15kHz、30kHz、60kHz以及120kHz,调制方式支持QPSK、16-QAM、64-QAM以及256-QAM。NR-V2X包含了以下物理层信道和信号:

(1)物理直连通信链路共享信道(Physical Sidelink Shared Channel,PSSCH)及其解调参考信号(Demodulation Reference Signal,DM-RS);

(2)物理直连通信链路控制信道(Physical Sidelink Control Channel,PSCCH)及其DM-RS;

(3)物理直连通信链路广播信道(Physical Sidelink Broadcast Channel,PSBCH)及其DM-RS;

(4)物理直连通信链路反馈信道(Physical Sidelink Feedback Channel,PSFCH);

(5)直连通信链路主同步信号(Sidelink Primary Synchronization Signal,S-PSS)和直连辅同步信号(Sidelink Secondary Synchronization Signal,S-SSS);

(6)相位追踪参考信号(Phase-Tracking Reference Signal,PT-RS);

(7)信道状态信息参考信号(Channel State Information Reference Signal,CSI-RS)。

在NR-V2X直连通信链路的DMRS设计中,尽量重用NR Uu口中的DMRS设计,其中PSCCH(Physical Sidelink Control Channel)和PSBCH(Physical Sidelink Broadcast Channel)的DMRS分别重用了NR Uu中的PDCCH(Physical Downlink Control Channel)和PBCH(Physical Broadcast Channel)信道的DMRS时频资源图样。PSSCH(Physical Sidelink Shared Channel)DMRS频域图样重用了NR Uu口中类型1的DMRS频域图样,即间距为2的梳齿状导频结构;在时域上也引入了多图样的方式,在一个时隙内可以包含2、3或者4个DMRS符号,根据信道变化快慢的情况,选择合适的DMRS图样。

NR-V2X不能直接沿用原有LTE-V2X的FDM复用方式,主要问题在于时延及控制信道设计等方面。NR-V2X采用了TDM(Time Division Multiplexing)+FDM的控制信道和数据信道复用方式,接收端可提前完成PSCCH接收解码,降低接收处理时延。同时由于NR-V2X支持CP-OFDM,不同信道和信号间的FDM更灵活。PSFCH(Physical Sidelink Feedback Channel)信道承载直连通信链路上接收UE向发送UE的HARQ反馈,PSFCH信道通过长度为12的ZC(Zadoff-Chu)序列,承载1bit的HARQ ACK/NACK反馈信息,不同的HARQ ACK/NACK反馈状态通过序列的不同循环移位表示。CSI-RS用于单播通信模式中的信道状态信息的测量。通过 PT-RS 可跟踪相位噪声变化,以便进行相位估计与补偿。

5.3.3 NR-V2X 与 LTE-V2X 设备内共存

为了实现 NR-V2X 与 LTE-V2X 直连通信链路的互联互通,需要在设备内同时支持 LTE-V2X 和 NR-V2X 两种直连通信协议。

NR-V2X 与 LTE-V2X 直连通信链路的设备内共存依赖于两种直连通信链路部署的无线频段和带宽。当两种直连通信链路部署在频域间隔足够远的两个载波上时,每个直连通信链路都有各自的射频链路,相互不受影响,可以独立工作。当两种直连通信链路部署在频域间隔比较近的两个载波上时,通常这种情况下两个直连通信链路共享同一套射频链路,相应地有如下约束:

(1)半双工约束。即当用户在一个直连通信链路的载波上发送信息时,不能同时在另一个直连通信链路的载波上进行信息接收。

(2)最大发送功率受限。即当用户同时在两个直连通信链路上进行信息发送时,由于共享相同的功率放大器,每个直连通信链路发送功率受总的最大发送功率限制,不能以各自链路的最大发送功率进行发送,从而影响直连通信链路的覆盖范围以及传输可靠性。

对于两种直连通信链路部署在相同频段内的情况(例如 5.9GHz 的频段内),为了消除半双工约束和最大发送功率受限的影响,NR-V2X 和 LTE-V2X 直连通信链路采用时分复用的方式进行共存。具体包含如下两种方式:

(1)LTE-V2X 和 NR-V2X 直连通信链路间半静态时分复用,也称为长期时分复用。其中 LTE-V2X 和 NR-V2X 直连通信链路配置了时域上互不重叠的资源池。这种方式实现简单,且两种直连通信链路之间不需要信息的交换和协调,但是不能根据不同的业务特点充分利用频谱资源。

(2)LTE-V2X 和 NR-V2X 直连通信链路间动态时分复用,也称为短期时分复用。当两个直连通信链路发送/发送或者发送/接收同时发生时,如果可以提前获知两个直连通信链路传输的业务优先级,则丢弃低优先级的直连通信链路传输。这种方式要求两种直连通信链路之间能够进行信息交互。当两个直连通信链路接收/接收同时发生时,通常用户可以同时接收同一频带内的两个直连通信链路。如果用户不支持同时接收两个直连通信链路,结果则取决于设备的具体实现。

5.3.4 NR-V2X 同步技术

NR-V2X 本质上与 LTE-V2X 相同,都是一个同步的系统,系统内各个 UE 均需保持相同的时间、频率基准。相比 LTE-V2X 直连通信同步,NR-V2X 主要在同步信号块的结构和序列方面做了改进,采用了 NR Uu 的参数集(numerology),较大的 SCS 可以更好地支持低时延、高频段以及高速场景下的同步。NR-V2X 链路同步信号(Sidelink Synchronization Signal, SLSS)包括主同步信号 S-PSS 和辅同步信号 S-SSS,与 PSBCH 一起组成同步信号块(Synchronization Signal Block,SSB),其结构和序列沿用了 NR Uu 同步信号块的设计,子载波间隔支持 15kHz、30kHz、60kHz 以及 120kHz。与 LTE-V2X 类似,NR-V2X 支持四种同步源:全球导航卫星系统(Global Navigation Satellite System,GNSS)、基站(gNB/eNB)、同步 UE 以及 UE 内部时钟。通常情况下,最高优先级的同步源可以是 GNSS 或者 gNB/eNB,覆盖范围内由基站配置同步源和同步方式,覆盖范围外采用预配置方式确定同步源,以便实现全网统一的同步定时。当基站作为同步源时,基站覆盖范围内的 UE 可以与基站同步,部分覆盖场景中的 UE 可以收到基站覆盖范围内 UE 转发的同步信号,因此部分覆盖场景中 UE 将基站覆盖范围内 UE 的同步信息向基站覆盖范围外 UE 转发。当 GNSS 作为同步源时,可以直接获得可靠 GNSS 信号的 UE,由于定时和频率精度较高,可直接作为同步源为周围 UE 提供同步信息。

5.3.5 NR-V2X 分布式资源调度技术

NR-V2X 支持两种资源分配模式,即:

(1)基站调度模式(资源分配模式 1,类似 LTE-V2X 的 Mode 3),基站为 UE 分配传输资源;

(2)UE 自选模式(资源分配模式 2,类似 LTE-V2X 的 Mode 4),UE 自主选择传输资源。

由于 NR-V2X 在直连通信链路上需要支持自动驾驶等增强应用,在灵活性、业务可靠性和业务传输时延等方面提出了更严苛的需求,因此,NR-V2X 直连通信链路的分布式资源调度需要更多地考虑多种业务类型混合的场景,包括周期性业务和非周期业务共存的场景的及 HARQ 重传的影响。

与 NR Uu 类似,NR-V2X 引入了带宽部分(Bandwidth Part,BWP)的概念,可以理解为对信道资源进行带宽划分,而 UE 可以根据需求选择使用其中的一部分。同时 NR-V2X 沿用了 LTE-V2X 资源池的概念,在一个直连通信链路 BWP 上可以配置多个资源池,所有的资源分配都在资源池内进行。BWP 和资源池使得 NR-V2X 可以在时频两个维度同时分配资源。

在资源分配需求方面,相比 LTE-V2X,一方面,由于非周期业务的存在,现有的 LTE-V2X 基于半持续的资源占用感知机制不能很好地避免资源冲突;另一方面,对不同优先级的业务提供差异化服务,需要保证高优先级业务传输的传输资源和可靠性。

故在 NR-V2X 的资源分配模式 1 中,基站可通过动态授权或者配置授权的方式分配直连通信传输资源,并支持发端 UE 将收到的直连通信 HARQ 反馈信息转发给基站,从而实现可靠传输。在资源分配模式 2 中,用 LTE-V2X 中采用的感知+预约的资源选择方式作为基线,在此基础上,针对 NR-V2X 支持非周期业务传输等新的业务需求和特性进行了改进和增强。例如,NR-V2X 支持更灵活的资源周期配置;支持资源选择后的重评估机制(Re-evaluation),可以降低非周期资源与周期资源冲突的概率;支持基于业务优先级的资源抢占机制(Pre-emption),进一步确保高优先级业务的服务质量。具体来说,在 LTE-V2X 中,即使两个终端选择的资源发生资源冲突,终端也不触发资源重选。当前已发现的资源冲突会一直持续,直到半持续占用的资源由于计数器减为 0 等其他条件触发资源重选。而在 NR-V2X,通过重评估过程,在发送相关的资源预约信息之前,持续进行资源占用状态感知,当发现资源冲突时,可及时触发资源重选,因此,可以有效降低资源冲突,提高传输可靠性。LTE-V2X 通过根据发送和接收优先级,设置不同的 RSRP(Reference Signal Received Power)门限影响资源占用状态的判断条件,高优先级待发送业务包可能获得更多的候选资源,实现隐式抢占。但是因为被占的资源不发生资源重选,资源冲突还是存在,无法可靠保证高优先级业务的抢占效果。在 NR-V2X 的 UE 对资源抢占机制进行增强设计,允许高优先级 UE 抢占低优先级的资源,低优先级传输的资源进行资源重选,避让高优先级 UE 占用的资源,从而降低低优先级业务对高优先级业务占用资源的干扰,保证高优先级传输的可靠性。

总而言之,相比 LTE-V2X 直连通信资源分配,NR-V2X 进行了一些改进和增强,例如引入 BWP,从而更好地支持不同类型的业务;资源分配模式 1 支持将直连通信 HARQ 反馈信息转发给基站,从而优化基站调度和资源分配;资源分配模式 2 支持重评估机制和抢占机制,从而确保周期业务和非周期业务的可靠传输并保证高优先级业务的可靠性。

此外,NR-V2X 支持 QoS 管理机制,与 QoS 管理相关的物理层参数包括数据的优先级、时延、可靠性和最小所需通信范围(由高层参数确定)等。NR-V2X 支持将信道繁忙率(Channel Busy Ratio,CBR)作为 NR-V2X 拥塞控制的度量,支持 UE 向基站上报直连通信链路 CBR,以便做更好的 QoS 管理。NR-V2X 还支持信道状态信息、CBR 以及信道占用率(Channel occupancy Ratio,CR)的测量,支持基于上行以及直连通信路径损耗的功率控制。在资源分配模式 2 中,直连通信链路的拥塞测量和拥塞控制机制对于 QoS 管理具有增益。在资源分配模式 1 中,UE 向基站上报直连通信链路拥塞测量量,也有助于基站对直连通信链路进行拥塞控制。

5.3.6 NR-V2X 单播和组播

不同于 LTE-V2X 接入层仅支持广播传输,NR-V2X 接入层支持直连通信链路广播、单播和组播传输,可用于基站覆盖范围内、基站覆盖范围外以及基站部分覆盖场景中的 V2X 通信。

一个特定的数据包采用单播、组播或者广播传输,是由高层决定的。在物理层进行单播或组播传输时,UE 会携带以下标识(Identity,ID)信息:

(1) Layer-1(层 1)源 ID 和目的 ID;

(2) 冗余版本,用于混合自动重传请求(Hybrid Automatic Repeat reQuest,HARQ)反馈,以确定哪些传输可以在接收中合并;

(3) HARQ 进程 ID。

这些信息均在 SCI 中承载。在媒体接入控制(Media Access Control,MAC)层,UE 会携带以下标识信息:

(1) 单播:源 ID,目的 ID;

(2) 组播:源 ID,目的组 ID。

为了实现 NR-V2X 单播和组播的可靠传输,NR-V2X 引入了 HARQ 反馈机制,接收 UE 可以根据是否成功接收数据包向发送 UE 反馈 ACK/NACK 信息,并且引入了 PSFCH,可以用于承载 HARQ 反馈信息。针对组播,NR-V2X 还支持 NACK-only 的 HARQ 机制,即一定通信范围内的组播用户,如果没有正确接收到数据包,需要在同一个反馈资源上反馈 NACK 信息,而正确接收到数据包的用户和通信范围之外的用户,则不需要发送 ACK 信息。这种 NACK-only 的 HARQ 机制在组播用户数目非常多的组播场景下非常有用,可以极大地节约反馈资源,而且组播用户的数目可以不受反馈资源数目的限制。NACK-only 的 HARQ 组播传输通常需要高层提供最小通信范围需求参数。此外,在基站控制下的直连通信,即资源分配模式 1,发送 UE 可以通过上行信道将直连通信 HARQ 反馈信息通知基站,从而辅助基站进行直连通信链路资源分配和重传调度。

在单播传输时,发送 UE 可以配置接收 UE 进行非周期性的信道状态信息(Channel State Information,CSI)报告。具体地,发送 UE 发送 CSI-RS 信息并在直连控制信息(Sidelink Control Information,SCI)中指示接收 UE 进行 CSI 测量,接收 UE 基于收到的直连通信链路 CSI-RS 结果计算信道质量指示(Channel Quality Indicator,CQI)和秩指示(Rank Indicator,RI),然后通过 MAC 层信令向发送 UE 报告 CQI 和 RI,从而实现直连通信链路 MCS 和 Rank 的自适应调整,进一步提升传输可靠性和频谱效率。

5.4　NR-V2X 技术的发展路径

5.4.1　预期目标

到 2025 年,国内 NR-V2X 标准体系初步形成。在 LTE-V2X 技术普遍应用的基础上,NR-V2X 技术研发逐步成熟。支持蜂窝通信与直连通信融合,形成 LTE-V2X、NR-V2X 直连通信与蜂窝通信融合的系统架构,支持车联网快速时变、功率突变的物理信道和信号设计,支持 LTE-V2X 和 NR-V2X 设备内共存,分阶段支持多样化场景和多元化性能指标,支持频域维度持续增强;异构多源的定位和同步机制支持不同的蜂窝网络覆盖范围内外、GNSS 覆盖有无等不同的车联网部署场景,形成包括 GNSS、基站、终端等多种同步源的多优先级的完整同步系统,支持多种场景下的高精度定位。初步形成 C-V2X 与 ADAS 融合的技术方案,支撑低级别自动驾驶。

到 2030 年,完成国内 NR-V2X 标准体系建设,形成支撑高级别自动驾驶的 C-V2X 技术的完整的技术标准体系。基于 C-V2X 通信演进技术的标准体系开始讨论。形成中国特色的车路协同发展模式,即基于蜂窝车联网(C-V2X)的"聪明的车 + 智慧的路"的车路协同发展模式,推动车联网的规模商用。C-V2X 通信演进技术对空口物理层基础技术完成初步设计。C-V2X 通感算融合演进,内生智能的新型 C-V2X 通信深度融合人工智能、机器学习技术。

5.4.2　实现路径

一方面,要在场景驱动下,推进 NR-V2X 与 LTE-V2X 关键技术协同研发。加快研究支持直连通信链路高可靠性和低时延等性能持续提升的分布式资源调度技术。充分考虑频带内(intra-band)连续/非连续、频带间(inter-band)、不同的频率范围等特性和干扰情况,加快 NR-V2X 频谱研究,推动形成完善的 LTE-V2X/NR-V2X 设备内共存的技术方案。加快与直连通信链路通信融合共存的直连通信链路定位技术研究,在 GNSS 不可用场景、蜂窝网络覆盖范围外场景均能够支持,成为全天候、全场景支持车联网高精定位的适用技术。

另一方面,自动驾驶和智能交通的不断演进的应用需求,对 C-V2X 提出了严苛的通信需求,需加强与 C-V2X 协同的前沿技术基础研究,包括通信感知融合、星地一体通信、人工智能、汽车预期功能安全等,加强跨学科、跨领域融合,推动形成面向极低时延、极高可靠、极高精度、极高效率的 C-V2X 通信体系,实现基础理论突破。

此外，还需要持续开展跨行业测试验证、实际工况工作，形成闭环研究开发模式。通过开展虚拟仿真测试、封闭场地多场景测试，以及不同类型的实际道路测试，验证 C-V2X 系统性能和支持应用的实施效果。对测试验证中出现的问题漏洞等不足，进行技术方案设计、关键技术攻关，克服 C-V2X 技术落地实施中的各种实际难题。要发挥产、学、研各自优势，充分发挥我国产业领先优势和体制制度优势，加强跨行业合作，培育产业创新生态，形成具有中国特色的 C-V2X 技术发展路径。

5.4.3　发展路线图

（1）C-V2X 通信标准发展路线。

参考中国智能网联汽车产业创新联盟（CAICV）、IMT-2020（5G）推进组 C-V2X 工作组、中国智能交通产业联盟（C-ITS）、中国智慧交通管理产业联盟（CTMA）4 家行业联盟共同编写发布的《C-V2X 产业化路径和时间表研究白皮书》，到 2025 年，3GPP NR-V2X 标准完成技术研发和标准制定工作，国内 NR-V2X 标准体系初步形成，部分核心标准完成研发，如设备要求和测试方法等标准待完善。到 2030 年，完成国内 NR-V2X 标准体系建设，包括总体技术要求、空中接口技术要求、安全技术要求以及网络层与应用层技术要求、设备要求和测试方法等各个部分。形成支撑高级别自动驾驶的 C-V2X 技术的完整的技术标准体系。基于 C-V2X 通信演进技术的标准体系开始讨论。

（2）C-V2X 通信关键技术发展路线。

参考《C-V2X 产业化路径和时间表研究白皮书》的研究成果，到 2025 年，形成完善的直连通信和分布式通信融合的 LTE-V2X/NR-V2X 通信机制，包括系统架构、物理信号和物理信道设计、资源分配，以及 LTE-V2X 和 NR-V2X 设备内共存等；支持 NR-V2X 重评估和抢占机制，UE 间交互资源协调信息，支持 UE 到 UE 以及 UE 到网络中继传输；支持多种不同优先级的异构多源统一可靠的 LTE-V2X/NR-V2X 同步方案；支持无 GNSS 场景下的较高精度的 LTE-V2X 同步方案；支持 6GHz 以下的不同频段、不同带宽的 LTE-V2X/NR-V2X 载波聚合方案。到 2030 年，C-V2X 通信演进技术对空口物理层基础技术完成初步设计；初步支持 C-V2X 通信演进技术的通感算控等多维度分布式资源调度；支持全场景的 LTE-V2X/NR-V2X 同步方案，以及通感算融合高精度定位方案，支持 C-V2X 通信演进技术的融合同步与定位方案；支持各种频带内（intra-band）连续/非连续、频带间（inter-band）、不同的频率范围等不同频率组合的不同频段、不同带宽的频谱资源的高效利用，支持载波聚合和多载波重复传输；支持 C-V2X 与 ADAS 跨域深度融合。

PART 2 第二篇

面向智能网联汽车应用的蜂窝通信技术

第6章
面向车联网的5G关键技术

6.1 5G标准关键技术与标准化概述

ITU提出了5G的八大技术指标,包括峰值速率、用户体验速率、频谱效率、移动性、时延、连接数密度、网络能量效率和流量密度。5G可支持10~20Gbit/s的峰值速率、0.1~1Gbit/s的用户体验速率、毫秒级的端到端时延、每平方公里一百万的连接数密度、每平方公里数十Tbit/s的流量密度以及每小时500km以上的移动速度。同时,5G还需要大幅提高网络部署和运营的效率,相比4G,频谱效率提升5~15倍,能效和成本效率提升百倍以上。

为满足以上指标,5G相比4G网络在架构、功能、业务能力提供方面有较大的革新,本节将对5G网络架构和空口能力两个方面的关键技术进行简要介绍。

6.1.1 新网络架构

(1)支持服务的架构。

面向丰富多变的应用场景,为提高网络架构的灵活性,5G网络架构以支持服务的架构为设计理念,基于软件定义网络(Software Defined Network,SDN)和网络功能虚拟化(Network Function Virtualization,NFV)等技术,将原本的业务功能,如会话管理、移动性管理等,设计成为相互弱耦合的独立功能模块,并称之为网络功能(Network Function,NF)。5G通过服务治理框架进行网络功能的管理,如模块注册、发现、编排管理等;网络功能之间和对外通过开放的API提供服务。通过这种服务化的架构,实现了网络功能的灵活组合和功能升级,达到同时支持不同类型业务需求的目的。

(2)控制面与用户面解耦。

基于灵活的网络架构,5G支持控制面与用户面分离,支持其功能根据各自的需求进行演进。同时,此特性在5G网络进行实际部署时,解决了以往2G/3G/4G网络都面临的一个问题,即为了保证网络的连续覆盖而不得不大规模部署。举例来说,在4G向5G演进的过程中,可以在已有4G网络上部署控制面功能,承载与业务会话相关的信令;数据面调度则可以根据业务需求和当地网络建设情况,机动地选择部署在新建的5G网络或已有4G网络上,在灵活部署的同时保证了业务的连续覆盖。

(3)网络切片。

面向服务的网络架构提供了灵活可变的能力,在此基础上,5G支持端到端网络切片,以匹配不同类型业务的端到端需求。端到端网络切片可以为不同类型业务提供由无线网、传输网、核心网子切片组合成的系统化网络切片组合，不同切片可以独立配置以满足不同类型业务的服务质量要求(Service Level Agreement,SLA)，并且切片之间逻辑独立，由不同的网络切片实例承载。NR 的网络切片机制主要包括网络切片的定义、标识，以及为支持网络切片接入和控制所需的特性。

(4)多接入边缘计算。

在传统移动网络架构下，移动业务的数据传输需要通过骨干回传网络，经过集中式的网关和对外出口，才能进入数据网络。随着移动通信能力的不断提升，移动流量形成爆炸式增长，这种集中式的数据流转和处理方式导致骨干回传网络和核心网网关的传输压力越来越大。为保证用户数据的传输时延和抖动等性能，5G 引入边缘计算能力，在移动网络侧增加计算、存储、数据处理等功能，以此将用户面网元和相应的业务处理能力下沉到网络边缘，提供本地业务分流、业务与会话连续性支持、局域数据网络支持等能力。通过这种分布式的数据分流和处理方式，支持将部分业务直接分流到网络边缘的边缘计算平台上，从而降低业务的传输、处理时延和骨干网/核心网的流量负载。

6.1.2　新空口技术

(1)全频谱接入技术。

全频谱接入涉及 FR1(6GHz 以下)频段和 FR2(6GHz 以上)频段的高低频混合组网，其核心理念为通过 FR1 频段提供广域信号覆盖，通过 FR2 频段在有高容量、高传输速率需求的地区进行热点增强，与此同时，支持不同的 5G 应用场景业务需求。由于 FR2 频段中载频较高，信号的无线链路传播特性与低频传输截然不同，因此，针对高频传输的通信技术研究成为全频谱接入的关键核心技术方向。

(2)灵活双工。

在 4G 网络及以前的移动网络中，上下行传输的时频资源分配方案是相对固定的。在 5G 支持万物互联、丰富应用场景的情况下，上下行业务的需求多变，相对固定的频谱资源分配方式已经无法满足 5G 业务灵活传输的需求。为提高传输效率，采用灵活双工的方式，可以通过动态调节时频资源进一步匹配上下行业务的不同传输需求，降低传输资源的浪费，提高系统资源利用率。在实现方式上，每个小区可以基于其 FDD 或 TDD 系统分类，灵活配置其上下行传输带宽和时隙配比。频域上，小区可以根据业务需求配置上下行业务的传输带宽；时域上，小区可以根据业务需求配置上下行时隙配比。

(3)上下行解耦。

在 5G 引入高频传输以后，上下行网络覆盖的差异性越发突出。通常情况下，由于基站的发射功率大、天线阵列数目多，而用户终端的发射功率受限、天线数少，因此，下行信号比上行信号能量更强，导致下行覆盖比上行覆盖距离更远。在 FR2 频段，由于高频传输的路径损耗更高，上下行覆盖的差异性被进一步放大。为缓解上下行覆盖差异的问题，同时考虑上下行业务传输需求的差异，5G 引入了上下行解耦，允许上下行链路传输时使用的频段不再被固定的关联关系所约束，可以通过较低频段承载上行数据传输，在高频承载下行数据传输，以突破在高频上行覆盖受限的瓶颈。

(4)灵活的帧结构。

与 4G 固定 15kHz 子载波间隔、0.5ms 时隙的帧结构不同,5G 支持灵活可变的帧结构。5G 在保持无线帧长为 10ms、子帧长度为 1ms 的原则下,支持不同比例的子载波间隔和时隙长度缩放,实现灵活可变的帧结构。当前,面向数据传输,5G 在 Release 16 阶段支持 15kHz、30kHz、60kHz 和 120kHz 的子载波间隔,传输参数集见表 6-1,其对应的 OFDM 符号长度见表 6-2。采用更大的子载波间隔和持续时间更短的 slot,更适宜进行低时延传输。

传输参数集　　　　　　　　　　　　　表 6-1

μ	$\Delta f = 2^{\mu} \cdot 15 (\text{kHz})$	循环前缀	支持数据传输	支持同步
0	15	正常	是	是
1	30	正常	是	是
2	60	正常,扩展	是	否
3	120	正常	是	是
4	240	正常	否	是

不同子载波间隔对应的时隙长度　　　　　　　　　　表 6-2

子载波间隔(kHz)	时隙长度(ms)	子载波间隔(kHz)	时隙长度(ms)
15	1000	120	125
30	500	240	62.5
60	250		

与此同时,5G 支持进行灵活的上下行时隙比例调整,以满足不同上下行业务的传输需求,详细可参见 3GPP TS38.213 表 11.1.1-1,其中 F 时隙表示灵活时隙(Flexible),该时隙可以灵活配置成为下行时隙或上行时隙。

(5)新调制编码。

相比 4G 仅支持 QPSK/16QAM/64QAM 的调制方式,NR 扩充了更多的调制方式,在 4G 的基础上进一步支持 π/2-BPSK 和 256QAM,前者可提高小区边缘覆盖,后者可提高系统容量。

在信道编码方面,由于数据信道需要支持高速率的数据传输,而控制信道仅需要传输数据量较小的控制信令,5G 进一步区分了两种信道的编码方式。相比 4G 采用的 Turbo 编码,低密奇偶校验码(Low Density Parity Check Code,LDPC)的奇偶校验矩阵可以扩展至更低的编码率。NR 在数据传输信道采用速率兼容结构(Arate-Compatible Structure)的低密奇偶校验码,而控制信道采用极化码(Polar 码)。

(6)Massive-MIMO。

MIMO 技术在 4G 阶段已得到成熟应用,其良好的单用户多流传输、多用户复用功能,成为提高小区容量的有效技术手段。在 5G 阶段引入 Massive-MIMO,基站和用户设备均进一步提升了天线阵列规模,提高阵列增益,在达到相同传输能量的条件下降低了发射功率,有效降低了整体系统能耗。同时,由于多天线技术通常需要进行波束赋形,不同波束之间具备良好的信道正交性,可以提供更加优秀的干扰抑制能力,进一步提升多流传输和多用户复用能力。此外,相比传统 MIMO,Massive-MIMO 技术下的天线阵子部署从水平部署扩展到平面部署,信号的区分维度从水平面扩展到水平面和垂直面,形成立体的空间覆盖,在如密集高层楼宇周边的复杂传输环境下,更进一步发挥多用户 MU-MIMO 的能力,提升系统传输容量。

(7)波束管理。

波束管理主要面向高频毫米波传输场景。在高频传输时,发送和接收设备通常会使用大量的天线单元,此时在模拟域进行波束赋形是提高发射增益、降低复杂度的不二选择。为保证发射-接收方之间的波束增益达到高效的数据传输,需要在双方之间建立和维护合适的发射-接收波束对(beam pair),这个过程被称为波束管理。总的来说,波束管理可以分为初始波束建立、波束调整、波束恢复三大部分,由波束扫描、波束测量、波束选择、波束报告、波束恢复等一系列过程组成。

6.2 面向车联网的 5G 关键技术标准化

对于高速移动的智能网联汽车来说,需要支持远程遥控驾驶、自动驾驶增强等应用场景,要求 5G 网络提供超高可靠和超低时延的传输,是典型的 URLLC 场景。为此,5G 网络在多方面进行增强,以达到用户面时延 1ms 内保证达到 1×10^{-5} 甚至 1×10^{-6} 传输可靠性的场景目标,接入增强方面主要包括:

(1)低时延关键技术。如灵活的帧结构设计、Mini-slot 调度、URLLC 抢占 eMBB 资源、Grant-free 增强、基于 CBG 的反馈和重传等。

(2)高可靠关键技术。如增强调制编码鲁棒性、PDCCH CCE 聚合等级增强、DCI 增强、UCI 增强、重复传输、Multi-TRP 增强等。

除接入技术增强以外,利用 QoS 配置、网络切片等,也可以进一步提高业务传输可靠性、降低传输时延,本节将对这些技术进行简要介绍。

6.2.1 灵活的帧结构设计

关于 5G 灵活的子载波间隔、时隙长度以及可变上下行时隙配比等特性已经在前文进行了介绍,不再赘述。总的来说,5G 灵活的帧结构设计不仅使自身降低了传输延迟,也是后续多项关键技术的基础,例如 Mini-slot 调度等,可以说是保障 URLLC 业务低时延传输要求的重要基石。

6.2.2 调制和编码鲁棒性增强

在 5G 设计之初,面向增强移动宽带(Enhanced Mobile Broadband,eMBB)业务沿用了传统通信业务 10% 误块率(BLER)的目标设计调制与编码策略(Modulation and Coding Scheme,MCS)表格,而面向要求达到 1×10^{-5} 甚至 1×10^{-6} 可靠性的超高可靠低时延通信(Ultra-Reliable and Low Latency Communications,uRLLC)业务,直接使用面向 eMBB 的 MCS 表格进行调制编码,将无法达到其业务可靠性要求。因此,5G 为 uRLLC 业务单独设计具备更低码率的 MCS 表格,使得在相同解调信干噪比 SINR 下误码率更低,同时进一步支持

uRLLC 业务无须经过多次 MCS 调整就能达到其数据传输可靠性要求，降低 MCS 调整带来的多次重传时延。表 6-3 为面向 uRLLC 业务的低频谱效率 MCS 表格。

低频谱效率 MCS 表　　　　　　　　　　　表 6-3

调制编码索引 I_{MCS}	调制阶数 Q_m	目标码率（R_x）[1024]	频谱效率
0	2	30	0.0586
1	2	40	0.0781
2	2	50	0.0977
3	2	64	0.1250
4	2	78	0.1523
5	2	99	0.1934
6	2	120	0.2344
7	2	157	0.3066
8	2	193	0.3770
9	2	251	0.4902
10	2	308	0.6016
11	2	379	0.7402
12	2	449	0.8770
13	2	526	1.0273
14	2	602	1.1758
15	4	340	1.3281
16	4	378	1.4766
17	4	434	1.6953
18	4	490	1.9141
19	4	553	2.1602
20	4	616	2.4063
21	6	438	2.5664
22	6	466	2.7305
23	6	517	3.0293
24	6	567	3.3223
25	6	616	3.6094
26	6	666	3.9023
27	6	719	4.2129
28	6	772	4.5234

续上表

调制编码索引 I_{MCS}	调制阶数 Q_m	目标码率(R_x)[1024]	频谱效率
29	2	保留	
30	4	保留	
31	6	保留	

6.2.3 Mini-slot 调度

一般情况下,5G 中的 1 个时隙 slot 是最小的调度周期单位,每个时隙包含 14 个 OFDM 符号。为了满足 uRLLC 业务数据量低、时延低的要求,5G 支持 Mini-slot 的调度方式,在下行传输时 Mini-slot 可以支持 2 个、4 个、7 个符号的调度,上行传输时支持任意符号数目的调度。基于 Mini-slot 的调度,可以大幅度降低空口传输时延和反馈时延。

6.2.4 重复传输

5G 支持在 PUSCH 上多次连续重复发送相同数据,通过重传提高传输的可靠性。在 Release 15 阶段,PUSCH 支持基于时隙聚合(slot aggregation)的重复传输,即在多个连续时隙上进行重复传输,传输次数可以通过高层信令半静态配置,或通过 DCI 进行动态指示。在 Release 16 阶段,PUSCH 支持基于 Mini-slot 的重复传输,可进一步支持时隙内以及跨时隙 DL/UL 转换传输,其重复传输次数通过 DCI 进行动态指示。

6.2.5 物理下行控制信道增强

为增强传输的可靠性,5G 对物理下行控制信道也进行了增强,主要包括 CCE 聚合等级增强和 DCI 增强。

CCE 聚合增强方面,由于下行控制信令 DCI 是通过 PDCCH 中的 CCE REG RE 来承载的,对于一个 PDCCH 而言,其由一个或多个 CCE 组成,而所分配的 CCE 数量根据聚合等级的不同而不同。4G 的 PDCCH 最多包含 8 个 CCE,5G 最多可以包含 16 个 CCE,更多的资源可以降低传输的编码速率,保证传输的可靠性。

DCI 增强方面,由于控制信道承载业务的调度信息是数据正确解调的基础,因此 PDCCH 的解调性能要求是高于 PDSCH 的,传统设计中以 1% 的 BLER 为 PDCCH 解调性能目标。考虑 URLLC 业务数据传输的可靠性已经要求达到 1×10^{-5} 或 1×10^{-6},因此需要对 PDCCH 的解调性能进行同步增强。为此,5G 不仅通过调制编码来提高传输可靠性,在 DCI 设计方面,也通过紧凑型 DCI(Compact DCI)来降低 DCI 负荷,使得在相同的空口时频资源传输时可降低控制信令的调制编码率,从而获得同等 SINR 条件下更低的误码率。在 Release 16 中,3GPP 以 Release 15 已定义的 DCI 格式为基础,为 uRLLC 的调度新增了两类 DCI 格式,即 DCI 0-2 和 DCI 1-2,分别用以支持 uRLLC 上行调度和下行调度。

HARQ 反馈增强方面,Release 15 规定一个上行时隙内同一个 UE 只有一个 PUCCH 资源用于 HARQ 反馈,这种限制对于 uRLLC 业务会引入额外的 HARQ 时延。Release 16 引入了 UCI 增强技术,在一个上行时隙内至少可以支持 2 个 PUCCH 资源用于 HARQ 反馈,以支持 eMBB 业务和 uRLLC 业务使用不同的 PUCCH 资源。为实现该功能,同时也要求 UE 支持至少 2 种 HARQ 编码方式,且在物理层能进行识别区分。

6.2.6　uRLLC 抢占 eMBB 传输资源

在实际业务环境中,需要同时进行 eMBB 业务和 uRLLC 业务的传输是一种常见的情况,为了保证 uRLLC 业务的低时延要求,5G 允许 uRLLC 业务对已经在传输的 eMBB 业务进行资源抢占,通过中断 eMBB 业务的传输而抢先发送 uRLLC 业务。在 Release 15 中,NR 支持下行的抢占调度,引入下行抢占指示(Preemption Indication,PI),用户接收到该指示后,将认为被 PI 指示的区域不进行自身的 eMBB 数据传输。在 Release 16 中,NR 进一步支持上行传输抢占,引入上行消除指示,指示被 uRLLC 业务占用的上行资源。用户接收到该指示后,将停止在所指示的资源上进行上行传输,以此降低对小区内 uRLLC 业务造成的用户间干扰,进一步提升 uRLLC 业务的传输可靠性。

6.2.7　基于 CBG 的反馈和重传

5G 中引入基于码块组(Code Block Group,CBG)的 HARQ 反馈和数据重传。此项设计旨在降低基于传输块(Transmission Block,TB)的反馈和重传带来的资源开销和传输时延。由于在 5GR 中一个 TB 可能包含多达数十个 CB,而仅一个 CB 就可以包含高达 8448bit,因此整个 TB 的数据量可以非常巨大。当 TB 发生传输错误时,通常只有其中一部分 CB 数据无法正确解析,此时若等待全部 TB 数据完成解析、进行 HARQ 反馈、重传整个 TB,从时延和传输效率两方面来讲都不是高效的方式。因此,5G 将 TB 中的多个 CB 组成一个 CBG,支持基于每个 CBG 进行 HARQ 反馈和重传。当前 TS38.331 规定了一个 TB 中的最大 CBG 个数取值可为 2、4、6、8。

6.2.8　上行免授权(Grant-free)调度

在传统的上行数据传输过程中,UE 需要先向基站申请数据传输,基站进行调度后授权 UE 传输的时频资源(Grant),UE 再根据基站的指示进行上行数据传输,这种类型被称为上行授权传输。面向 uRLLC 业务的超低时延要求,5G 支持向 UE 预先配置周期性上行传输资源,当 UE 需要进行上行数据传输时,不需要再向基站申请,可以直接在预配置的资源上进行传输,从而降低大量信令交互时延,以保证 URLLC 的低时延要求。具体来说,NR 支持两种上行免授权调度机制:

(1)Type1 通过 RRC 配置上行数据传输的资源,与 LTE 的半持续调度(semi-persistent scheduling)类似。

(2)Type2 通过 L1 的 DCI 信令动态指示传输资源。Type2 上行配置授权的 RRC 部分配置内容和 Type1 基本相同,但是不包含 rrc-ConfiguredUplinkGrant 字段内容,改由通过 DCI 进行指示,达到快速修改半持续调度资源的目的,以灵活适应不同 URLLC 业务的传输需求。

6.2.9　Multi-TRP 技术

多发送接收节点 Multi-TRP 技术,通过多个基站间的协同调度和数据发送,达到降低小区间干扰、提高小区覆盖、提升容量或提高传输可靠性的作用。在 5G 中,面向 uRLLC 业务的高可靠性要求,可以通过 Multi-TRP 进一步增强。尤其针对 FR2 高频段无线信道路径衰落大、容易受到阻挡等特点,Multi-TRP 的协作传输作用更加显著。

6.2.10 针对 V2X 业务的 QoS

QoS 服务质量是业务传输质量的一种保障。通常,一个小区需要同时服务于多个用户,不同用户可能同时存在不同业务,因此整个小区需要面向多数目、多类型的业务提供服务。5G 以 QoS Flow 作为系统中 QoS 控制的最小粒度,通过 5QI 进行业务传输质量定义,具体包括资源类型(Non-GBR、GBR、Delay critical GBR)、优先级别、分组延迟预算(含核心网分组延迟预算)、分组错误率、平均窗口(仅面向 GBR 业务和 Delay critical GBR 业务提供该参数)、最大数据突发量(仅面向 Delay critical GBR 业务),见表 6-4。

5QI 参数与 QoS 特性映射表 表 6-4

5QI 值	资源类别	默认优先级	数据包时延预算	数据包错误率	默认最大数据爆发容量	默认平均窗口	业务示例
1	保证比特速率(GBR)	20	100ms	10^{-2}	N/A	2000ms	会话类语音
2		40	150ms	10^{-3}	N/A	2000ms	会话类视频(直播流)
3		30	50ms	10^{-3}	N/A	2000ms	实时游戏、V2X 消息、配电(中压)、流程自动化(监控)
4		50	300ms	10^{-6}	N/A	2000ms	非会话类视频(缓冲流)
65		7	75ms	10^{-2}	N/A	2000ms	关键任务用户面一键语音(如 MCPTT)
66		20	100ms	10^{-2}	N/A	2000ms	非关键任务用户面一键语音
67		15	100ms	10^{-3}	N/A	2000ms	关键任务用户面视频
75							
71		56	150ms	10^{-6}	N/A	2000ms	"实时"上行流(如 TS 26.238)
72		56	300ms	10^{-4}	N/A	2000ms	"实时"上行流(如 TS 26.238)
73		56	300ms	10^{-8}	N/A	2000ms	"实时"上行流(如 TS 26.238)
74		56	500ms	10^{-8}	N/A	2000ms	"实时"上行流(如 TS 26.238)
76		56	500ms	10^{-4}	N/A	2000ms	"实时"上行流(如 TS 26.238)

续上表

5QI 值	资源类别	默认优先级	数据包时延预算	数据包错误率	默认最大数据爆发容量	默认平均窗口	业务示例
5	非 GBR	10	100ms	10^{-6}	N/A	N/A	IMS 信令
6		60	300ms	10^{-6}	N/A	N/A	视频（缓冲流）、基于 TCP 的业务（如 Web 浏览、电子邮件、聊天、FTP 文件传输、P2P 文件共享、渐进式视频流等）
7		70	100ms	10^{-3}	N/A	N/A	语音、视频（直播流）、交互游戏
8		80	300ms	10^{-6}	N/A	N/A	视频（缓冲流）、基于 TCP 的业务（如 Web 浏览、电子邮件、聊天、FTP 文件传输、P2P 文件共享、渐进式视频流等）
9		90					
69		5	60ms	10^{-6}	N/A	N/A	关键任务时延敏感型信令（如 MC-PTT 信令）
70		55	200ms	10^{-6}	N/A	N/A	关键任务数据（业务示例与5QI 6/8/9 对应的业务相同）
79		65	50ms	10^{-2}	N/A	N/A	V2X 消息
80		68	10ms	10^{-6}	N/A	N/A	低时延 eMBB 应用增强现实
82	时延敏感 GBR	19	10ms	10^{-4}	255byte	2000ms	离散型自动处理系统（见 TS 22.261）
83		22	10ms	10^{-4}	1354byte	2000ms	离散型自动处理系统（见 TS 22.261）
84		24	30ms	10^{-5}	1354byte	2000ms	智慧能交通系统（见 TS 22.261）
85		21	5ms	10^{-5}	255 byte	2000ms	配电-高压（见 TS 22.261）

面向车联网 V2X 业务，可根据其具体的业务类型采用不同的5QI。例如，面向信息服务场景，可选用5QI 值为 3 的 GBR 传输，或 5QI 为 79 的 Non-GBR 传输；面向可靠性要求较高的安全驾驶类场景，如要求可靠性大于 99.999%，可选择 5QI 值为 5 的 Non-GBR 传输，或 5QI 值为 84 的时延敏感 GBR 传输。

6.2.11 网络切片

为支持多样的应用需求,可以采用不同的网络切片进行业务传输。每个网络切片可以支持不同的网络功能、传输能力,通过单个网络切片选择辅助信息(Single Network Slice Selection Assistance Information,S-NSSAI)进行唯一标识。S-NSSAI 由切片/服务类型(SST)和切片区分标识(SD)两部分组成。其中 SST 为必选信息,用以区分该切片的功能/服务特征;SD 为可选信息,可用于补充区分同一 TSS 下的多个切片。在 UE 和网络之间的信令消息中发送的允许和请求的 NSSAI 中最多可以有 8 个 S-NSSAI。网络根据 UE 发送的请求 NSSAI 消息,为该 UE 选择网络切片类型和网络切片实例,包括对应的控制面和数据面网络功能,同一用户最多支持 8 个切片。

SST 字段长度为 8bit,取值范围为 0~255,其中取值 0~127 属于标准化 SST 范围,而值 128~255 可由网络运营商自由配置。标准化的 SST 值见表 6-5。

标准化的 SST 值   表 6-5

切片类型	SST 值	特性
eMBB	1	适用于承载 5G 增强型移动宽带业务
URLLC	2	适用于承载超高可靠、低时延通信业务
MIoT	3	适用于承载大规模物联网业务
V2X	4	适合承载 V2X 服务

基于当前已标准化的切片类型,可根据业务需求选择不同网络切片,以支持智能网联汽车丰富多变的业务。例如,可以选择 eMBB 类型的切片服务于信息娱乐、车联网 AR/VR 等要求大带宽的业务;可以选择 mMTC 类型的切片支持同时进行大量车辆的状态监控和信息维护;可以选择 uRLLC 类型的切片支持远程驾驶应用中的控制信息传输、车辆运行环境信息上报等,达到其低时延、高可靠的传输需求。另外,这几种业务可能同时在车辆中存在,因此可以选择 V2X 类型的切片,基于统一的 V2X 切片进行业务部署和信息交互。

第 7 章
5G与MEC融合关键技术与标准化

多接入边缘计算(Multi-Access Edge Computing,MEC)将计算和存储资源从网络中心推向更靠近用户的网络边缘,在网络边缘侧构建融合网络、计算、存储、业务能力的分布式开放体系,能够减少时延、提升业务响应时间,降低骨干网络带宽占用、提高传输效率,便于灵活部署,从而更好地满足车联网业务在敏捷联接、低时延高可靠通信性能、应用智能、安全与隐私保护等方面的关键需求。

车联网与多接入边缘计算的融合,在靠近车辆的位置(如道路沿线、十字路口、匝道等)部署计算与存储资源,从而实现车联网中的通信-计算-存储融合,实现车-路-云协同感知、决策与控制,提供对交通信号灯动态优化控制、交叉路口动态车道管理、基于实时高精度地图的路径规划、远程交通监控、弱势交通参与者检测、车辆编队行驶、远程辅助驾驶等新型应用场景的支持。同时,由于计算能力靠近网络边缘,可以降低车联网业务对云计算和网络的要求,满足车联网业务大带宽、低时延、高可靠的业务需求。

7.1 5G 与 MEC 融合的车联网架构

7.1.1 5G 与 MEC 融合架构概述

MEC 的概念最初于 2013 年出现,其主要思想是将计算和存储资源部署在更靠近用户的网络边缘,从而降低时延和通信回传负载,实现高效、灵活的业务分发。ETSI 在 2014 年开始进行移动边缘计算(Mobile Edge Computing)的研究和标准化工作,于 2016 年将移动边缘计算概念扩展为多接入边缘计算(MEC),针对多接入边缘计算的服务场景、技术要求、框架以及参考架构等开展深入研究。

MEC 的技术标准化工作主要由 ETSI 和 3GPP 完成。其中,ETSI 重点关注在 MEC 平台、基于 MEC 平台的网络能力开放,以及基于 MEC 平台的业务应用运营部署等方面的研究和标准化。而 3GPP 主要研究 5G 网络架构为支持 MEC 而需要具备的网络能力,通过用户面分布式下沉部署、灵活路由等功能,实现 5G 网络对 MEC 的支持。

ETSI 定义的 MEC 参考架构如图 7-1 所示。该架构主要包括系统层和主机层,系统层着重定义 MEC 系统级管理相关功能和接口,主机层主要定义 MEC 主机和主机级管理相关功能和接口,详细介绍可参见《多接入边缘计算车路协同信息服务 API》[Multi-access Edge Computing (MEC) V2X Information Service API ,ETSI GS MEC 003]协议的相关功能和接口。

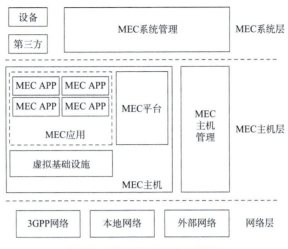

图 7-1 ETSI 定义的 MEC 参考架构

7.1.2 面向车联网的 5G 与 MEC 融合架构

ETSI 从 MEC 架构出发,给出了 MEC 用于 C-V2X 的应用实例,如图 7-2 所示。该实例中,MEC 平台支持 C-V2X 应用作为边缘应用部署在 MEC 平台上。MEC 平台新增的 V2X 信息服务(V2X Information Service,VIS)可以从蜂窝移动通信网络中收集基于 PC5 接口的 V2X 通信相关信息,如授权 UE 的列表、PC5 配置参数等,并将此信息公开给 MEC 应用,使 MEC 应用能够与 V2X 通信相关的 3GPP 网络功能(例如 LTE-V2X 架构中的 V2X 控制功能或 NR-V2X 中的 PCF)进行安全通信,为不同 MEC 系统中的 MEC 应用程序建立安全通道实现安全通信。VIS 还可以收集其他 MEC API 提供的信息(如位置 API、WLAN API 等),预测无线网络拥塞状况并通知车联网设备。

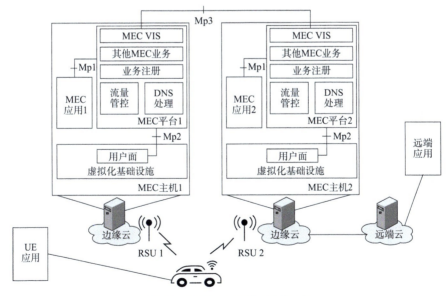

图 7-2 MEC 用于 C-V2X 的应用实例

中国通信标准化协会(CCSA)从车联网业务和产业角度提出了将 C-V2X 应用在 MEC 平台时的总体架构,如图 7-3 所示。该架构支持 C-V2X 应用和 MEC 平台以灵活的方式实现融合部署。在该架构中,C-V2X 应用涉及的终端设备,如 C-V2X 车载终端 OBU、RSU 及摄像头、雷达等,可采用多种方式接入 MEC 平台,例如可以选择通过 C-V2X 中的 Uu 或 PC5 接口接入 C-V2X 网络,进而接入 MEC 平台,或通过其他接入技术直接接入 MEC 平台。MEC 平台的部署位置也可灵活选择,例如与 RSU 联合部署、与蜂窝网络的基站联合部署或部署在网络中的其他位置。

图 7-3 所示的架构中,还定义了 MEC 平台提供给 C-V2X 应用程序的各类服务,C-V2X 应用程序可以通过调用这些服务来获取无线网络信息、车辆位置信息等,包括:

(1)无线网络信息服务(Radio Network Information Service,RNIS)。MEC 为无线网络信息的实时感知获取提供了便利条件,RNIS 通过 MEC 平台以 API 的形式提供开放接口给第三方应用,帮助其优化业务流程,提升用户体验,实现网络和业务的深度融合。C-V2X 应用程序可以从 RNIS 获取应用需要的网络信息,进而实现业务流程优化、业务的 QoS 优化、避免拥塞发生,提高用户业务使用满意度。

(2)定位服务(Location Service,LS)。MEC 可基于网络信息为应用程序提供 UE 的位置信息,C-V2X 应用程序可以基于此定位信息,提供基于位置信息的服务(如确定车辆位置、确认危险路段位置、工厂园区内车辆进出管理等)或基于位置信息的操作(如向指定范围内的车辆进行信息广播等)。

(3)带宽管理(Bandwidth Manager,BM)服务。带宽管理服务可以根据 C-V2X 应用程序的服务策略对网络资源(如带宽、优先级)和带宽分配进行统一管理,以实现对不同类型的 C-V2X 应用程序进行差异化 QoS 管理。例如,为碰撞危险告警等安全类消息分配较大的固定带宽,即使在网络资源拥塞时,仍然可以保证告警消息的即时下发。

(4)应用移动性服务(APPlication Mobility Service,AMS)。AMS 支持车联网应用跨 MEC 平台、跨网络的业务连续性,在车辆移动过程中,支持应用实例和用户上下文从源 MEC 到目标 MEC 的迁移,保证用户移动后可以接入更加合适的 MEC,改善用户的业务体验。

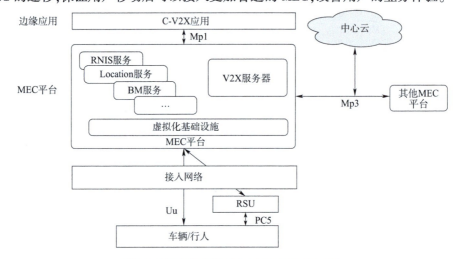

图 7-3　C-V2X 与 MEC 融合部署总体架构示意图

当多接入边缘计算与 5G 网络融合部署时，还需考虑 5G 网络架构和多接入边缘计算架构相关的逻辑实体及其关系。5G 边缘计算的系统架构如图 7-4 所示，图中左侧部分为 5G 网络架构，右侧部分为采用 ETSI 边缘计算系统架构的边缘计算平台系统。5G 核心网可将用户面功能（User Plane Function, UPF）灵活地部署到网络边缘，实现边缘计算的数据面功能，边缘计算平台系统为边缘应用提供运行环境并实现对边缘应用的管理。根据具体应用场景，UPF 和边缘计算平台可以分开部署，也可以一体化部署。

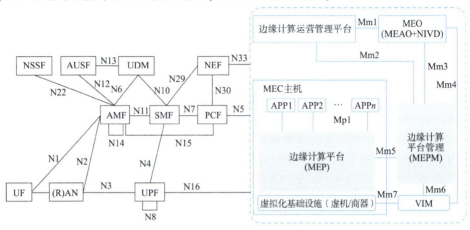

图 7-4　5G 边缘计算系统架构

除蜂窝通信接口外，可进一步考虑将边缘计算与 5G NR-V2X 架构融合，如图 7-5 所示。该架构采用 5G 核心网的服务化架构，其中 V2X 应用服务器（V2X APPlication Server）可以部署在如图 7-4 所示的 5G 边缘计算平台上。该架构在 5G 核心网中增加了应用功能（APPlication Function, AF），MEC 作为应用功能和 5G 核心网中的网元实体交互，完成分流规则、策略控制的配置。MEC 通过网络开放功能（Network Exposure Function, NEF）与 5G 核心网网元交互，如果 MEC 处于核心网的信任域中，则可以直接与 5G 核心网网元交互。5G 核心网通过上行分流或者 IPv6 多归属方案实现边缘 UPF 的选择及业务分流。

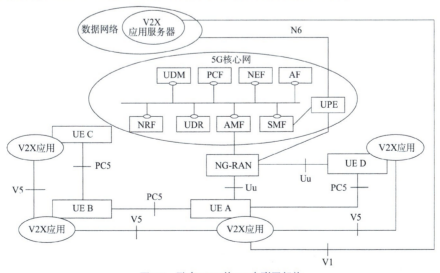

图 7-5　融合 MEC 的 5G 车联网架构

7.2　5G 与 MEC 融合的车联网开放服务能力

ETSI GS MEC 003 标准将 MEC 接口分为 Mp、Mm 和 Mx,其中 Mp 是与 MEC 平台有关的参考点,Mm 是与 MEC 管理有关的参考点,Mx 是与外部实体有关的参考点。此外,该标准进一步对 V2X VIS 进行定义,以提供标准化的车联网应用服务。

MEC VIS 包括以下功能:

(1)从 3GPP 网络收集 PC5 V2X 相关信息(例如 UE 授权列表、基于 UE 订阅的授权相关信息以及 PC5 配置参数等);

(2)将此信息发布给 MEC 应用程序(可能属于不同的 MEC 系统);

(3)支持 MEC 应用程序与 V2X 相关的 3GPP 核心网络逻辑功能(例如 V2X 控制功能)安全通信;

(4)支持在不同 MEC 系统中启用 MEC 应用程序,以便彼此安全通信;

(5)收集和处理其他 MEC API 信息(例如 RNI API,请参阅 ETSI GS MEC 012;位置 API,请参阅 ETSI GS MEC 013;WLAN API,请参阅 ETSI GS MEC 028 等),以便预测无线网络拥塞并向 UE 提供适当的通知。

VIS 服务在 MEC 体系结构中主要涉及 Mp1 和 Mp3 接口,接口示意如图 7-6 所示。

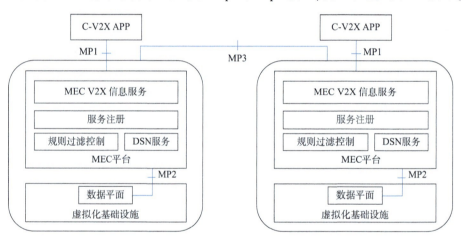

图 7-6　MEC 与 C-V2X 融合的开放服务接口

(1)Mp1 接口。Mp1 是 MEC 平台与 APP 之间的接口,为车联网应用提供服务能力开放、应用生命周期管理等功能。

MEC 平台提供应用可用性、会话连续性、会话状态重置、DNS、本地分流、V2X Server 应用服务等诸多服务。为了支持部署在 MEC 平台的 APP 从平台获取其需要的服务,以及通过平台对外提供服务,供其他用户使用,MEC 平台需要支持对 APP 的使能接口,即 Mp1 接口。

Mp1 接口实现了网络能力向运营商自有或者第三方业务应用开放,支持多家运营商、MEC 设备商和 APP 提供商之间的高效对接。通过该接口,不同厂家的车联网业务和不同厂家的 MEC 平台之间可以实现互相通信,C-V2X 应用程序可以获取不同 MEC 平台提供的各种服务,如前文所述的 RNIS 服务、Location 服务、Bandwidth Manager 服务、AMS 服务以及

V2X Server 提供的开放服务等。车联网应用可以利用这些应用服务来获取网络状态、车辆位置、V2X Server 开放服务等,以更好地增强车联网应用。

(2) Mp3 接口。Mp3 是平台与平台之间的接口,可以控制不同 MEC 平台之间的通信。Mp3 接口支持车辆的高速移动,支持跨 MEC 平台、跨 PLMN 的应用移动性。在 V2X 服务中,应用程序客户端部署在汽车上,并且连接到某个 MEC 平台(并与相关的 MEC 应用程序相关联)。当存在多个 MEC 平台时,Mp3 接口支持运行在不同 MEC 平台上的 MEC 应用程序之间进行信息公开。

Mp3 支持移动业务的连续性。具体而言,MEC 平台能在终端移动时保证业务的连续性。MEC 移动性主要分两种场景:①UE 移动性,终端移动切换导致终端数据到应用的路径变化;②APP 移动性,负载均衡/时延等导致 APP 迁移。

(3) Mp1 接口和 3GPP 的能力开放接口之间的映射关系。3GPP 支持对第三方应用开放基础能力,并定义了覆盖 LTE 网络能力开放的北向 API 框架规范——CAPIF 北向 API 接口协议(Common API Framework for 3GPP Northbound APIs,3GPP TS 23.222)。CAPIF 分为 core function 和 API provider domain 两部分,通过 CAPIF3/4/5 三个接口相连,API provider domain 部分可以分布式部署。在 3GPP 网络部署 MEC 平台时,MEC 可以遵循 CAPIF 框架,具体实现为 API provider domain 模块,通过 CAPIF 接口向应用提供服务。

7.3 5G 与 MEC 融合的车联网关键技术

7.3.1 数据底座能力

智能网联车辆通常可以产生多类型的数据,如车辆控制信息、雷达数据、视频数据、驱动记录等。车辆可以通过无线网络将这些数据上传至 MEC 服务器,以支持部署在平台的车辆应用服务对相应数据的需求;同时,车辆也需要通过网络下载大量的数据,如媒体视频数据、动态高清地图、车辆感知数据等,以支持各种应用服务的实现。不同类型数据的传输对通信能力的要求不尽相同,同时大量数据的上下行传输容易造成无线网络拥塞,进而影响车辆应用的服务质量,甚至造成交通事故等后果。因此,如何有效地进行大量 C-V2X 业务数据的接入、处理、分发和缓存,是 5G 与 MEC 融合的关键技术,也是当前研究的关键。

其中,在数据接入方面,C-V2X 业务数据通常可通过 5G 网络,经由 UPF 分流进入 MEC 平台,MEC 平台需要支持包括车辆状态数据、路侧设备状态数据、车辆基本安全数据、路侧感知结构化数据、交通或交管事件数据等多类型数据的接入。在数据处理与分发能力方面,MEC 平台需要具备 C-V2X 业务数据的融合分析能力,并将来自车辆、路侧设备和第三方平台的数据进行实时融合分析处理,并通过 5G 网络将处理结果下发至车辆和路侧设备。

7.3.2 部署方案设计

MEC 在网络中的部署位置会直接影响业务性能以及组网方案[①]。因此,5G 与 MEC 融

---

① 《面向 LTE-V2X 的多接入边缘计算业务架构和总体需求》,中国通信标准化协会(CCSA)。

合部署方案需根据业务的时延要求和业务属性,以及运营商的实际网络部署来进行设计。可参考的 MEC 部署位置如图 7-7 所示。其中,各部署层级特点如下:

(1) MEC 部署在基站侧。该方案具备最低的业务服务时延,可达到毫秒级,但缺点为 MEC 的覆盖范围有限,单用户成本较高。

(2) MEC 部署在接入环。该方案可达到 20ms 以内的时延,相比方案(1),MEC 的覆盖范围有所提升,但运营商机房改动量大,部署成本较高。

(3) MEC 部署在汇聚环和传输核心层。该方案可达到 40ms 以内的时延,优点是覆盖用户数较多,业务切换频率变低,同时部署成本也较低,缺点是业务时延较高。

注:实际应用时 LTE 的空口单向传输时延高于 5ms,但为计算方便,以 3GPP 要求的空口单向时延小于 5ms 为基准。

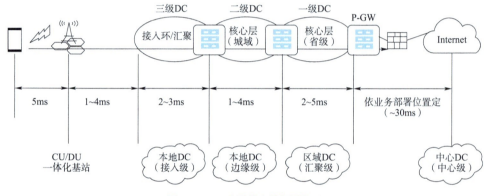

图 7-7　MEC 在网络中的部署位置

7.3.3　资源部署和调度

(1) 资源部署。

MEC 资源的部署包括服务器硬件资源部署和服务部署。服务器硬件资源部署主要是指服务器放置位置、资源大小、服务范围的规划,又可以分为静态部署和动态部署两类。静态部署主要依据用户或资源请求数量、分布进行规划,而动态部署则考虑用户或资源请求的时空演化规律,进行服务范围的动态调整,同时考虑将移动车辆也作为资源提供方。服务部署主要是指提供计算服务和内容服务的软件资源、内容资源在不同 MEC 服务器中的放置,通常综合时延、成本、能耗等因素优化进行设计。

同时,计算与存储资源可以在网络边缘与基站联合部署,可以与 RSU 联合部署,移动的车辆也可以作为资源提供者。这些边缘设备提供高精度地图数据缓存、大数据分析、图像识别、视频分析等多种类型的数据密集型和计算密集型任务所需的存储和计算资源。如何结合车辆移动性特征及时空演化规律、车联网特有的计算任务特性,实现通信-计算-存储资源的动态、按需部署,是 C-V2X 与 MEC 融合中的重要挑战。

(2) 通信-计算资源的联合调度。

在 C-V2X 与 MEC 的融合环境中,受限于单车有限的计算资源,车辆的计算任务可以选择卸载到周边车辆、路侧边缘服务器或中心云平台进行处理。计算卸载决策以充分利用各级计算资源,并满足计算任务的响应时延、降低能耗、降低成本等为目标,决定是否卸载、卸载到哪里、何时卸载等问题。根据卸载决策策略对实时环境的动态适应性,可以分为静态决策和动态决策。根据卸载的粒度,可以分为完全卸载和部分卸载。根据卸载时考虑的任务数量,可以分为单任务卸载和多任务卸载。

计算卸载的成功执行与通信资源、计算资源的分配均具有密切关联。在计算卸载中,通信连接承载与计算任务相关的数据传输、计算结果的回传。大多数关于计算卸载的研究重点关注计算资源是否充足,对于通信资源,只简单考虑了通信带宽对传输时间的影响,并未深入探究通信资源分配对计算卸载的影响。另外,在 C-V2X 与 MEC 融合的环境中,针对不同的卸载目标,通信链路可能是车辆到车辆、车辆到基站、车辆到路侧基础设施等不同类型,具有不同的通信方式、链路特点和无线资源分配方式。因此,通信-计算资源的联合调度是 C-V2X 与 MEC 的融合环境中提高计算卸载成功率和性能的重要关键技术。

7.3.4 服务质量保障

车联网应用服务类型多样化,且不同应用存在延迟、吞吐量、可靠性等方面的差异性服务质量要求。中国通信标准化协会(CCSA)将面向 C-V2X 的 MEC 典型应用场景划分为安全、效率、定位、视频、信息服务五大类,并对各类场景的服务性能指标进行了定义[1],具体见表 7-1。MEC 平台对于不同应用场景的支持能力(处理时延),是保障该应用场景实现的重要一环。

车联网应用服务性能指标　　　　　　　　　　　　　　　　　　表 7-1

类别1	类别2	序号	应用场景名称	性能指标
安全类	协作感知	1	慢速行驶汽车标识	消息大小:1600byte; 数据更新频率:10Hz; MEC 平台处理时延:50ms; 可靠性:99%; 通信距离:≥1000m
		2	交汇路口交通信息感知	联网接收信息的车辆车速:≤70km/h; MEC 平台处理时延:20ms
		3	弱势交通参与者监测预警	目标物速度:行人≤40km/h,车辆≤70km/h; 通信距离≥150m:相对速度 40km/h;通信距离≥300m:相对速度 80km/h;通信距离≥500m:相对速度 100km/h(通信距离指行人与车辆之间,相对速度以机动车道路限速为准); 数据更新频率:≥10Hz(指路侧感知数据的更新频率); MEC 平台处理时延:50ms; 定位精度:行人≤20cm,车辆≤1m; 时间戳精度:10ms

---

① 《面向 C-V2X 的 MEC 业务服务能力开放和接口技术要求》,中国通信标准化协会(CCSA)。

续上表

类别1	类别2	序号	应用场景名称	性能指标
安全类	协作感知	4	危险驾驶与违章行为预警	联网接收信息的车辆车速:≤70km/h; 支持不少于10种交通违法行为; 车牌号识别的准确率不低于98%; MEC平台处理时延:20m
		5	车辆接近指示	联网接收信息的车辆车速:≤130km/h; 定位精度:≤1.5m; MEC平台处理时延:20ms
	道路危险警告	6	紧急电子制动灯预警	联网接收信息的车辆车速:≤70km/h; MEC平台处理时延:20ms
		7	错误道路行驶警告	联网接收信息的车辆车速:≤70km/h; MEC平台处理时延:20ms
		8	静止车辆预警	联网接收信息的车辆车速:≤70km/h; MEC平台处理时延:20ms
		9	道路危险状况提示	联网接收信息的车辆车速:≤70km/h; MEC平台处理时延:20ms
		10	车辆失控预警	联网接收信息的车辆车速:≤70km/h; MEC平台处理时延:20ms
		11	闯红灯预警	联网接收信息的车辆车速:≤70km/h; MEC平台处理时延:20ms
		12	道路施工预警	联网接收信息的车辆车速:≤70km/h; MEC平台处理时延:50ms
		13	碰撞风险警告	联网接收信息的车辆车速:≤130km/h; 定位精度:≤1.5m; MEC平台处理时延:20ms
		14	分散浮动的车辆数据	联网接收信息的车辆车速:≤130km/h; PC5直连通信距离:≥300m; RSU管理信息更新频率:≤5min; 定位精度:≤5m; MEC平台处理时延:20ms
效率类	速度管理	15	信号灯应用与绿波通行	联网接收信息的车辆车速:≤70km/h; MEC平台处理时延:100ms
		16	前方拥堵提醒	联网接收信息的车辆车速:≤70km/h; 定位精度:≤5m; MEC平台处理时延:100ms

续上表

类别1	类别2	序号	应用场景名称	性能指标
效率类	速度管理	17	基于交通信号的最优速度咨询	联网接收信息的车辆车速:≤70km/h; 定位精度:≤5m; 信号灯数据集更新频率:≤5Hz; 道路数据集更新频率:≤1Hz; MEC平台处理时延:100ms
	协作导航	18	紧急车辆预警	联网接收信息的车辆车速:≤70km/h; 主车车速范围:0~130km/h; 通信距离:≥300m; 数据更新频率:≤5Hz; 定位精度:≤5m; MEC平台处理时延:100ms
		19	限制通过警告和绕道通知	主车车速范围:≤120km/h; 通信距离:≥500m; 数据更新频率:≤1Hz; 定位精度:≤5m; 时间戳精度:100ms; MEC平台处理时延:100ms
定位类	基于定位的服务	20	地下停车导航	定位精度:≤0.5m; MEC平台处理时延:50ms
		21	自主泊车	时速:≤20km/h; MEC平台处理时延:50ms
视频类	基于视频的应用服务	22	行人闯道路警告	从摄像头路边拍摄到行人闯道路到车辆收到告警或者动作指示的端到端时延小于100ms
		23	渣土车车况检测	联网接收信息的车辆速度:≤70km/h; MEC平台处理时延:100ms
		24	驾驶员行为监测	联网接收信息的车辆速度:≤70km/h; MEC平台处理时延:100ms
信息服务	信息同步	25	车辆软件、数据供应和升级更新数据同步	参考OTA升级性能需求
		26	车辆和RSU以及MEC的时间、空间数据同步	参考OTA升级性能需求

7.4 5G与MEC融合的车联网跨域协同关键技术

考虑车联网场景中车辆的高移动性、多样化应用的差异性服务质量要求,如何在面对车辆高速移动性的同时保持服务的连续性并保证服务质量,成为5G与边缘计算融合面临的关键问题。例如,车辆在不同基站间的通信切换、计算任务在不同 MEC 服务器间的计算迁移等。因此,在 5G 与 MEC 融合环境中的移动性管理具有不同于传统移动通信系统的新问题,除了支持通信连续性的通信切换外,还需研究支持服务连续性的计算迁移,以及 5G 应用在不同 MEC 服务提供商之间移动时的服务/应用上下文迁移与同步问题,以实现对业务连续性的支持。

由于 MEC 服务器常常与提供通信接入的基站联合部署,此时,通信切换和服务迁移并非孤立问题,而是互相影响的。一方面,通信切换导致用户和服务实例之间的传输路径发生变化,服务响应时间受到影响,进而需要执行服务迁移,以满足服务响应时间的性能要求;另一方面,当服务迁移无法满足服务响应时间需求时,需寻找通信资源更加丰富的通信基站,或者是用户和服务实例之间传输路径更短的通信基站,进而触发通信切换。可见,5G 与 MEC 融合中的移动性管理需要实现通信切换和服务迁移的协同管理。相应地,需要研究协同的移动性决策方法,包括通信切换与服务迁移的协同时序关系、基于移动预测的移动性目标选择策略、服务/应用上下文迁移与同步机制等。

针对上述移动切换与服务跨域问题,《多接入边缘计算(MEC)应用程序移动服务 API》(Multi-access Edge Computing(MEC);APPlication Mobility Service API,ETSI GS MEC 021)对 MEC 应用程序移动性服务进行了标准化接口定义,通过在不同运营商之间部署和协定的公共控制平面功能,在不同运营商之间重新定位 UE 和应用程序上下文,如图 7-8 所示。

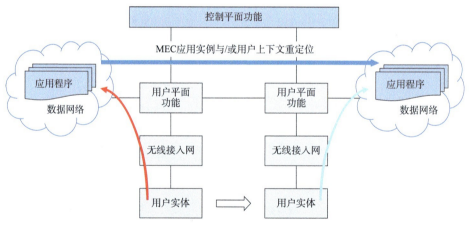

图 7-8　MEC 应用程序移动性

在此基础上,5GAA 从 C-V2X 与 MEC 融合场景类型、部署架构等出发,围绕跨多移动网络运营商(Mobile Network Operator,MNO)间的通信切换与服务迁移方式、互操作性和服务连续性解决方法等关键技术进一步开展了技术研究和试验验证,为多 MNO、多 MEC 和多主机厂(Original Equipment Manufacturer,OEM)环境中实现和管理 C-V2X 服务的互操作性提供指导。

7.4.1　场景参考架构

5GAA 将多运营商间的 C-V2X 跨域迁移场景定义为三种主要类型场景(均适用于服务单个或多个 OEM 的 MNO 间互通),并就保证服务质量前提下无线接入 MNO-2 的车辆如何使用由 MNO-1 操作的 MEC 应用程序进行了讨论。三类场景如图 7-9 中虚线框描述所示。

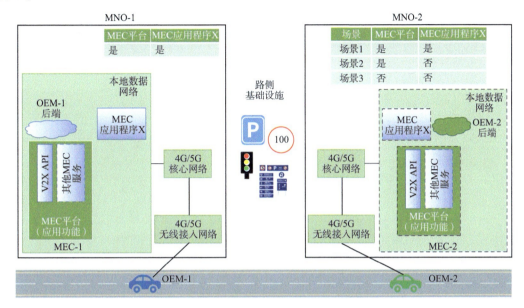

图 7-9　多 MNO C-V2X 跨域迁移场景参考架构

场景 1：所有 MNO 中均安装 MEC 平台和相关应用程序。

场景 2：MNO-1 中安装了 MEC 平台和相关应用程序，MNO-2 中安装了 MEC 平台但没有应用程序。

场景 3：MNO-1 中安装了 MEC 平台和相关应用程序，MNO-2 中没有安装 MEC 平台和应用程序。

7.4.1.1　三类场景的单一 OEM 用例

（1）场景 1：MNO-1 和 MNO-2 都有 MEC 平台和 MEC 应用 X。

在场景 1 中，假设每个运营商都有一个 MEC 平台和一个 MEC 应用程序 X，如图 7-10 所示。MEC 应用 X 是一个服务器应用，可以是 3GPP 定义的 V2X 应用服务器。当带有客户端应用程序 X 的车辆从 MNO-1 移动到 MNO-2 时，可以通过 MNO-2 基础设施访问 MEC 应用程序 X。MNO-2 为 MEC 应用程序 X 提供最短的数据路径，因此支持低延迟的服务质量要求。特别是 5G 核心网络选择靠近车辆的用户平面功能（UPF）（此处及以下称为本地 UPF）以实现低延迟，并根据 3GPP TS23.501 第 5.13 节，通过 N6 接口执行从本地 UPF 到本地数据网络的数据流量控制。

（2）场景 2：MNO-1 和 MNO-2 都有 MEC 平台，但 MEC 应用 X 仅在 MNO-1 中可用。

场景 2 假设每个 MNO 都有一个 MEC 平台，但 MEC 应用 X 仅在 MNO-1 可用，如图 7-11 所示。如果 MEC 应用程序 X 仅在 MNO-1 中可用，那么从用户平面连接的角度来看，MNO-2 的 MEC 平台与应用程序 X 服务无关。

数据路径的流转方式与场景 3 类似（见第 112 页）。图 7-12 显示了通过启用两个运营商数据网络之间的直接"水平通信"实现连接。

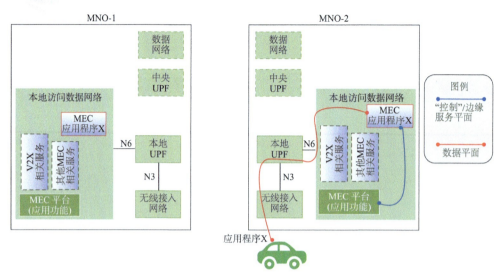

图7-10 场景1：两个MNO都有MEC平台和MEC应用程序X（单车OEM用例）

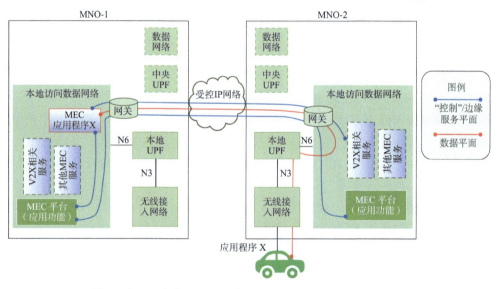

图7-11 场景2：两家MNO都有MEC平台，但MEC应用仅在MNO-1中可用（单车OEM用例）

（3）场景3：仅MNO-1有MEC平台和MEC应用X。

场景3的数据流转方式有两种，其中场景3A中MNO之间的互通是通过使用N9接口进行用户平面流量的本地路由漫游来实现，场景3B是基于MNO之间通过IP网络控制进行本地"配对"互通。

①场景3A：通过N9隧道实现域间连接。

在图7-12所示的场景3A中，MNO-2的5G核心网选择一个靠近车辆的UPF（本地UPF），并按照定义通过N9接口向MNO-1的本地UPF执行归属路由漫游，如3GPP TS 23.501第4.2.4节中定义。数据（用户）平面流量从MNO-2的本地UPF流向MEC应用程序X的本地数据网络，MEC应用程序X由提供特定服务功能的MEC平台支持。

需要注意的是，在3GPP TS 23.501中，N9接口是5G系统架构中的逻辑接口。该逻辑接口的实现是通过使用 GPRS 漫游交换(GRX)/IP 交换(IPX)完成互联的,该互连涉及多个 GRX/IPX 提供商,可能会导致额外的延迟。

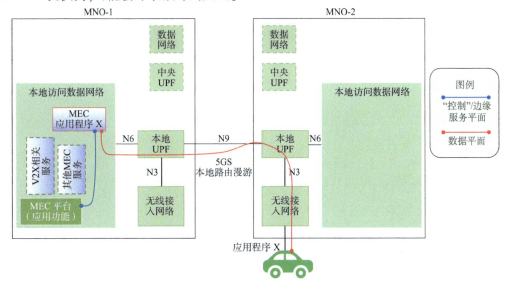

图 7-12　场景 3A:只有 MNO-1 有 MEC 平台和 MEC 应用,MNO 之间通过 N9 隧道连接(单车 OEM 用例)

② 场景 3B:通过受控 IP 网络实现域间连接。

在图 7-13 所示的场景 3B 中,与 MEC 应用 X 相关的数据流量通过 MNO-2 的本地 UPF 向 MNO-1 的数据网络(Data Network,DN)卸载,其中 MEC 应用 X 直接通过 MNO 之间的受控 IP 网络定位。受控 IP 网络是通过运营商之间的本地"配对"链路建立的。本地"配对"链路由网关(Gateway,GW)终止,GW 可以扮演 DN 的边界 GW 角色,并且 GW 可以具有支持通过受控 IP 网络进行域间连接的功能(例如 NAT GW 功能)。

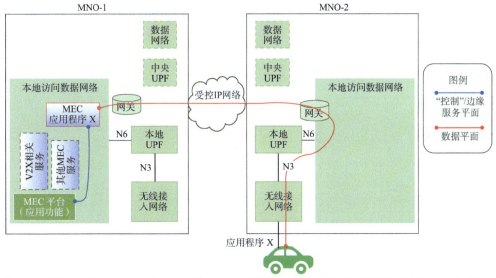

图 7-13　场景 3B:只有 MNO-1 具有 MEC 平台和 MEC 应用程序,MNO 之间的连接是通过受控的 IP 网络进行的
　　　　(单车 OEM 用例)

7.4.1.2 三类场景的多 OEM 用例

(1)场景1:MNO-1 和 MNO-2 都有 MEC 平台和 MEC 应用 Y。

多 OEM 场景1 如图 7-14 所示。假设每个客户端应用程序通过 N6 接口将流量转移到每个 MNO 的 DN 与本地服务器应用程序(MEC 应用程序 Y)通信。此外,服务器应用程序通过一个受控 IP 网络相互通信。通信涉及两个 MNO 的 MEC 平台之间、MEC 平台与各 MNO 的本地服务器应用程序之间的边缘业务(控制)平面流量。

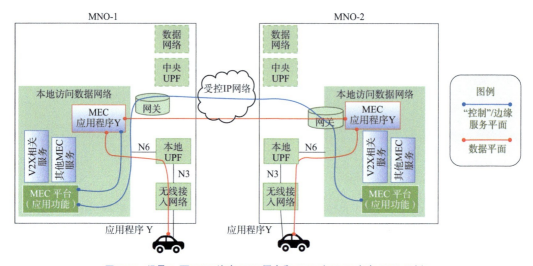

图 7-14 场景1:两 MNO 均有 MEC 平台和 MEC 应用 Y(多车 OEM 用例)

(2)场景2:MNO-1 和 MNO-2 都有 MEC 平台,但只有 MNO-1 有 MEC 应用 Y。

多 OEM 场景2 如图 7-15 所示。该场景与单 OEM 的场景类似,仅添加了通过 MNO-1 中车辆的客户端应用程序与本地服务器应用程序(MEC 应用程序 Y)之间 N6 接口的数据路径。MNO-2 中车辆的客户端应用程序通过受控 IP 网络与 MNO-1 中的同一服务器应用程序通信。

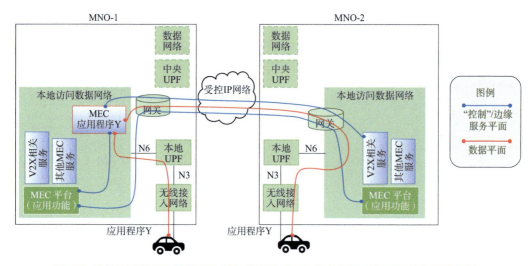

图 7-15 场景2:两家 MNO 均为 MEC 平台,但 MEC 应用 Y 仅在 MNO-1 中可用(多车 OEM 用例)

(3)场景3:只有 MNO-1 有 MEC 平台,MEC 应用 Y 仅在 MNO-1 中可用。

①场景3A:通过 N9 号隧道实现域间连接。

多 OEM 场景 3A 如图 7-16 所示。与单辆汽车的 OEM 用例相比,只添加了 MNO-1 中车辆的客户端应用程序与本地服务器应用程序(MEC 应用程序 Y)之间通过 N6 接口的数据路径。

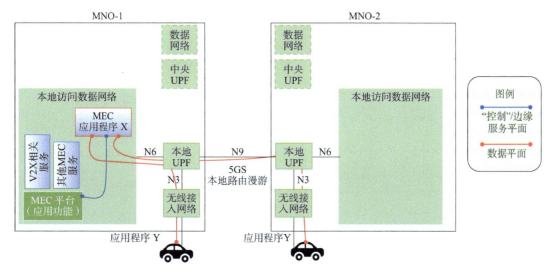

图 7-16　场景 3A:只有 MNO-1 有 MEC 平台和 MEC 应用,MNO 之间通过 N9 隧道连接(单车 OEM 用例)

②场景3B:通过受控 IP 网络实现域间连接。

多 OEM 场景 3B 如图 7-17 所示。与场景 3A 一样,与单车 OEM 用例相比,仅添加了 MNO-1 中车辆的客户端应用程序与本地服务器应用程序(MEC 应用程序 Y)之间通过 N6 接口的数据路径。

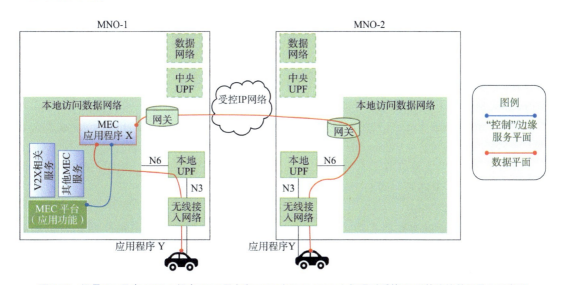

图 7-17　场景 3B:只有 MNO-1 拥有 MEC 平台和 MEC 应用 Y,MNO 之间通过受控 IP 网络连接的场景 3 示意图(多车 OEM 用例)

7.4.2 典型应用部署方案

5GAA WG2 定义了 V2X 应用层参考架构,如图 7-18 所示。在该架构中,5GAA V2X 应用架构云实体主要包括:移动网络运营商 MNO、道路交通管理局(Road Traffic Authority,RTA)、主机厂 OEM 和服务提供商(Service Provider,SP)。

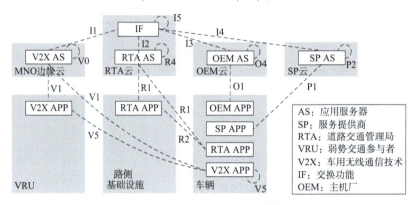

图 7-18　5GAA V2X 应用架构视图

5GAA V2X 应用架构的接口定义如下。

(1) V0 接口:同一 MNO 内和不同 MNO 间应用服务器(APPlication Service,ASs)的 MEC 间通信。

(2) V1、R1、O1 和 P1 接口:用于客户端应用程序和 ASs 之间,通过移动无线网络实现联通。连接通过 3GPPUu 接口来完成。

(3) V5 和 R2 应用程序接口:允许客户端应用程序之间的直接通信,例如 PC5 接口。

(4) V0、R4、O4 和 P2 接口:用于在 ASs 之间进行通信(如果它们属于同一服务/或由同一实体管理,例如 OEM)。

(5) 接口 I1 至 I4:通过"交换"实现通信,不同的交换节点可以通过 I5 接口进行交互。

目前,该架构假定不同的云承载着与它们直接相关的应用服务,例如 RTA 云托管 RTA AS。同时,云计算提倡释放私有云,允许其他托管模式,包括但不限于边缘云。

如图 7-19 所示,基于上述应用架构 5GAA 定义了多 MNO、多 OEM 场景下的应用层部署参考架构,并对以下 5 个用例的跨域应用层部署提出了方案建议,包括透视(See Through)、车载娱乐(In-Vehicle Entertainment,IVE)、交叉路口移动辅助(Intersection Movement Assist,IMA)、弱势交通参与者 (Vulnerable Road Users,VRU)、车辆编队(Platoon)。

除非另有说明,本章各场景应用层部署均基于 7.5.1 节场景一,即 MNO-1 和 MNO-2 都有边缘云 MEC,应用部署在两个边缘云 MEC 中。

7.4.2.1　透视场景

场景描述:带有前置摄像头的车辆将视频流发送到后面的车辆。后面的跟随车辆向驾驶员显示该视频流。其应用层部署如图 7-20 所示。

7.4.2.2　车载娱乐场景

场景描述:假设视频/音频流从边缘云发送到车辆。其应用层部署如图 7-21 所示。

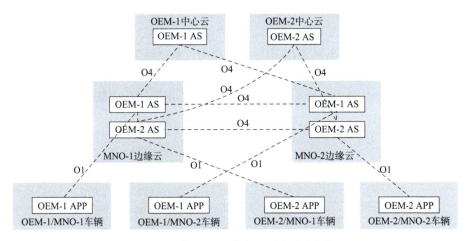

图 7-19　基于 5GAA 的应用层部署参考架构

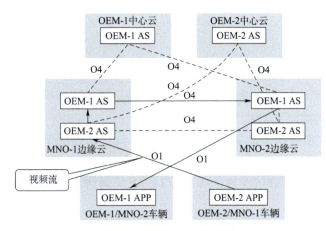

图 7-20　透视场景应用层部署

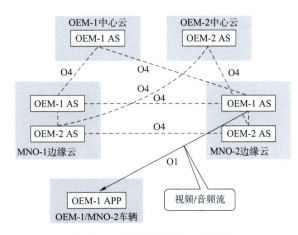

图 7-21　车载娱乐场景应用层部署

7.4.2.3　交叉路口移动辅助场景

场景描述：交叉路口的所有车辆都与交叉路口的所有其他车辆交换消息，以提高交通安全和交通效率。下面介绍此用例两种不同的应用程序层部署方案。

(1)部署方案1：面向汽车OEM。

如图7-22所示，OEM-1车辆使用其专有接口O1来更新其OEM-1应用服务器（AS）。OEM-1 AS可以对交叉路口的所有其他OEM-1车辆进行升级。最后，OEM-1 AS对OEM-2 AS进行更新，OEM-2 AS依次对交叉路口的所有OEM-2车辆进行更新。

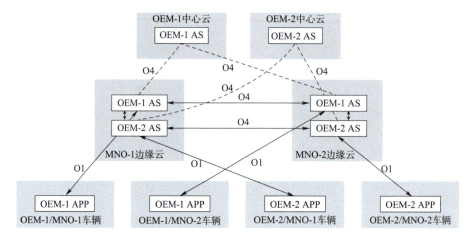

图7-22　用例3 交叉路口移动辅助场景应用层部署（面向车辆OEM）

(2)部署方案2：面向C-ITS。

如图7-23所示，假设所有车辆都有支持交叉路口移动辅助系统标准化C-ITS消息的V2X应用程序。车辆使用标准化接口V1更新其V2X应用服务器（AS），V2X AS会更新交叉路口所有MNO-1服务覆盖的车辆。同时，V2X AS更新所有其他V2X AS，进而更新交叉路口所有V2X车辆。

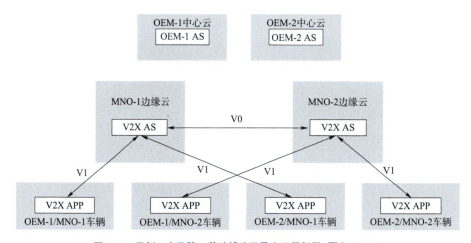

图7-23　用例3 交叉路口移动辅助场景应用层部署（面向C-ITS）

7.4.2.4　弱势交通参与者场景

场景描述：带有前置摄像头的OEM-2车辆将视频流发送到边缘云中的OEM-2应用服务器。OEM-2 AS对此进行了分析。当VRU处于危险状态时，OEM-2 AS会向该车的驾驶员以及附近所有其他 OEM-2 车辆发送警告信息。最后，OEM-2 AS 对 OEM-1 AS 进行更新，从而更新附近所有 OEM-1 车辆。

（1）按照场景 1 部署。MNO-1 和 MNO-2 都有边缘云，且应用服务器都部署在边缘云中。场景 1 中的应用层部署如图 7-24 所示。

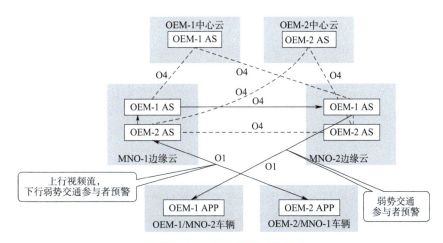

图 7-24　VRU 应用层部署（场景 1）

（2）按照场景 2 部署。MNO-1 和 MNO-2 都有边缘云，而应用服务器只部署在 MNO-1 场景中。场景 2 中的应用层部署如图 7-25 所示。其中，应用层协议消息"VRU warning"的端点为 MNO-1 边缘云中的 OEM-1 AS 和 OEM-1/MNO-2 车辆中的 OEM-1 APP。然而，由于 OEM-1/MNO-2 车辆是通过移动网络 MNO-2 连接的，因此应用层协议消息"VRU warning"通过下层协议在移动网络 MNO-2 路由。

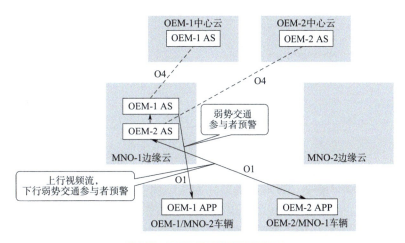

图 7-25　VRU 应用层部署（场景 2）

（3）按照场景 3 部署。只有 MNO-1 有边缘云，且应用服务器部署在边缘云，其应用层部署如图 7-26 所示。其中，应用层协议消息"VRU warning"的端点为 MNO-1 边缘云中的 OEM-1 AS 和 OEM-1/MNO-2 车辆中的 OEM-1 APP。然而，由于 OEM-1/MNO-2 车型是通过移动网络 MNO-2 连接，应用层协议消息"VRU warning"通过底层协议路由到移动网络 MNO-2。

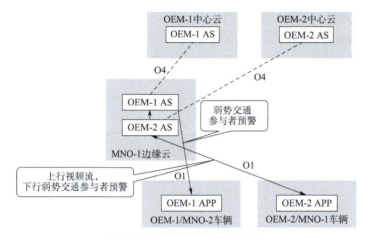

图 7-26　VRU 应用层部署(场景 3)

7.4.2.5　车辆编队场景

场景描述:一个队列的头车和几个成员车、其他车交换信息,头车负责创建、配置和控制这个队列。OEM-1 车辆使用其专有接口 O1 来更新其 OEM-1 AS。OEM-1 AS 对队列中所有其他 OEM-1 车辆进行更新。最后,OEM-1 AS 对 OEM-2 AS 进行更新,OEM-2 AS 再对队列中所有的 OEM-2 车辆进行更新。其应用层部署如图 7-27 所示。

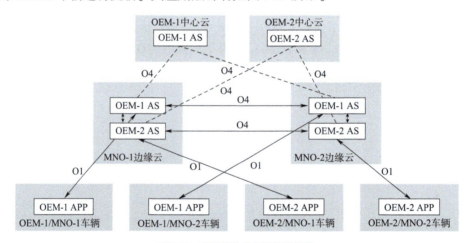

图 7-27　车辆编队应用层部署场景

(1)部署示例 1:车辆加入/离开队列。在示例中,哪辆车被确定为头车取决于所考虑的场景,不同的头车车辆可能会导致不同类型的编队用例。当队列头车由 OME-1 的编队应用服务器选择时,OEM-2 的 V2 和 V3 加入编队的应用层部署如图 7-28 所示。

(2)部署示例 2:更换队列头车。车辆编队的另一个重要部署方面是队列头车的变更。在下面的例子中,队列头车从 OEM-1/MNO-1 的车变成了 OEM-2/MNO-2 的车。其应用层部署示例如图 7-29 所示。

对于降低场景部署复杂性的一种可能方法是构建某种形式的 OEM AS 应用服务器联邦,即 OEM-2 可以与 OEM-1 APP 通信,OEM-1 APP 也可以与 OEM-2 APP 通信。其应用层部署示例如图 7-30 所示。

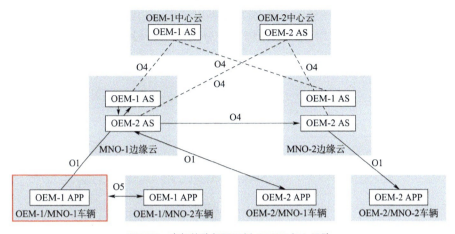

图 7-28　车辆编队部署示例：OEM-2 加入组队

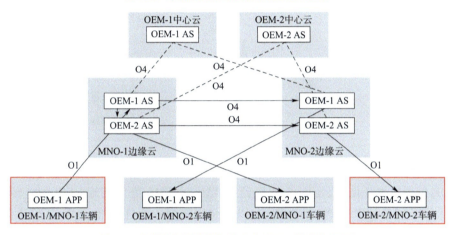

图 7-29　车辆编队部署示例：头车由 OEM-1 更换为 OEM-2

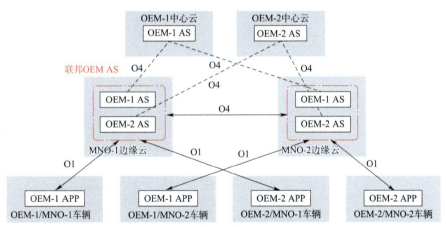

图 7-30　车辆编队部署示例：使用联邦 OEM AS 实现车辆组队

7.4.3　跨域解决方案

参考 ETSI GS MEC 003 中定义的 MEC 架构，基于 5G 网络能力、MEC 平台和 MEC 应用，并结合 7.4.2 节提到的网络域解决方案,5GAA 提出了面向边缘计算跨域服务连续性方案,如图 7-31 所示。该方案的应用域迁移流程主要分为三个阶段:应用服务保留、应用实例化和数据迁移、应用服务重定向。

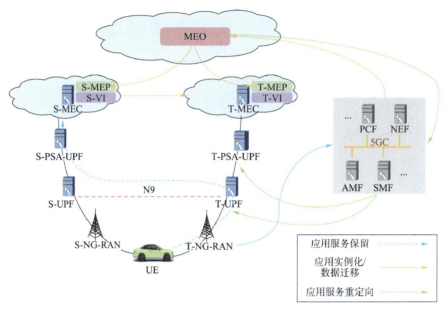

图 7-31 应用域服务连续性流程图

(1)应用程序服务保留。

当 UE 位置发生变化,从 S-RAN 切换到 T-RAN 时,SMF 决定目标 UPF,配置转发规则,建立目标 UPF 到 S-UPF 的 N9 转发隧道,以保持应用服务的连续性。UE 上行消息将通过 N9 转发隧道转发给源 MEC 应用服务,原理如图 7-32 所示。

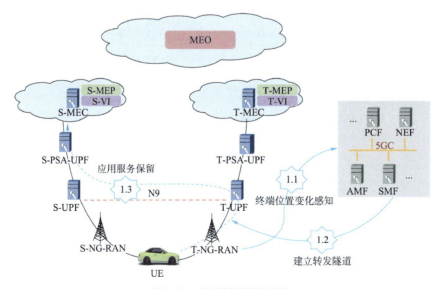

图 7-32 应用服务保留流程图

①UE 位置变化感知:UE 从 S-NG-RAN 移动到 T-NG-RAN,5GC 在 RAN 侧"感知"UE 的位置变化。

②建立转发隧道:5GC 根据 UE 的位置选择一个 UPF 作为 UE 的 T-UPF,并配置 T-UPF 转发规则建立从 T-UPF 到 S-UPF 的 N9 转发隧道。

③应用服务保留:车辆上行报文将通过 N9 隧道转发到 S-MEC 应用服务,保持应用服务不变。

(2)应用实例化和数据迁移。

MEO 基于已部署的 MEC 主机和可用资源、MEC 服务和拓扑(MEC 服务区域和单元之间的关系)来维护对 MEC 系统的总体视图。

当 UE 切换到 T-RAN 时,MEO 选择 T-MEC,触发应用实例化,将数据从 S-MEC 迁移到 T-MEC,原理如图 7-33 所示。

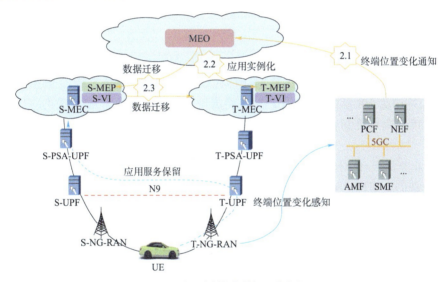

图 7-33 应用实例化和数据迁移流程图

①UE 位置变化通知:5GC(通过 AMF、PCF、NEF)向 MEO 通知 RAN 侧 UE 位置变化的情况。

②应用实例化:MEO 根据 UE 的位置为 UE 选择新的边缘节点 T-MEC。如果 T-MEC 上没有对应的应用实例,则触发 T-MEC 上的应用实例化。MEC 平台管理器(MEPM)、VIM、T-MEP 和目标虚拟化基础设施(T-VI)将共同协作准备资源以完成 T-MEC 应用程序的实例化。

③数据迁移:如果 T-MEC 有对应的应用实例,或者应用实例化,则触发应用数据迁移,将部署在 S-MEC 上的对应应用数据通过 MEP 同步到 T-MEC 应用。基于图 7-2 所示的架构,MEC 之间有一个接口 Mp3,可以实现不同 MEC 之间的数据同步。所以,T-MEC 和 S-MEC 可以通过 Mp3 接口完成同步。

(3)应用程序服务重定向。

当应用程序实例化和数据迁移完成时,MEO 会生成新的应用程序服务路由规则。5GC 更新相应的 UPF 分类规则并使其工作。UE 的上行消息将通过 UPF 转发给目标 MEC 应用,原理如图 7-34 所示。

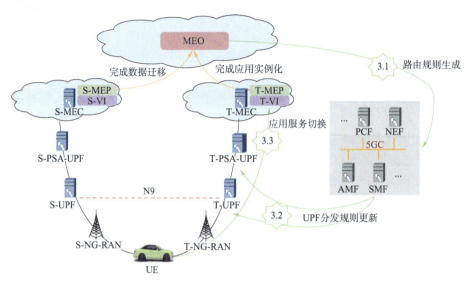

图 7-34 应用服务重定向流程图

①路由规则生成：应用实例化和数据迁移完成后，MEO 将根据 T-MEC 信息为网络触发应用重定向，网络为 UE 形成新的路由规则，将流量转发到部署在 T-MEC 上的应用程序。

②UPF 卸载规则更新：5GC（通过 NEF、PCF、SMF）更新对应的 UPF 卸载规则并使其生效。

③应用业务切换：此时，UE 上行数据通过 UPF 转发到部署在 T-MEC 上的应用，以完成 MEC 应用业务的重定向。

目前，来自欧洲、美国的多家网络运营商、主机厂、汽车制造商、基础设施供应商和技术提供商公司，正在不同地区开展一系列多 MNO 多 MEC 试验验证，如图 7-35 所示。这些实现运营商和汽车制造商之间的互通实践经验将可能对 3GPP、ETSI MEC 和 GSMA OPG（运营商平台组）等标准化组织的标准制定产生积极的影响。

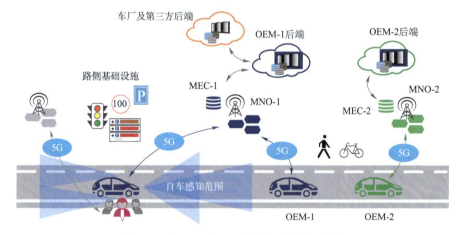

图 7-35 多 MNO、多 OEM、多供应商环境示意图

第 8 章
5G+车联网的典型应用场景：
5G远程遥控驾驶

8.1　5G 远程遥控驾驶系统

8.1.1　概念

基于 5G 的远程遥控驾驶系统，是指依托 5G 通信网络连接车辆和远程遥控驾驶平台，通过车、路、云之间的紧密协作和信息交互，实现由人或者机器对车辆实施的远程遥控驾驶的活动。

5G 远程遥控应用涉及车、路、云三部分，但根据远程遥控驾驶应用场景的需要，在实际部署时仍存在一定的差异性。一方面，路侧单元 RSU 在部分应用场景的系统中属于可选辅助的基础设施，通过与车、平台之间的信息交互，可以实现对周围感知信息的增强，辅助实现相关应用。另一方面，远程遥控驾驶平台的系统结构、远程遥控驾驶舱的部署位置、远程操作员是人类或者机器等方面也都会根据实际需要存在差异化设计。平台可呈现多层级的系统架构，云控功能以及远程遥控驾驶舱可结合应用场景需要部署于多接入计算平台或者中心子系统。远程操作员既可以是实际的人类驾驶员，也可以指代"机器操作员"。根据 5GAA 对于操作类型的分析，对于需要人类驾驶员远程操作的场景，远程端宜能够根据车端或者路端上传的音视频或者其他感知数据构建实时的环境信息。另外，通过远程端的人机界面，人类驾驶员可以直观查看车辆状态、远程遥控驾驶应用类型、网络质量等信息，以便根据实际需要来实现远程控制指令的下发。而对于"机器操作员"，系统应能够使用可识别物体、来自紧急车辆的音频信号、电子地图等信息。但是，无论对于人类驾驶员还是"机器操作员"，远程遥控驾驶系统都应该在应用端到端时延等指标要求的范围内进行交互信息收发。

8.1.2　系统架构

中国通信标准化协会（CCSA）积极研究与制定"基于 5G 的远程遥控驾驶信息交互系统"的系列行业标准，截至 2023 年 1 月底，行业标准《基于 5G 的远程遥控驾驶信息交互系统 总体技术要求》已经审议通过了送审稿，其中该标准主要就基于 5G 的远程遥控驾驶的系统架构以及各部分的交互内容进行了定义。如图 8-1 所示，5G 远程遥控驾驶系统主要涉及车载子系统、路侧单元、多接入边缘计算平台、中心子系统四部分。

在远程遥控驾驶应用中，车载子系统需要将感知的驾驶环境信息以及车辆状态信息分享传递给远程遥控驾驶平台，这里的信息包括但不限于车载传感器采集的音视频流、车辆状态信息等；同时也可根据远程遥控平台或远程遥控驾驶舱下发的控制指令，执行对应的驾驶任务。因此，车载子系统应具备 5G 通信能力保证与平台端的互联，也可以通过 C-V2X 蜂窝直连通信直接接收或发送来自其他车载子系统或路侧通信单元的信息，进一步提高周围环境感知能力。另外，车载子系统也宜支持冗余保障方案，以备网络质量出现问题或者出现信息安全等隐患时，仍可以保证远程驾驶的安全性，降低风险。

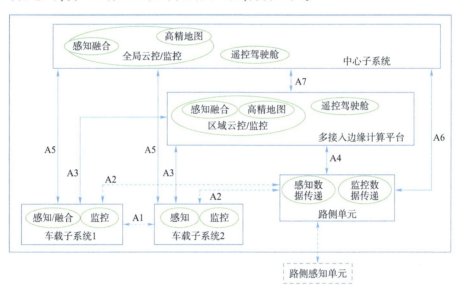

图 8-1　5G 的远程遥控驾驶系统架构[①]

平台方面，多接入计算平台与中心子系统将协同支持车联网业务。其中，多接入计算平台需要具备多接入能力和本地业务处理能力，能够处理多源融合感知信息，并结合业务需要，将业务控制策略发送给车载子系统等。另外，多接入计算平台也需要支持云控和远程遥控驾驶舱部署以进行远程遥控作业。而中心子系统主要负责对全局信息的感知以及全局业务的策略控制，具备数据接收、存储处理、分发的能力。中心子系统可以与车载子系统、弱势交通参与者、RSU、多接入边缘计算平台等进行通信，支持远程监控、远程遥控等业务功能。

路侧方面，作为辅助基础设施，路侧感知单元和路侧单元主要将道路感知的信息传递给车端和平台端，并能够将远程遥控执行监控信息传递给平台端。

8.1.3　业务应用及流程

实时监控、驾驶指引、驾驶接管被认为是远程遥控驾驶的三大应用状态，这三种应用状态之间能够互相转换以支持对车辆的远程操控。其中，实时监控是指结合车辆通过 5G 网络实时上报的车辆状态信息、驾驶环境信息，路侧系统上报的道路交通信息，通过平台对车辆进行监控。驾驶指引是指当车辆处于复杂交通环境时，平台可以通过 5G 网络向车辆下发换道、加减速等指引信息。驾驶接管是指当远程端发现车辆驾驶状态异常或车辆主动请求远程遥控驾驶时，由位于远程遥控驾驶平台上的机器或遥控驾驶舱的人类驾驶员实施远程遥控驾驶任务。中国通信标准化协会（CCSA）《基于 5G 的远程遥控驾驶信息交互系统 总体要

---

① 《基于 5G 的远程遥控驾驶信息交互系统 通信系统总体技术要求》（T/CCSA 363—2022）。

求》标准也已经就实时监控、驾驶指引、驾驶接管等远程遥控驾驶应用的基本信息交互流程以及信息交互要求作了规定,以便远程遥控驾驶应用可以参考执行。

(1)实时监控。

在远程遥控驾驶应用中,一般情况下,实时监控贯穿于被远程遥控车辆执行任务的全生命周期,其中,标准中定义的实时监控信息交互流程如图8-2所示。

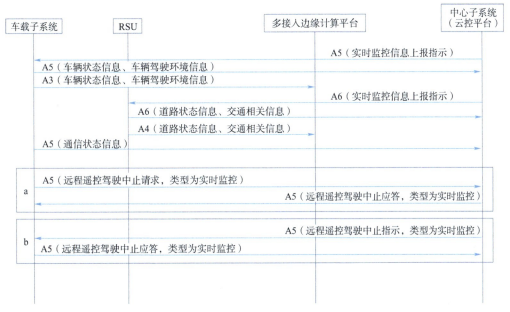

图8-2　实时监控信息交互流程

远程遥控驾驶平台先向车端或者路端发送实时监控信息的上报指示,规定所需上报的驾驶信息内容、频次、通信状态监测等。车端接收后,将车辆状态、驾驶环境以及通信状态等信息上报给中心子系统和多接入边缘计算平台;路侧通信单元也向中心子系统和多接入边缘计算平台上报道路和交通状态信息。

当状态异常时,也会出现实时监控中止的情况,分别如图8-2中的a、b所示。一种情况是,车辆会因异常主动向平台端发出远程遥控驾驶中止请求,平台端在决策后,下发远程遥控驾驶中止应答,车辆停止实施监控信息上报。另一种情况是,考虑管理需求,终止请求也可以由平台端主动发起,车辆在接收到信息后,停止实时监控信息上报。

(2)驾驶指引。

在远程遥控驾驶应用中,驾驶指引由云控平台发送信息至车端,车端接收后可以按照指令执行对应的驾驶任务。考虑实际应用需要,标准根据云控平台位于多接入边缘计算平台和中心子系统的情况分别定义。

图8-3所示为驾驶指引的云控平台位于多接入边缘计算平台时应支持的业务流程。

当被远程监控的车辆遇到紧急情况时,可以主动向位于中心子系统的云控平台发起驾驶指引请求。位于中心子系统的云控平台收到信息后,将根据应用需要指派由位于附近的多接入边缘计算平台的云控平台负责此次驾驶指引;若位于中心子系统的云控平台经过系统决策后,判断为不能启动驾驶指引,则直接向车辆回复不能启动并结束此次业务申请。

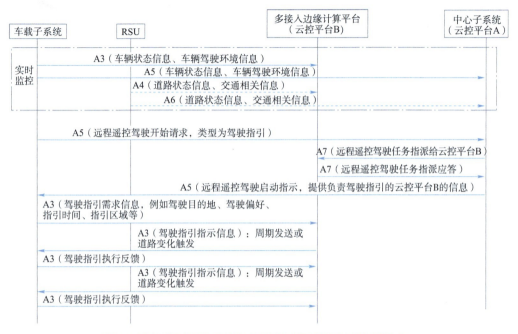

图 8-3 驾驶指引信息交互流程(云控平台位于多接入边缘计算平台)

位于多接入边缘计算平台的云控平台收到指派命令后,判断是否可以执行该业务并将结果反馈给中心子系统。如果多接入边缘计算平台可以执行此次指派命令,中心子系统将通知车辆,车辆将向多接入边缘计算平台进一步上报驾驶指引需求信息,包括驾驶目的地、驾驶偏好、需求区域等信息。多接入边缘计算平台根据采集的车辆驾驶环境、道路状态变化等信息,生成驾驶指引指令,并周期性发送给车辆。

当负责驾驶指引的云控平台位于中心子系统时,业务流程如图 8-4 所示。

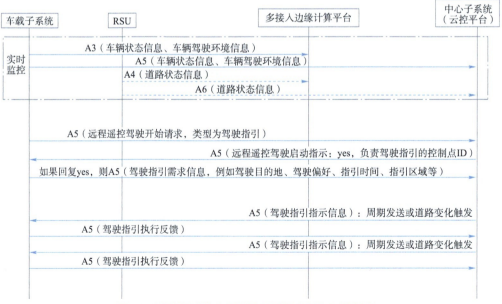

图 8-4 驾驶指引信息交互流程(云控平台位于中心子系统)

相较于上述云控平台位于多接入边缘计算平台的情况,云控平台位于中心子系统的情况省略了多接入计算平台与中心子系统之间的交互流程。中心子系统根据车辆上报信息可以直接回复是否可以启动驾驶指引业务。

另外,当驾驶指引任务完成或者遇到异常状况时,驾驶指引任务可以由云控平台或者车辆发起中止。当负责驾驶指引的云控平台位于多接入边缘计算子系统时,驾驶指引的中止流程如图 8-5 所示。

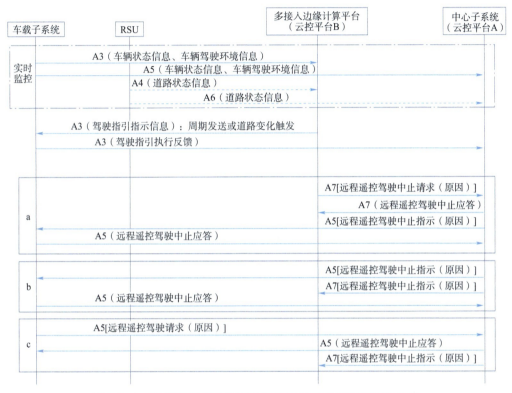

图 8-5　中止驾驶指引信息交互流程(云控平台位于多接入边缘计算平台)

当驾驶指引任务达成目标,或者出现异常而无法继续驾驶指引业务时,可以由车端或者云控平台来提出中止请求并携带对应的中止原因:当车端提出中止请求时,会先将信息直接上报给中心子系统,中心子系统根据收到的反馈,通知多接入边缘计算平台结束驾驶指引;当由中心子系统提出中止请求时,会将相关指令发送给车端和多接入边缘计算平台;当多接入边缘计算平台提出中止请求时,会先将信息上报给中心子系统,由中心子系统向车端发出中止指令。

当负责驾驶指引的云控平台位于中心子系统时,驾驶指引的中止流程如图 8-6 所示。其整体流程与云控平台位于多接入边缘计算平台的场景类似,但是省略了与多接入边缘计算平台的交互。

(3)驾驶接管。

根据远程遥控驾驶应用需要,驾驶接管可以由车辆或云控平台发起;同时,云控平台和远程遥控驾驶舱可以部署在同一个多接入边缘计算平台或者中心子系统,也可以分别位于中心子系统和多接入边缘计算平台。

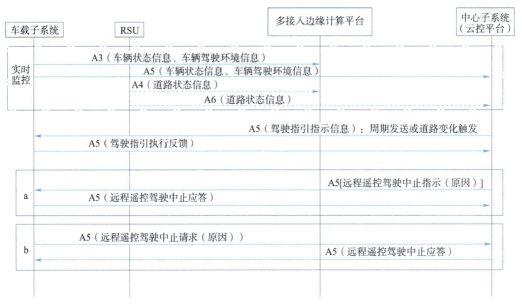

图 8-6　中止驾驶指引信息交互流程(云控平台位于中心子系统)

《基于 5G 的远程遥控驾驶信息交互系统 总体要求》就远程遥控驾驶舱和云控平台分别位于中心子系统和多接入边缘计算平台的场景给出了详细的业务流程。如图 8-7 所示,当云控平台和远程遥控驾驶舱分别位于中心子系统和多接入边缘计算平台时,车辆可发起驾驶接管。

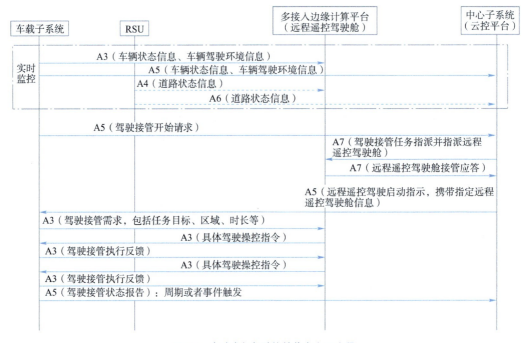

图 8-7　车端发起驾驶接管信息交互流程

车端遇到无法处理情况时,可以向位于中心子系统的云控平台上报驾驶接管请求。若中心子系统根据决策判断可以开始驾驶接管任务,则指派给某个位于多接入边缘计算平台的远程遥控驾驶舱,负责此次驾驶接管;如果无法开始驾驶接管,则本次业务结束。与驾驶指引应用所类似,位于多接入边缘计算平台的远程遥控驾驶舱收到指令后,可以选择是否接受本次任务,同意接受任务后,车端才会向远程遥控驾驶舱发出驾驶接管需求信息,并携带接管目的、区域、时长等内容。远程遥控驾驶舱根据采集的车辆驾驶环境、道路状态变化信息以及外部交管信息等,生成驾驶操控指令,车辆可以根据驾驶指令来执行驾驶动作并反馈执行情况给多接入边缘计算平台,同时车辆也需要定期向云控平台上报驾驶接管任务实施情况。

当云控平台根据驾驶情况发起强制驾驶接管时,信息交互流程如图 8-8 所示,其整体流程与车端发起的驾驶接管类似。①

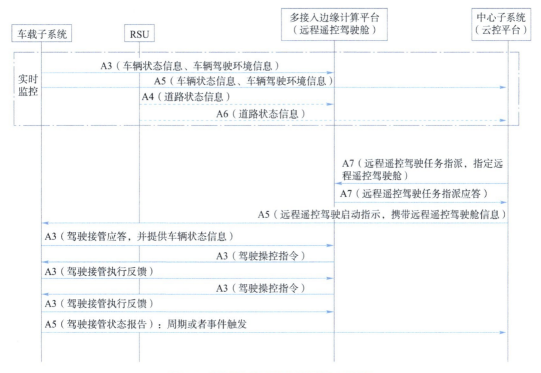

图 8-8 云控平台强制驾驶接管信息交互流程

当远程遥控驾驶员应用的接管任务完成或者发生异常时,驾驶接管业务可以由车辆、云控平台、远程遥控驾驶舱发起终止。

如图 8-9 所示,车辆可以发起驾驶接管终止申请。云控平台收到后,将分别向车辆和远程遥控驾驶舱发送终止驾驶接管指令的应答和驾驶接管终止指示。①

如图 8-10 所示,云控平台也可以发起驾驶接管终止申请,其将携带终止指示和原因先后发给车端和远程遥控驾驶舱。①

---

① 《基于5G的远程遥控驾驶信息交互系统 总体要求》。

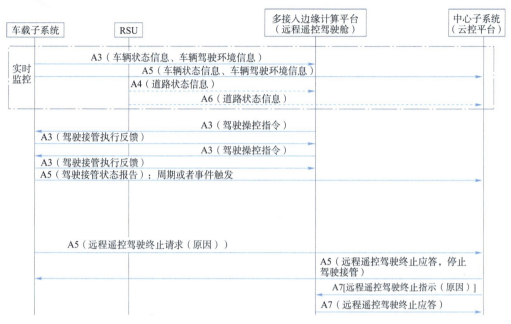

图 8-9 车端发起驾驶接管终止信息交互流程

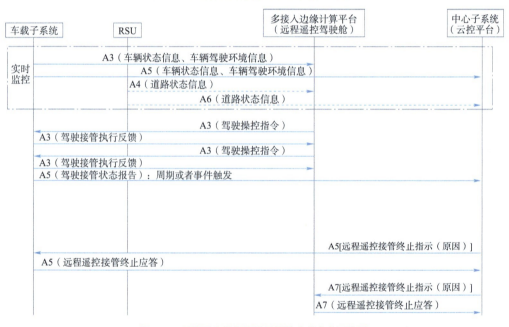

图 8-10 云控平台发起驾驶接管终止信息交互流程

如图 8-11 所示,远程遥控驾驶舱也可以发起驾驶接管终止申请。当远程遥控驾驶舱监测到驾驶接管任务无法安全实施时,将先向云控平台发送终止请求,待云控平台决策后再发给车端[①]。

---

① 《基于 5G 的远程遥控驾驶信息交互系统 总体要求》。

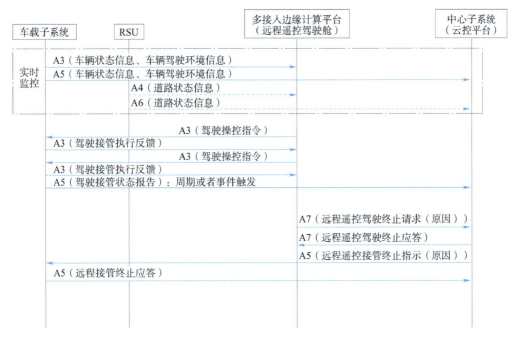

图 8-11　远程遥控驾驶舱发起驾驶接管异常终止信息交互流程

8.2　5G 远程遥控驾驶研究进展

目前，国内外积极开展 5G 远程遥控驾驶的研究工作，并积极推进相关标准的制定，以期指导产业尽快落地、相关部署方案有据可依。

国外方面，以 3GPP、5GAA 等为代表的国际标准联盟组织正在积极开展课题研究工作。其中，3GPP 在 Release 16 阶段的相关课题研究中，开展了关于 Remote Driving 应用的研究。5GAA 也开展了 ToD(Tele-operation Driving)和 STiCAD(Safety Treatment in Connected and Autonomous Driving)的课题研究工作，详细分析了直接控制和间接控制、人控或机控等情况，同时对该场景涉及的利益相关方提出了要求，对通信系统的服务需求(例如覆盖、切换、QoS、安全、位置服务、接入许可等)进行了深入分析。另外，5GAA 也已于 2021 年 12 月对外正式发布《Tele-operation Driving：Use Cases，System Architecture and Business Considerations》白皮书。欧洲 5GCroCo 项目也进行了远程遥控驾驶的应用场景的研究工作，在直接控制和间接控制模式下，同时定义了覆盖、吞吐量、时延、服务可靠性、信息有效期、定位精度、路线偏移、切换时长等关键通信指标要求。

国内方面，IMT-2020(5G)推进组 C-V2X 工作组已经完成了《基于 5G 的远程遥控驾驶业务分析与系统需求》的课题研究工作；中国通信标准化协会(CCSA)已经完成了《基于 5G 的远程遥控驾驶 通信系统总体技术要求》(T/CCSA 363—2022)团体标准的制定，并正在同步开展《基于 5G 的远程遥控驾驶信息交互系统》系列行业标准的制定工作，截至 2022 年 6 月，行业标准进展见表 8-1。

在研行业标准情况　　表 8-1

序号	类别	标准	主要内容
1	行业标准	基于 5G 的远程遥控驾驶信息交互系统总体要求	标准规定了基于 5G 的远程遥控驾驶定义、信息交互架构、信息交互要求以及对 5G 通信系统的通信性能和处理时延要求。 主要内容包括：①基于 5G 的远程遥控驾驶定义和分级；②基于 5G 的远程遥控驾驶信息交互架构和通用的应用层信息交互要求；③远程遥控驾驶业务对 5G 系统的通信性能和处理时延要求。 本标准适用于基于 5G 的远程遥控驾驶信息交互系统以及支持远程遥控驾驶的 5G 通信系统
2	行业标准	基于 5G 的远程遥控驾驶信息交互系统矿山遥控作业技术要求	标准规定了基于 5G 的矿山遥控作业定义、信息交互架构、信息交互要求以及对 5G 通信系统的通信性能和处理时延要求。 主要内容包括：①基于 5G 的矿山遥控作业的应用定义，规范云端配置要求并对车端提出需求；②基于 5G 的矿山遥控作业的信息交互架构；③基于 5G 的矿山遥控作业的信息交互流程及应用层数据交互要求；④矿山遥控作业业务对 5G 系统的性能要求
3	行业标准	基于 5G 的远程遥控驾驶信息交互系统远程遥控泊车技术要求	标准规定了基于 5G 的远程遥控泊车定义、信息交互架构、信息交互要求以及对 5G 通信系统的通信性能和处理时延要求。 主要内容包括：①基于 5G 的远程遥控泊车的应用定义，规范云端配置要求并对车端提出需求；②基于 5G 的远程遥控泊车的信息交互架构；③基于 5G 的远程遥控泊车的信息交互流程及应用层数据交互要求；④远程遥控泊车业务对 5G 系统的性能要求
4	行业标准	基于 5G 的远程遥控驾驶信息交互系统高速公路车队远程遥控技术要求	标准规定了基于 5G 的远程遥控泊车定义、信息交互架构、信息交互要求以及对 5G 通信系统的通信性能和处理时延要求 主要内容包括：①基于 5G 的远程遥控泊车的应用定义，规范云端配置要求并对车端提出需求；②基于 5G 的远程遥控泊车的信息交互架构；③基于 5G 的远程遥控泊车的信息交互流程及应用层数据交互要求；④远程遥控泊车业务对 5G 系统的性能要求
5	行业标准	基于 5G 的远程遥控驾驶信息交互系统自动驾驶出租车云端控制技术要求	标准规定了基于 5G 的自动驾驶出租车云端控制定义、信息交互架构、信息交互要求以及对 5G 通信系统的通信性能和处理时延要求。 主要内容包括：①基于 5G 的自动驾驶出租汽车云端控制的应用定义，规范云端配置要求并对车端提出需求；②基于 5G 的远程遥控驾驶的自动驾驶出租汽车云端控制的信息交互架构；③基于 5G 的远程遥控驾驶的自动驾驶出租汽车云端控制的信息交互流程及应用层数据交互要求；④自动驾驶出租汽车云端控制业务对 5G 系统的性能要求
6	行业标准	基于 5G 的远程遥控驾驶信息交互系统城市运营车紧急接管技术要求	标准规定了基于 5G 的城市运营车紧急接管定义、信息交互架构、信息交互要求以及对 5G 通信系统的通信性能和处理时延要求。 主要内容包括：①基于 5G 的城市运营车紧急接管的应用定义，规范云端配置要求并对车端提出需求；②基于 5G 的城市运营车紧急接管的信息交互架构；③基于 5G 的城市运营车紧急接管的信息交互流程及应用层数据交互要求；④城市运营车紧急接管业务对 5G 系统的性能要求

续上表

序号	类别	标准	主要内容
7	行业标准	基于5G的远程遥控驾驶信息交互系统 物流车遥控驾驶技术要求	标准规定了基于5G的物流车遥控驾驶定义、信息交互架构、信息交互要求以及对5G通信系统的通信性能和处理时延要求。 主要内容包括：①基于5G的物流车遥控驾驶的应用定义，规范云端配置要求并对车端提出需求；②基于5G的物流车遥控驾驶的信息交互架构；③基于5G的物流车遥控驾驶的信息交互流程及应用层数据交互要求；④物流车遥控驾驶业务对5G系统的性能要求
8	行业标准	基于5G的远程遥控驾驶信息交互系统 港口遥控作业技术要求	标准规定了基于5G的港口遥控作业定义、信息交互架构、信息交互要求以及对5G通信系统的通信性能和处理时延要求。 主要内容包括：①基于5G的港口遥控作业的应用定义，规范云端配置要求并对车端提出需求；②基于5G的港口遥控作业的信息交互架构；③基于5G的港口遥控作业的信息交互流程及应用层数据交互要求；④港口遥控作业业务对5G系统的性能要求
9	行业标准	基于5G的远程遥控驾驶信息交互系统 测试评估方法	标准规定了基于5G的远程遥控驾驶系统的数据接口测试、网络性能测试以及基于5G的远程遥控驾驶应用效果评价指标
10	行业标准	基于5G的远程遥控驾驶信息交互系统 音视频传输技术要求	标准针对基于5G的远程遥控驾驶中感知源音视频数据的实时传输规定了相关术语定义、信令流程、传输协议和功能要求。 主要内容包括：①基于5G的远程遥控驾驶的音视频传输相关指标的术语定义；②在基于5G的远程遥控驾驶信息交互总体要求中音视频传输参考架构的映射关系和信令流程；③远程遥控驾驶业务音视频传输的通用功能要求和传输协议使用要求

8.3 5G远程遥控驾驶典型应用

本节将从城市高速场景和特殊工况场景两方面，给出5G远程遥控应用实践情况。其中，城市高速场景主要指的是在公开道路下进行的5G远程遥控驾驶应用，特殊工况场景主要指的是在矿山、港口、园区等封闭环境下进行的5G远程遥控驾驶应用。目前，由于应用场景需求以及运营方式的差异性，通常情况下远程遥控驾驶系统的部署会存在一定的差异性。通常情况下，特殊工况场景下的5G远程遥控驾驶应用都会依赖路侧基础设施的部署来实现感知增强，另外，亦可采用5G专网等方式，提供通信质量保障，并提升应用安全性。在城市高速场景下，目前的应用实践尚局限于"区域"，而随着未来各示范地区政策上的探索以及技术上的突破，远程遥控驾驶应用的业务将规模逐步扩大，跨区域服务的一致性也将成为所面临的问题之一。

8.3.1 城市高速场景下的远程遥控驾驶应用

（1）自动驾驶出租汽车远程遥控驾驶。

自动驾驶出租汽车作为未来智能出行的主要应用，存在运营范围广、环境复杂等特点。

目前,单车智能尚不能识别和处理一些特殊的情况,例如:道路临时短暂封闭需要逆向绕行的情况,路边此时可能仅放置了手写标识,自动驾驶出租汽车无法依靠自身来决策处理所有紧急情况。同时综合自动驾驶出租汽车的成本、功耗、体积等方面的考虑,传感器和算力的配备也会受到限制。

自动驾驶出租汽车远程遥控驾驶,是指自动驾驶出租汽车基于5G网络将车辆状态实时传输至云控平台,由远程驾驶员实时监控车辆运行状态,在必要时可以进行驾驶接管或者驾驶指引,以保证自动驾驶出租汽车的行驶安全。其中,远程驾驶员既可以是云控平台上的"机器操作员",也可以由位于远程遥控驾驶舱的人类安全员实施。自动驾驶出租汽车远程遥控驾驶应用将充分利用5G网络高带宽、低延时的特点,依托强大算力的云端系统,保证人类驾驶员作为最佳安全冗余备份,使远程驾驶端实时了解自动驾驶出租汽车所处环境与状态,实现车云无缝对接,在自动驾驶无法通过的场景下完成远程协助,利用远程遥控驾驶舱实现对车辆的远程驾驶,结束后使车辆回到自动驾驶状态,实现主驾无人场景下一人控制多车的高效运营服务。

以百度为例,如图8-12所示,其在北京等多地积极开展和研究自动驾驶出租汽车远程遥控驾驶应用。在顺义软件园偶尔会存在大车/载货汽车占道停车的情况,当遇到车辆通行区域过窄(小于3.2m)的情况时,云控平台的主动安全机制会阻止车辆继续前行,且系统会不断通过弹窗提醒云端安全员通行空间不满足。此时云控平台主动转移到远程遥控驾驶舱进行操作。另外,在面临复杂情况下的脱困或者交通乱流等情况时,可通过环绕屏展示环境模型及主视觉、俯视角,为用户提供身临其境的平行驾驶感受。例如,针对临时施工所摆放的不规则锥筒,由于通行路线复杂,在5G条件允许的情况下可使用平行驾驶控制台。另外,考虑占道施工可能会导致车流量大的问题,为避免阻塞交通,车辆在完成通行后在距离出口10m远的地方再停车并恢复自动驾驶,为后车预留充分的超车空间。

a) 驾驶指引

b) 驾驶接管

图8-12 百度自动驾驶出租汽车远程遥控驾驶应用实践

中国通信标准化协会(CCSA)《基于5G的远程遥控驾驶信息交互系统 自动驾驶出租汽车云端控制技术要求》标准定义了自动驾驶出租汽车远程遥控驾驶系统架构,如图8-13所示。

自动驾驶出租汽车除了本身搭载的激光雷达、毫米波雷达、摄像头等车载感知设备外,还需要具备5G通信的能力,以支持周围环境信息、车辆状态数据等基础数据信息的上传,并支持车端主动发起或结束远程遥控驾驶模式,以及接收和处理远程端发送的遥控指令信息。平台方面,呈现多层级架构,值得一提的是,现在自动驾驶出租汽车远程遥控驾驶尚处于初期阶段,整体运营规模范围较小,所以现阶段部署时也可能存在单层平台的架构。平台端需要支持高精度地图的构建和分发,并支持对自动驾驶出租汽车的远程监控、路径规划、远程遥控等功能,通过5G网络来下发远程遥控驾驶业务控制指令至车端。另外,对于自动驾驶出租汽车来说,远程遥控驾驶舱宜具备360°大屏显示器,以保证显示车辆行进过程中5G网络传回的不同视角拍到的画面,方便后台驾驶操作人员实时了解路况并远程控制车辆。在自动驾驶出租汽车远程遥控驾驶系统架构中,路侧单元、路侧感知设备、路侧计算设备等可作为可选辅助的基础设施,通过车路之间的信息交互来弥补单车智能存在的感知盲区、超视距感知、可靠性不足等问题。

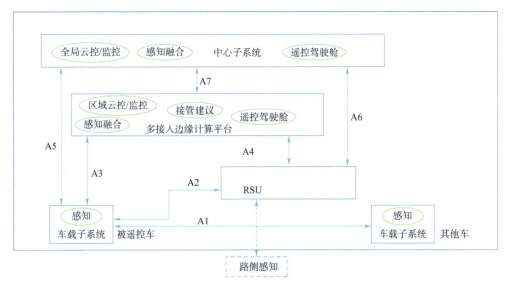

图8-13 自动驾驶出租汽车远程遥控驾驶系统架构

(2)高速公路车队远程遥控驾驶。

高速公路车辆编队主要指的是在手动驾驶或者自动驾驶的头车带领下,其后由若干自动驾驶车辆组成车队,车队成员保持一定的车距以及稳定的车速,在有序行驶的状态下巡航,以此来实现车队内车辆油耗的降低和运行效率的提高。

高速公路车队远程遥控驾驶依托5G网络由远程遥控平台或者远程遥控驾驶舱将控制命令发送至车队车辆,车辆再将传感器感知到的信息实时回传远程端,从而实现车辆的远程驾驶。在高速公路车队远程遥控驾驶中,考虑到远程遥控的接管车辆类型不同,高速公路车队远程遥控驾驶可以进一步细分为领航车辆接管、跟随车辆接管以及自由车辆接管等类型。

如图8-14所示,领航车辆接管主要是指在高速公路车队领航车辆遇到紧急情况时,可以通过远程端及时介入来保证车辆行驶的安全。一般情况下,领航车辆可以主动申请远程接管,远程遥控平台或远程遥控驾驶舱接到申请指令后,根据现场回传的环境信息,人类驾驶员可以在远程遥控驾驶舱里通过操控转向盘、制动踏板或加速踏板等设备,将控制信号经由5G网络发送给需要接管的高速公路领航车辆。为保证信息的低时延、高可靠传递,领航车辆需要搭载5G通信终端,一方面,通过5G网络将车辆状态信息实时上报给远程遥控平台以及远程遥控驾驶舱,同时远程端可以通过显示屏进行清晰展示;另一方面,通过5G网络保证控制信号的正常接收,并将该控制信号通过车内网络总线传输到各执行单元,以保证远程端可以实现对车辆前进、后退、停止、转向、离队及解散处理等操作的控制。另外,领航车也需要具备 C-V2X 通信能力,当需要接管时,可以通过 PC5 告知其他车辆执行车队解散操作。

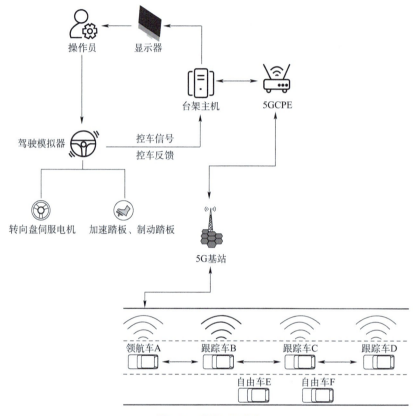

图 8-14 领航车辆接管

如图 8-15 所示,跟随接管主要是指当高速公路车队跟随车辆遇到紧急情况时,可以通过远程控制保证车辆行驶的安全。其整体流程和要求与领航车辆接管模式类似,但是当跟随车辆被接管时,车队可以选择继续保持或者解散,而被接管车辆需要驶离车队,相关信息可以通过 PC5 的方式通知车队内的其他车辆。

如图 8-16 所示,自由车辆接管主要是指通过远程接管高速公路自由行驶车辆,实现对自由行驶车辆创建和加入队列的远程控制。

中国通信标准化协会(CCSA)《基于 5G 的远程遥控驾驶信息交互系统 高速公路车队远程遥控技术要求》标准定义了高速公路车队远程遥控驾驶系统架构,如图 8-17 所示。

车端方面,包括领航车辆、跟随车辆和自由车辆,将采集和上传车辆周围环境、车内传感器数据以及定位导航等数据至平台端;发起或结束远程遥控驾驶模式,接收和处理平台端发送的高精度地图、路径规划指令、远程遥控驾驶指令等来执行相应的编队任务。路侧系统作为可选辅助的基础设施,完成路侧信息的采集与感知融合,并上传道路交通状况及周围交通参与者基本信息至平台端。平台方面,支持对车队远程遥控发起与终止,并承载远程遥控驾驶舱和感知融合功能,以实现对车队的远程遥控管理与控制。

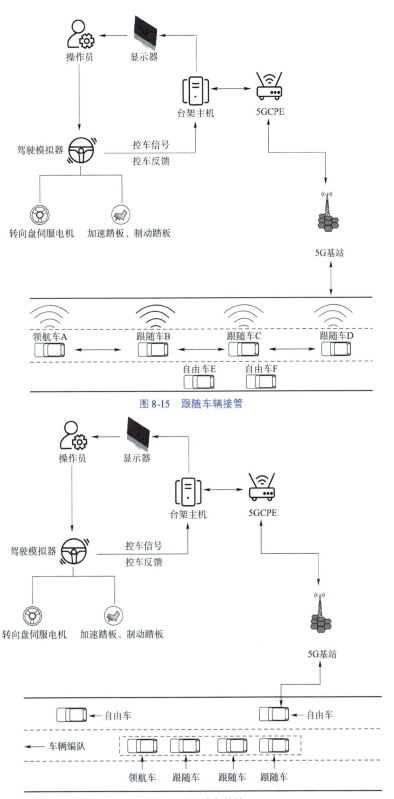

图 8-15 跟随车辆接管

图 8-16 自由车辆接管

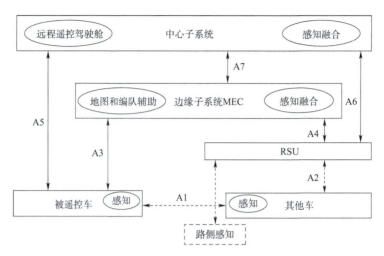

图 8-17　高速公路车队远程遥控驾驶系统架构

8.3.2　特定工况场景下的远程遥控驾驶应用

(1) 矿山远程遥控作业。

矿山是特定工况下的重要场景之一,传统的矿卡驾驶员经常需要长时间面对噪声、浮尘、震动等情况,矿山远程遥控作业可以有效解决驾驶员工作环境恶劣、危险以及现阶段招工难等问题,既降低了人为因素导致的安全生产事故,也降低了驾驶员用工及车辆维护成本。

在矿山环境下,5G 网络的使用可以有效保证监控视频回传、控制指令下发、激光雷达的点云数据回传等业务质量,即矿山作业车的远程遥控可以通过 5G 网络在远程端实现车辆运行状态、监测参数、位置等信息的实时查看,同时远程遥控驾驶舱内的驾驶员在发现车辆行驶异常时,可以及时干预,有效消除矿区井下人员安全风险,降低矿企运营成本,提高整体盈利能力,助力矿企迅速复工复产。矿山遥控作业的典型部署示意图如图 8-18 所示。

图 8-18　矿山遥控作业部署示意图

同时,基于 C-V2X 技术,部分矿区会部署路侧单元以及摄像头、毫米波雷达等感知设备,辅助远程端获取环境信息。此外,由于矿山道路随开采进度而变化,也有部分矿区并不考虑部署路侧基础设施。

中国通信标准化协会(CCSA)《基于5G 的远程遥控驾驶信息交互系统 矿山遥控作业技术要求》标准定义了矿山远程遥控作业系统架构,如图 8-19 所示。

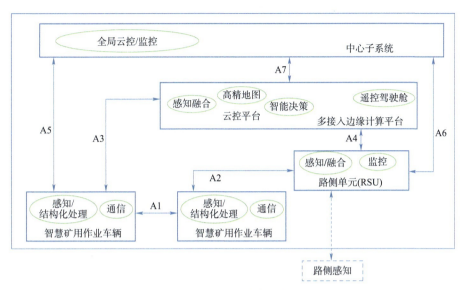

图 8-19 矿山远程遥控作业系统架构

车端方面,矿卡将结合实际需求支持 5G、C-V2X 通信能力,装配激光雷达、定位模块、毫米波雷达等传感器。车辆可以通过 5G 的 Uu 蜂窝通信和远程遥控平台互联互通,由云端统筹规划车辆行驶运输、装卸载作业、紧急遥控接管作业以及管理和维护车辆的协同作业;车辆之间可以通过 C-V2X 的 PC5 直连通信互通彼此的位置、速度、方向、加速度等信息,为车内的无人驾驶决策单元提供数据。路侧方面,可以部署感知系统,辅助远程遥控驾驶平台和驾驶舱获取更全面的感知信息。平台方面,若采用多层级平台的部署方式,下层平台将具备远程遥控驾驶功能并部署遥控驾驶舱,上层平台可负责统计与分析矿区作业车辆的运行状态,不直接下发控制指令至作业车辆。

(2)港口遥控作业。

港口远程遥控作建设方要指的是在港口环境下的面向货物垂直运输作业的港机设备远程控制和面向货物水平运输的无人集卡远程驾驶。

面向货物垂直运输作业的港机设备远程控制,是指基于 5G 网络,对港口的设备,例如门式起重机、桥式起重机、岸边集装箱起重机、轨道式集装箱门式起重机、轮胎起重机等进行远程控制的智能化应用。通过基于 5G 的港机远程控制可以实现对港机设备的常态作业,不需要进行土建改造投入,缩减轮胎起重机驾驶员人数,降低驾驶员熟练度要求,改善驾驶员工作环境,有效降低港口投资和运营成本,更有利于港口生产作业安全,具有稳定、灵活、覆盖广、易维护等优势。网络部署上,依靠 5G 低时延、大带宽、边缘计算及切片能力,实现轮胎起重机、轨道式集装箱门式起重机和岸边集装箱起重机等港机的生产环节的远程作业控制。利用 5G 切片技术设置视频和控制等切片,分别保证大带宽和低时延等网络需求,边缘计算实现数据本地传输处理,降低处理时延。港机设备远程控制的网络部署示意如图 8-20 所示。

在港机设备远程控制的过程中,对网络和接入设备参数进行实时监控,全面掌握港机设备的作业过程。通过部署智慧港口平台,为码头提供 5G 数字化网络管理,助力港机远程控制业务实现网络业务智能化评估,对港口 5G 网络可用性、可靠性做到端到端监测。

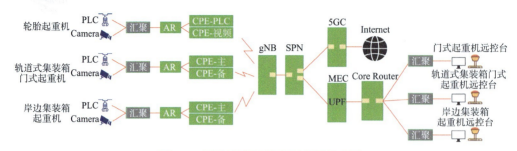

图 8-20　港机设备远程控制网络部署示意图

面向货物水平运输的无人集卡远程驾驶,是指基于 5G 大带宽、低时延的网络能力,通过远程平台端和自动驾驶车辆对接,实现无人集卡自动驾驶和远程驾驶的作业协同。从平台端可以实现统一调度多个驾驶舱控制多台车辆,有效提高作业效率,降低运营成本。同时为自动驾驶的车辆建立安全运行监管管理体系,降低安全风险,保证生产作业的安全进行。网络部署上,面向货物水平运输的无人集卡远程驾驶与港机设备远程控制类似,也可以依托 5G 网络实现驾驶舱对无人集卡的远程控制和视频播放。为降低远程驾驶时间延迟和满足视频编解码需求,可将远程遥控驾驶舱布设在港区对应切片的边缘计算平台上。港机无人集卡通过平台端实现安全监管和远控调度,可兼容多类型终端接入,并通过远程遥控驾驶舱对无人集卡进行直接控制。

目前,上海洋山港、天津港等加快推动智慧港口建设,并积极开展 5G 远程遥控的试验与应用,通过部署 5G 网络、智慧港口远程遥控平台和远程遥控驾驶舱来提升港口的智能化、网联化作业水平。其中,天津港已实现 25 台无人集卡的集群作业,并新增 6 台用于全自动化码头建设的测试工作,通过云端可生成全局最优动态规划方案,以高智能、低能耗、高效率、低事故为原则,协调管理集卡的作业任务。

中国通信标准化协会(CCSA)《基于 5G 的远程遥控驾驶信息交互系统 港口遥控作业技术要求》标准定义了港口远程遥控作业系统架构,如图 8-21 所示。

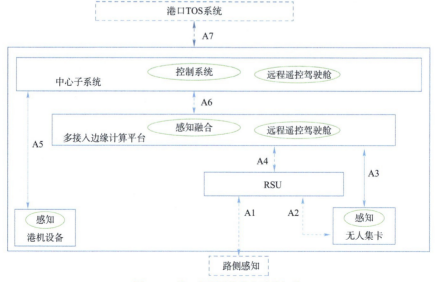

图 8-21　港口远程遥控作业系统架构

车端方面,包括港机设备和无人集卡,车端需要支持5G通信能力,并搭载摄像头、毫米波雷达等传感器,具备采集和上传车辆周围环境数据、车内传感器数据以及定位导航数据等能力,可以由车端直接发起或结束远程遥控驾驶模式,并具备接收和处理远程遥控驾驶平台发送的高精度地图、路径规划指令、远程遥控驾驶指令的能力。路侧方面,需要部署相关基础设施以支持回传实时监测的视频信息至远程遥控驾驶平台。而平台端将需要支持对港机/无人集卡的远程监控、导航、路径规划、远程遥控等功能,并负责下发远程遥控驾驶业务控制指令至车端,且支持动态高精度地图的构建和分发。

(3)物流车远程遥控作业。

物流车远程遥控作业场景是指基于5G网络通信技术,在所规定的物流园区或指定的物流配送路径上由物流车主动发起或触发远程遥控驾驶模式,由远程端实现对物流车的全流程全天候驾驶操控活动。

物流车远程遥控可以分为基本物流远程遥控和终端物流远程遥控。其中,基本物流远程遥控主要是针对在物流园中行驶的大、中型物流车,通过远程遥控作业为行驶车辆提供有效的行驶路径、行驶速度、行驶策略等建议,并根据实时行驶状态确定接管时机,实现有效接管,从而实现物流园区的远程高精度控制和高可靠自动驾驶,以期提升物流园大、中型物流车的作业效率和作业安全。终端物流远程遥控是指小型物流车、低速无人配送车或配送机器人的应用,即为物流园区/社区内仓储管理、终端配送等子场景下的小型物流车或配送机器人提供准确、实时、高效的出行路径规划、远程实时操控与调度统筹,以及在某一路段上的行驶速度、行驶车道引导,实现全方位的远程管理,安全快速地完成小型商品的派送任务。物流车远程遥控应用部署示意如图8-22所示。

图8-22 物流车远程遥控应用部署示意图

中国通信标准化协会(CCSA)《基于5G的远程遥控驾驶信息交互系统 物流车遥控驾驶技术要求》标准定义了物流车远程遥控应用系统架构,如图8-23所示。

车端方面,物流车将搭载摄像头、超声波雷达、毫米波雷达、激光雷达、车载定位终端等设备,具备对周围环境和自身状态(包括制动踏板、转向盘转角、加减速信息、航向信息、起始点、终点、途经点、计划时间等信息)等数据感知融合等能力,并将检测到的信息通过5G网络上传至平台端。路侧方面,通过搭载RSU、雷达、摄像头等设备,将采集到的交通流等周围环境状态信息上传至平台端。平台端,若采用多层级的平台架构,则下层平台主要负责将收集到的点云、图像、视频等信息进行数据融合、数据分析,并将处理好的感知信息上传至上层平台;上层平台则具备与车端、路侧端、下层平台通信的能力,负责物流园区远程遥控驾驶的全局信息感知以及全局业务策略控制,可以对车辆进行直接的远程控制,并结合路侧系统反馈的环境数据,将路径规划等信息通过下发的远程指令发送给所控车辆。

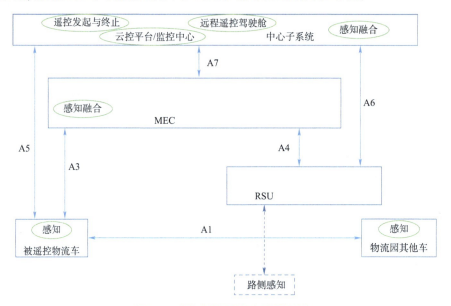

图 8-23 物流车远程遥控应用系统架构

PART 3 第三篇

面向智能网联汽车应用的车内无线通信技术

第 9 章 车内无线通信的应用场景及关键技术

9.1 车内无线通信的应用场景

9.1.1 车载通话

车载通话是车内无线通信技术最早的应用场景,如图 9-1 所示,区别于传统手机的通话模式,车载通话可以通过车辆内音响外放进行语音通话,或使用外接设备(例如蓝牙耳机)实现接听电话。在驾驶员驾驶过程中,若手机已经与车辆建立连接,当来电拨入手机后,车辆音响将直接外放铃声,提醒驾驶员接听手机。当驾驶员接听手机后,无须拿起手机,其语音将通过车辆麦克风和音响与对方进行交互。若驾驶员不希望外放通话内容,可选择提前将手机与外接设备(例如蓝牙耳机)连接,当手机铃声响起后,即可使用外接设备直接通话。有些车载耳机可以实现自动接听电话,拿起耳机塞入耳朵即可实现接听;摘下耳机放置于车内指定位置即可实现挂断通话和自动充电。

图 9-1 车载通话

车载通话于 2009 年出现,初期主要使用车载蓝牙技术的 HFP 框架,其主要优点是能够提升驾驶的安全性。研究表明,驾驶员在驾驶过程中接打电话,易扰乱神经平衡系统,致使注意力严重分散,酿成交通事故的概率会增加数倍,因此驾车接打手持电话是很危险的行为。我国《道路交通安全法实施条例》第六十二条明确规定,驾驶机动车不得拨打接听手持电话。在新加坡、英国等国家,驾驶汽车过程中拨打电话甚至要面临更严重的处罚风险。车载通话的出现,降低了因车内通话发生交通事故的概率。电话接入后,驾驶员无须拿起手机,其双手依旧能够操控转向盘,从而保持驾驶车辆的稳定性,不必分散更多精力,便可轻松地完成高质量通话。随着智能语音技术的发展,目前车载通话可以使用语音唤醒。当电话接入后,驾驶员可以直接通过语音应答电话,进一步增加了车内接听电话的安全性和便捷性。然而在驾驶过程中,驾驶员接听电话势必会对驾驶行为产生影响,因此车载通话对于驾驶员来说本身仍具有自身局限性,这种情况在实现无人自动驾驶后可以完全消除。

9.1.2 跨设备音乐播放

跨设备音乐播放一般指车内可播放驾驶员或乘客携带设备内的音乐(图9-2)。长时间驾驶车辆容易造成大脑疲劳,在车辆内播放音乐能够显著提高驾驶员的注意力,缓解驾驶疲劳。然而传统车辆设备可以储存的曲库有限,可选择性较小,因此许多驾驶员在驾驶过程中偏好播放自己携带设备(例如手机)内的音乐,以替代车辆中储存的原有歌曲。想象如下场景:小李并没有自己的汽车,但他今天有急事回家,因此租用了一台共享汽车。开锁进入汽车后,小李发现该汽车并没有音乐播放功能,便打开了汽车自带的收音机,经过不同频道的浏览后,广播中播放的曲目并没有他中意的歌曲。因此他打开了自己的手机,开启蓝牙与汽车建立了连接,操作汽车的收音机屏幕,选择播放手机中的歌曲,随后汽车音响中响起了小李熟悉的旋律。伴随着悦耳的歌声,小李安全快速地驶回了家中。

图9-2 跨设备音乐播放

以上情景是跨设备音乐播放中常见的应用场景,该功能不仅能够小幅度提高驾驶过程中的安全性,还能够丰富车内人员的娱乐性,增加驾驶的正向体验。随着智能网联技术的开发与产业推进,车辆与手机建立连接后,从最初简单的音乐播放逐渐发展为如今的手机投屏播放音乐。该功能会在9.1.4节中详细描述。此外,随着车载通信技术的发展,目前智能座舱可通过联网播放音乐,用户无须再连接自带设备,可选择云端的多种曲库进行播放收听。

9.1.3 无钥匙进入

从2015年起,无钥匙进入系统已经基本成为高端车型的标配。无钥匙进入,即无须手动使用钥匙实体(包括按键)对车辆进行开锁,驾驶员可直接打开车门进入车辆(图9-3)。想象如下场景:小李今天准备开车上班,在停车场找到自己的车辆后发现忘记携带汽车实体钥匙。小李的汽车拥有无钥匙进入功能,他用手机内已经存储好的数字钥匙,贴近车辆感应区解锁。车辆解锁后,小李打开车门进入车内,开车驶向工作单位。当小李到达工作单位后,离开车辆,一段时间后车辆自动上锁。以上场景的实现除了无钥匙进入功能外,还触发了无钥匙启动功能和自动锁车功能,其中无钥匙启动功能也是车内无线通信常见的应用场景,但与无钥匙进入类似,因此在这里不单独叙述。

多种无线通信技术均能够实现无钥匙进入功能,其中通过手机APP经由云端服务器与车辆通信终端进行交互,实现无钥匙进入的方式不属于车内无线通信,这种方式更

图9-3 无钥匙进入

多地被称为车辆远车解锁。早期的无钥匙进入主要使用 RFID 技术,车辆实体钥匙中含有射频芯片,当车主携带实体钥匙进入车辆感知范围后,车辆会自动开锁。上文情境中使用的为 NFC 技术,当调出手机中的 NFC 卡片后,贴近车辆感应区域即可实现解锁。此外,还可以使用蓝牙或星闪等技术,当手持设备与车辆建立连接后,通过手持设备实现解锁。除以上技术外,超宽带(Ultra Wide Band,UWB)技术也可以实现数字钥匙功能,帮助车主无钥匙进入车辆。

无钥匙进入能够使车主更加便捷地进入车辆,不仅无须每次按键实体钥匙,还实现了不携带实体钥匙便可进入车辆的可能性。然而,关于无钥匙系统,需要进一步考虑信息安全的可靠性,以防止数字钥匙被复制,造成车辆失窃。此外,若无钥匙进入无须携带实体钥匙,还应考虑车主离开车辆后的自动锁车功能,否则将会造成极大的不便。

9.1.4　车机互联

在车机拥有网联功能以前,车机无法显示实时路况,更新离线地图较为复杂,没有在线音乐功能。这些缺点导致当时的车机无法提供较好的用户体验,致使很多车主仍通过手机获得相应服务。然而开车时观看手机屏幕导航极大地增加了驾驶安全风险,因此车机互联功能应运而生。

车机互联是指将手机部分 APP 投射至车机屏幕,直接操作车机屏幕即可控制手机内的应用。一般手机应用市场中配有相应的车机互联 APP,当车主进入车辆内,打开手机中已经下载安装好的 APP,按照操作步骤即可实现手机与车机互联。目前,传统的车机互联仍是有线连接模式,车主需要通过 USB 接口线束将手机和车机连接,但目前产业界正在研究无线方式连接的车机互联(例如星闪,如图 9-4 所示),用于实现更多的功能。当手机与车机连接实现投屏后,车主可以更加方便地使用手机自带的功能,其中的典型场景为实时导航。此时,无论是导航音量还是视觉效果,车主均可以享受更大屏幕的车机带来的便利性。

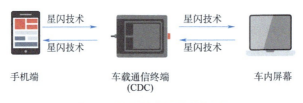

图 9-4　基于星闪短距的车机交互

目前来说,传统的有线车机互联使用 CarPlay、Carlife、Mirrorlink 等方式。2021 年,星闪联盟发布了《星闪技术在智能网联汽车领域应用白皮书》,其中描述车机互联场景为,手机端可通过星闪短距技术将内容投屏到车载显示器上,通过车载显示器、物理按键或语音命令操作手机内的导航、视频、音乐和游戏等功能。

在车机功能发展成熟之前,车机互联场景作为手机与车机之间的功能互补,对于车主来说有很强的必要性,可以很好地让驾驶员感受到智能网联技术带来的便捷体验。然而,当智能座舱技术越来越成熟,体验越来越人性化后,汽车产业将逐步引导车内人员放下手机,回归汽车本身,届时该应用场景的重要程度将被重新评估。

9.1.5 车内网络共享

车内人员有时出于娱乐性、便捷性等目的,可能需要自身携带的电子设备拥有上网功能。当携带设备流量较小或者不具备自带流量时,车辆通信终端如果能够提供网络共享将带来极大的便利。想象如下场景:乘客小李想用笔记本电脑上网紧急查找一些资料,手机剩余流量无法支撑他开启热点,但是恰巧车辆无线通信终端拥有网络共享功能。他在车机的屏幕上进行了开启热点的设置,并使用笔记本电脑连接热点,成功地完成了资料查找。

以上场景目前一般基于 Wi-Fi 技术实现,该应用的优点在于可以为车内乘客提供网络共享,尤其是针对自身不具备移动网络流量的电子设备。然而该功能拥有较强的可替代性,手机也可以完成类似功能,在手机流量的价格远小于车载流量价格的情况下,该场景并不具备优势。当车载流量从价格、速度、连接稳定程度等各方面远优于手机流量后,该场景才具备较强的应用价值。

9.1.6 无线胎压监测

在早期的车联网终端后装市场中,无线胎压监测一直拥有较高的装车率,由此也可以看出该功能有较高的需求。该功能能够实时获取所有轮胎的胎压,并及时上报;当胎压出现问题后,驾驶员能够第一时间得到预警信息,从而进行谨慎驾驶或技术维修。该功能对驾驶员的行驶安全具有很大的意义,能够在一定程度上降低发生交通事故的概率。

在传统胎压监测中,胎压传感器通过线束之间的连接接入车辆总线,当被实时监测的胎压值出现异常后,预警信息会显示在中控仪表上。而无线胎压监测主要将需要线束连接的胎压传感器模块更换为无线传感器,这样传感器发送出的数据和信息不再通过总线传递,而是直接发送给车辆无线通信终端,再由车辆无线通信终端发送至车机显示模块或仪表,提醒驾驶员注意异常情况。

无线胎压监测的重大意义在于实现了传感器与电子电气零件之间连接的无线化。胎压传感器一般安装于轮胎附近,若是进行传统线束连接,需要通过底盘内复杂的线束接入总线,无论安装还是维修都存在极大不便,无法避免外壳的大面积拆卸。而无线传感器只需在指定位置安装,几乎无须拆卸任何零件,极大地方便了前期的零件安装和后期的零件维护更换。

无线胎压监测是车辆实时监测功能的一部分,除胎压外,机油状态监测、水温状态监测等其他监测功能也可以通过传感器无线化进行信息上报。

9.1.7 车内主动降噪

从汽车行驶时与空气摩擦产生的风噪,到轮胎与地面摩擦产生的路噪,再到发动机等汽车零件产生的内部噪声,各种噪声一直伴随着驾驶过程。然而噪声对驾驶和乘坐体验有较大的负面影响,因此多年来各个汽车厂商为了隔绝或减少这些声音,一直付出着巨大的努力。通过汽车设计的革新与新型材料的使用,车内的噪声正在不断地下降。

与依靠密封和减振等手段的传统被动降噪技术不同,车载主动降噪技术将环境噪声(如发动机噪声、路噪、风噪)通过计算,在有源声源处产生一个幅度相同但相位相反的声波,从而使合成声波的振幅降低,达到中和噪声的降噪目的。车内可视为一个非常小的房间,在不同频段表现出的物理行为不尽相同,如同房间内的声音一般呈现出多个模态。由于路况、车速等多种因素的变化,车内噪声具有非平稳性,也因此对算法选择及其收敛速度提出了挑战。

多年前,主动声音管理技术(ANC)利用车载音响大大降低了传动系统传导至车舱的声音。近年来,更具有优势的主动路噪消减技术(RNC)替代 ANC 逐渐进入人们的驾驶生活。ANC 降噪针对的是发动机或者传统系统所造成的噪声,可以通过监测发动机转速来预计噪声大小,而路噪相比发动机在不同转速带来的变化要高出许多,且不同的轮胎对地面都可能会产生截然不同的路噪,这对检测及处理这些噪声都有较高的硬件及软件要求。RNC 算法可以在更宽的频率范围内持续工作,从而自适应各类凹凸不平的坑洼路面或者全新的轮胎产生的路噪。未来,随着汽车电动化的普及,传统的 ANC 降噪所针对的发动机噪声将逐渐减少,路噪问题将越发明显。因此,RNC 将会有一个更为广阔的市场。此外,胎噪较大但更为耐磨或性能更佳的轮胎会因为这一技术的出现而更容易获得消费者的青睐。

在无线主动降噪系统中,麦克风、次级声源、ANC 控制器线缆连接的通信线路都将变成无线通信。无线主动降噪要求单向通信时延不大于 20μs,以达到媲美有线连接的可靠性。多传感器的同步精度为 1μs,支持数十路信号并行传输。此外,无线技术不仅能够不受线束走向和布置的约束,在质量和成本上也有很大优势。

9.1.8 无线全景环视

对于大型客车或者载货汽车等营运车辆来说,其车身周围存在较大范围的盲区,因此车辆起步或者泊车时容易发生碾压盲区内的行人或非机动车辆事故。在城区人口密集地段,这类事故风险尤为显著。当前传统的广角后视镜无法实现对车身周围盲区的全覆盖,使用全景环视系统成为解决此类安全问题的有效途径。全景环视系统可将车身周围摄像头拍摄的图像实时传递到中控平台并对多个摄像头的数据进行拼接,形成车身周围 360°环视图像,从而实现对盲区的全覆盖。

随着智能网联汽车功能的逐渐增多,车内的控制器数量也将逐渐增加,这将导致线束用量和成本急剧上升,线束部署的难度也将大大提升,这对于本就不高的装配和维修工作效率无疑是雪上加霜。此外,由于线束增多,将带来更多的电磁兼容问题,存在某些功能失效的风险。

以传统商用大载货汽车为例,其车辆长度可超过 20m,如果想对车辆四周实现实时智能监测,需要配备多个摄像头,而如果使用线束将这些摄像头与总线连接,不仅费时费力不易维修,更要承担载货汽车在拖挂、连挂时产生的线束损坏风险。过长的线材材料、人工成本以及维修成本都是不小的支出。

在该场景中,使用无线连接的全景环视系统,不仅可以有效解决大车盲区导致的安全问题,还可以解决线束连接的可靠性与维修问题。通过灵活配置不同的摄像头,能够支持多路高清图像的高质量拼接,且由于是无线系统,其软硬件易于部署,可节省 90% 的安装时间。此外,无线全景环视系统摄像头所监测的实时画面可通过高速低延迟的无线方式传输,满足智能汽车对短距无线连接的需求。

9.1.9 无线电池管理系统

随着我国新能源汽车产业快速发展,其关键技术电池管理系统(BMS)一直是行业关注的重点。BMS 的主要功能包括但不限于电池的实时监控、高压与电荷的有效均衡、车辆智能充电放电等。它能够很好地用于车辆动力诊断与安全保障,通过监测车辆电池或电池组的实时情况,管理电池能源的分配,以适配不同的功能与驾驶模式。在保证电池或电池组安全可靠,使用寿命正常的情况下,它能够降低能源损耗、增加车辆续航里程。BMS 对于新能源汽车的正常运行意义重大,先进的 BMS 才能推动新能源汽车产业的进一步推广。

具备无线通信功能的 BMS 与传统 BMS 相比更具优势。无线电池管理系统(wBMS)一般包括电源、电池管理模块、射频通信模块,以及其他安全功能所需的基本硬软件部分,并将其集成在一个芯片中。wBMS 突破了传统的有线连接,在不损耗电池的前提下,优化了线路和电池组所需的体积,在同样的空间中可以布置更多的电池,进而能够提供更长时间的续航里程。此外,使用同样电量的电池,其系统总重量会大大降低,这不仅减少了车辆行驶中的能源消耗,也提高了电池组布局设计的灵活性。而无线化简化了新能源汽车的线束生产,整车厂商不必再为每辆新车重新设计复杂的接线图,同时确保了电池的可扩展性。

wBMS 可以通过 OTA(空中升级)升级软件功能,保证新技术快速上车。对于电动车而言,一个健全、可靠和安全的系统保持良好运行,并能够实时采用最新的安全保护措施是至关重要的。为确保兼容性和网络安全条款,保护客户车辆免受外部干扰,无线系统需要满足各类认证要求的数据与诊断需求。

wBMS 支持测量的电池性能包括电压、温度和电流等,从而提高故障的早期检测并优化电池组组装。在整个电池生命周期中,从组装、运输到安装、维护过程,均可以通过 wBMS 远程监控数据,为确保这些传输的安全,还应对工作频段的一致性、可靠性进行严格测试。

9.1.10 车内无线氛围灯

随着人们生活水平的逐渐提高,在购买车辆时,内饰也是消费者关注的重点。除了驾驶性能外,人们在驾驶过程中的心情愉悦和舒适感也至关重要。这时候,车内灯光氛围将发挥重大作用。

车内氛围灯,即烘托车内氛围的照明灯,是汽车内饰情感化设计的重要部分。车内氛围灯可布置在汽车的转向盘、中控模块、脚灯、杯架、车顶、迎宾灯、迎宾踏板、车门、行李舱、车灯等位置。优秀的氛围灯在不同的场景可营造不同的氛围,例如家的温馨、舒适感,以及科技感、奢华的美感。

从情感角度来说,内饰情感化设计十分重要,也是未来汽车车内设计师的主要研究方向。其中,氛围灯的出现是内饰情感化设计的典型应用。氛围灯可充分利用色彩心理学,通过控制光的强弱和颜色来迎合乘驾人员不同的心情,让整个旅途变得更加轻松愉悦,同时让内饰更加立体化,延伸第三空间的概念。而车内人员与灯光的互动,可以最大化提升驾乘人员的感知,消除疲惫感,缓解驾驶员疲劳和紧张的情绪,使其快速放松,融入舒适的气氛。

从安全角度来说,氛围灯可以提高夜间行车的安全性。在不同的车辆状态、驾驶模式、目的地类型、天气等场景下,氛围灯可以做出相应的调整。车内氛围灯太多或太亮容易影响正常的安全驾驶,所以为了防止事故的发生,不同场景下的氛围灯应与场景相匹配。

更优质的氛围灯可以根据记忆乘客爱好和习惯,显示不同的个人照明氛围,减少车内人员对于氛围灯的手动调节,从而优化灯光与驾驶员的交互模式。在驾驶过程中,车辆可通过面部识别系统判断驾驶员的心情和疲劳度,并自行调整灯光及不同的驾驶模式。车主可以使用APP或者语音、手势、触控来控制车灯。氛围灯还可以选择显示车辆的状态,如汽车故障、胎压、车压是否稳定等。

车内无线氛围灯不仅具备了氛围灯的所有优点,还解决了由线束导致的问题,并且无线化的传感器模块能够实现更加容易地安装和更换。这些优点与上文其他零部件的无线化优点类似,因此本节不再赘述。

9.1.11 其他未来场景展望

随着车内无线技术的发展,未来基于该类技术的应用场景将越来越多,本节将从舒适便捷性、娱乐性、诊断与维修三个维度进行展望。

(1)舒适便捷性。当车辆内部越来越多的传感器均使用无线通信技术后,线束的长度将大幅减少,其布线形式也会产生相应的变化。这样的发展方向很可能会导致总装工艺发生重大革新,甚至引发车内布局的创新。未来在车辆售前阶段,顾客可以自行选择多样的车内布局,个性化定制将成为主流的发展方向。此外,在提高乘客和驾驶员的舒适性方面,也会孕育出一些新场景,例如可升降式底盘、车内无线急速充电等。

(2)娱乐性。当L5级别自动驾驶来临后,车内会彻底成为"第三空间",其娱乐休闲功能也会成为各款车型的核心竞争力。基于车内无线通信技术,增加外置设备,可以实现很多新的场景,例如AR/VR交互。当乘客戴上AR眼镜后,就可以在看到实景的同时,看到位置信息等虚拟对象,并可以通过触屏、手柄、手势、语音等多种操作方式,对虚拟景象发布操作指令。其他的娱乐场景还可能包括例如3D投射观影、仅依靠于手势的体感游戏等。

(3)诊断与维修:目前,某些车内OBD的诊断外接设备已经具备蓝牙功能。工程师无须将诊断接头与笔记本电脑通过线束相连,仅需将诊断接头插入车内OBD接口,并通过蓝牙与笔记本电脑连接即可。这意味着工程师不再必须在车内进行问题诊断,在车外的感知范围内也可以连入车辆,进行更改配置、软件升级、日志诊断等操作。未来,甚至可以没有OBD接口,直接通过无线通信形式接入汽车。此外,维修层面,接口无线化的电子电气零件更容易拆卸、更方便维修,这也将引领车辆维修方案和场景的变革。

9.2 车内无线通信的关键技术

9.2.1 车内Wi-Fi

1999年,无线以太网兼容性联盟(Wireless Ethernet Compatibility Alliance,WECA)成立,其目标是建立一种新的无线网络技术。2000年,该组织采用术语"Wi-Fi"作为其技术工作的专有名称,并宣布了正式名称:Wi-Fi Alliance。该技术致力于改善基于IEEE 802.11标准的无线网络产品之间的互通性。

Wi-Fi 是一种允许电子设备连接无线局域网(WLAN)的技术,支持个人计算机、手持设备(如 PDA、手机)等终端以无线方式互相连接。该技术普遍应用于办公室工作或家庭上网娱乐场景,近年来也逐渐应用在车内通信领域。

IEEE 802.11 是针对 Wi-Fi 技术制定的一系列标准,第一个版本发表于 1997 年,其中定义了介质访问接入控制层和物理层。物理层定义了工作在 2.4GHz 的 ISM 频段上的两种无线调频方式和一种红外传输方式,总数据传输速率设计为 2Mbit/s。随着 20 多年的技术发展,2019 年 IEEE 802.11ax 进行了公开发布,业界普遍称为 Wi-Fi 6。该版本技术借用了蜂窝网络采用的 OFDMA 技术,能够实现多个设备同时传输。与之前的版本相比,Wi-Fi 6 显著提升了数据传输速度,降低了传输延迟。

Wi-Fi 技术最大的优点是传输速度较快,目前 Wi-Fi 6 的理论最大带宽已经达到 9.6Gbit/s,是 Wi-Fi 1 的 800 多倍。在信号弱或有干扰的情况下,其带宽可以进行相应调整,能够有效地确保网络的稳定性和可靠性。除此之外,Wi-Fi 的有效距离也很长,开放区域内通信距离能够达到 300m,封闭区域内通信距离约为 100m,同时 Wi-Fi 比较容易与现有车载总线集成,网络成本较低。另外,该技术还有接入设备较多的优点,连接无线局域网通常是有密码保护的,但也可是开放的,这样就允许任何在 WLAN 范围内的设备进行连接。

车载 Wi-Fi 最早应用于公共交通,是面向公交车等公共交通工具推出的特种上网设备。Wi-Fi 终端通过无线接入互联网,可支持乘客获得信息或进行娱乐、移动办公。车载 Wi-Fi 设备最初一般是指装载在车辆上的通过 3G/4G/5G to Wi-Fi、无线射频等技术,提供 Wi-Fi 热点的无线路由器。车载 Wi-Fi 设备不同于消费级的移动 Wi-Fi 设备,车载级的 Wi-Fi 设备要在高速、高温、振动环境中工作,对设备的稳定性、灵敏度、抗恶劣环境能力等方面有更苛刻的要求。

在智能网联汽车领域,一般车上会配有 Wi-Fi 模块,便于车上的乘客连接 Wi-Fi 上网。但实际上,随着手机流量越来越便宜,如前文所述,该技术的应用前景需要进一步探索。此外,目前有些厂商基于 Wi-Fi 技术为车机刷写程序或传输车机本地日志,为售后人员排查车辆问题提供了较高的便捷性。

9.2.2 车载蓝牙技术

随着科技的逐渐发展,蓝牙技术在人们的生活中越来越常见,从手机到计算机,现如今市场上大部分电子设备产品都具备蓝牙功能,而人们也已经从日常生活的使用中感受到了蓝牙技术带来的便利之处,例如使用频率很高的蓝牙音响、带有蓝牙功能的智能家居等,甚至在汽车领域蓝牙也早就不是陌生的字眼。

蓝牙是一种无线技术标准,可实现短距离数据交换。蓝牙之所以能够在汽车行业取得成功,主要因为由其支撑了两个重要应用场景:一个是音频传输,另一个是数据传输。2010 年,蓝牙技术规范 4.0 版本发布,其中低功耗蓝牙(BLE)技术诞生。BLE 是一种低功耗无线通信技术,与蓝牙之前的技术(经典蓝牙)不同,BLE 专门用于功耗较低且可能需要长时间运行的应用,针对的应用场景为以较低速度传输少量数据的物联网应用。BLE 芯片和模块的成本一直在迅速降低,这使其成为开发具有成本效益的车载信息娱乐系统的理想连接解决方案。

当前,汽车领域存在一种趋势,用户希望蓝牙技术不仅能运用在汽车内部,还能够延伸到汽车外部。车载蓝牙技术最早应用于音频流,例如通过无线耳机收听汽车提供的音乐,或使用汽车音响和麦克风实现电话通话。随着产业的发展,基于蓝牙位置服务的解决方案被广泛研究,主要包括数字钥匙,以及把手机当作钥匙的无钥匙系统(包含无钥匙进入和无钥匙启动),蓝牙的低功耗特性将使其在未来仍有较强的需求。智能座舱方面,蓝牙主要通过汽车内的传感器网络来实现胎压监测、汽车状态监测,并将相关数据传输到中央系统,以便实时掌握整个汽车的具体信息和状态,保证在车辆智能化方面能够得到很好的应用。此外,车主可以在智能手机上读取胎压值,其低功耗的特性可以支撑更长的电池寿命。数据传输安全方面,蓝牙能够保证数据安全传输,不仅能够保证数据从一个设备传输到另一个设备安全传输,还制定了相关标准以遵从用户隐私保护的相关法律规定。

汽车行业采用蓝牙技术,主要考虑其如下优势:蓝牙是全球性的标准,开发应用平台较为通用,并且相关内容已经标准化。所有蓝牙功能均可连接到汽车中的一个主控设备,降低了车内连接的复杂度和成本。支持双向通信,省去了专用工具,从而降低了工具的复杂性和成本。此外,蓝牙还拥有较强的安全性能。

汽车上常见的带有蓝牙的零部件是无线通信终端和车载娱乐系统。传统的车载娱乐系统无法直接连接网络,因此无法播放在线音乐,需要手机通过蓝牙连接至车机,然后播放音乐。而对于车载通信终端,蓝牙主要用于在 4G/5G 网络性能较差时进行功能补充,可以通过蓝牙连接,实现查看车辆状态等功能。

蓝牙通信主要分为设备发现与连接、鉴权、应用层信息服务三个阶段。在设备发现与连接阶段,终端会定期广播蓝牙设备的地址,当主设备搜索到此前用户通过终端绑定过的蓝牙 MAC 地址后,会主动请求蓝牙设备进行连接,而蓝牙主设备根据信号广播的信号强度,连接终端并建立数据通道。在鉴权阶段,主设备与终端会相互确认身份。

9.2.3 星闪技术

2020 年 9 月 22 日,在来自行业机构、高等院校和科研院所、芯片、整车和零部件、手机和终端、家电、通信、仪器仪表和 IT 等领域的 80 家单位的共同见证下,星闪联盟(SparkLink Alliance)成立。星闪联盟主要致力于推动无线短距连接的全球标准化发展,目标是推动新一代无线短距通信技术的创新和产业生态,承载智能汽车、智能家居、智能终端和智能制造等场景应用并满足极致性能需求。新一代无线短距通信需要考虑性能、成本、频谱和检测等各个维度,而星闪联盟希望坚持技术和市场双层考虑,通过统一标准定义,实现多场景的广泛应用。

现有的典型无线短距通信技术已经迭代发展 20 余年,其技术性能不断地演进提高,但受限于技术上前向兼容等要求,存在某些技术性能的先天局限,如抗干扰性、QoS 和通信时延等。此外,在某些方面原有技术的潜力已接近天花板,如可靠性和高密度部署,导致不能很好地满足新应用的技术要求。举例来说,智能汽车对无线短距通信技术有低时延、高安全、高可靠、抗干扰等较高要求,以智能座舱为代表的智能汽车应用正在把汽车打造为第三生活空间,并对车载无线短距通信技术提出了更高的要求。例如,车载主动降噪业务要求噪声从麦克风到处理器,再到头枕扬声器的端到端时延应在百微秒量级,单向空口通信时延应在几十微秒量级,而现有无线短距技术对应时延在几十毫秒量级,之间存在2~3个数量级的较大差距,致使现有短距离技术无法满足业务需求。新能源汽车的电池管理系统,对全车数量众多的电池组进行安全监控和充放电过程控制,由于现有的无线短距通信技术在管理终端数量、时延和可靠性等方面都不满足要求,只能寄望于有线方案,但又面临着增加电池质量、降低电池包密度、影响测量精度和维护成本上升等困难。同时,车载应用有着高可靠性和高安全性,应能够应对车内外复杂的电磁干扰环境以及潜在的网络安全攻击的能力,而现有无线短距通信技术基于竞争性的无线资源使用、消费类安全保障机制和大量设备连接,存在明显的能力短板。基于以上挑战,星闪技术应运而生。

作为我国拥有自主知识产权的新一代无线短距通信技术,星闪无线通信技术(以下简称"星闪技术")的诞生顺应了车内通信无线化的发展趋势。星闪技术主要由星闪联盟制定,针对包括汽车领域在内的关键应用场景及其需求,定义了从星闪接入层到基础应用层的端到端标准体系。作为核心的空口接入层技术,星闪技术提供了SLB(SparkLink Basic,星闪基础接入技术)和SLE(SparkLink Low Energy,星闪低功耗接入技术)两种无线通信接口。两种接口技术面向不同的应用场景,其中SLB采用超短帧、多点同步、双向认证加密、跨层调度优化等多项技术,具备低时延、高可靠、高同步精度、支持多并发和高信息安全的技术特点;SLE采用Polar信道编码提升传输可靠性,减少重传节省功耗,同时支持最大4MHz传输带宽、最大8PSK调制,支持一对多可靠组播,支持4kHz短时延交互等特性。星闪技术凭借突出的传输性能满足了新兴车载应用的通信需求。

9.2.4 车用NFC

2003年,飞利浦半导体有限公司(现恩智浦半导体有限公司)和索尼集团有限公司计划基于非接触式卡技术(RFID)发展一种与之兼容的无线通信技术,最终研制出了NFC技术。2004年,两大巨头与诺基亚公司共同创建了NFC论坛,开始推广NFC的应用。2015年,几个半导体厂商相继推出了专门用在汽车上的NFC芯片,这些芯片从成本、功耗、开发时间上来说,都能够满足在当时汽车相关功能普及的需求。与同期的蓝牙芯片相比,NFC芯片的能耗降低了60%,使用的组件数量减少了30%,芯片体积减小了35%,能够适应汽车的工作环境。

NFC的英文全称为Near Field Communication,意为近场通信。该技术的基础是RFID及互连技术。近场通信是一种短距高频的无线电技术,在13.56MHz频率上运行于20cm距离内的通信,一般有效距离在10cm左右。其传输速度理论上最高能够达到800kbit/s,建立连接时间可小于0.1s。

支持NFC的设备可以在主动、被动模式和双向模式下交换数据。在被动模式中,启动NFC通信的设备,称为NFC发起设备(主设备)。它在整个通信过程中提供射频场(RF-field),可以选择106kbit/s、212kbit/s或424kbit/s其中一种传输速度,将数据发送到另一台设备。另一台设备称为NFC目标设备(从设备),不必产生射频场,而使用负载调制(load modulation)技术,即可以用相同的速度将数据传回发起设备。此通信机制与基于ISO14443A、MIFARE和FeliCa的非接触式智能卡兼容。NFC发起设备在被动模式下,可以用相同的连接和初始化过程检测出非接触式智能卡或NFC目标设备,并与之建立联系。

由于 NFC 的传输距离较短,而且是一种近距离的私密通信方式,从安全性和便捷性考虑,显然 NFC 方式更加安全、可控。另外,NFC 技术的通信拥有双向鉴权、数据加密等手段,能达到金融级别的安全等级。

现在的公交卡和一些手机 APP 使用 NFC 技术,对于使用者体验来说,NFC 最大的优点在于交互过程十分简单,使用方便。同样是将手机与车机进行连接,若使用蓝牙连接,需要从设置中打开手机与车机的蓝牙界面,然后搜寻到指定设备进行配对才能够连接。而 NFC 只要让手机靠近车机的 NFC 芯片位置,进入有效距离以内,就会与手机连接。

NFC 在汽车上的一个重要应用场景是车钥匙。由于 NFC 的能耗很低,因而可以被其设备植入车钥匙之中,用于解锁车门。另外一种解决方案是将具备 NFC 功能的手机变成车钥匙,达到使用手机解锁的目的。此外,在座椅、智能娱乐系统等设备中加入 NFC 技术,可支撑其存储一些个性化的设置,如座椅位置、喜好的音乐和电台节目等,也可被用于进行身份验证、读取车辆信息等。另外在一些多设备管理场景中,例如汽车共享、汽车租赁和车队管理等方面,NFC 也可以发挥一些作用。

9.2.5 车用 UWB

UWB 技术在 20 世纪 60 年代就已经出现,并且运用在了军事领域,直到 2003 年 FCC 发布了商用化标准,使 UWB 进入了商业化进程。曾经 UWB 被预测成为"短距无线传输"领域的主流技术,但最终被 Wi-Fi 和 BLE 蓝牙技术所代替。在消费级市场领域遇冷十多年后,随着技术标准的不断完善,UWB 又重新回到了人们的视野中。凭借自身的技术特性,自 2020 年来 UWB 更是在汽车领域获得了一些主机厂的青睐。

UWB 是一种使用 1GHz 以上频率宽带的无线载波通信技术。与其他通信技术不同,UWB 通过利用纳秒至皮秒的非正弦波窄脉冲传输数据,因此其所占频谱的范围很大,数据传输速率可以达到每秒几百兆比特以上。UWB 技术经历二十多年的发展,已经具备抗干扰能力强、定位精度高、共存性强三大特征。UWB 采用的短脉冲信号在 2ns 级别,信号的时间非常短,所以信号冲撞的概率很小,即便发生了冲撞,也可以轻易地识别出 UWB 信号,因此具有高信噪比的优点,可以有效对抗空间白噪声干扰和多径干扰。UWB 普遍具有 500MHz 以上的射频带宽,具有高带宽的特点,这使得 UWB 具有高分辨飞行时间(Time of Flight),可以精准测量信号的到达时间,提供更准确的距离和位置信息。因此,UWB 技术的距离分辨能力强于其他传统技术路径,特别在复杂环境下,其位置精度可比 Wi-Fi 和蓝牙高两个数量级。UWB 一般在车端的频段范围为 6~8GHz,这使得 UWB 与现有车端的其他无线技术干扰冲突的概率大幅降低。

IEEE 在 2020 年 8 月发布了 IEEE 802.15.4z 2020 UWB 行业标准,从底层的 PHY 和 MAC 层定义了 UWB 的服务和协议标准。该标准在 UWB 底层加入了一系列的安全机制,包括安全时间戳等。这使得 UWB 可以解决汽车数字钥匙功能中可能遇到的中继攻击问题,同时也打开了 UWB 在汽车、支付等高安全要求场景应用中的大门。随后,在 2021 年 7 月,车联网联盟(CCC)发布了汽车数字密钥 3.0 版规范,明确了其第三代数字钥匙产品是基于 UWB/BLE(蓝牙)+ NFC 的互联方案。3.0 版规范的推出,宣告了 UWB 技术车端运用时代的正式开启。

第一代数字钥匙主要基于 NFC 近场通信技术，实现了车辆进入与启动功能，但基本没有位置感知的能力。同时，NFC 的通信距离只有厘米级，车主需要将数字钥匙贴近车身才能开启车门。这使得数字钥匙的使用体验较差，同时功能拓展潜力不够。第二代数字钥匙采用 BLE 蓝牙技术，是目前市占比最大的数字钥匙种类。蓝牙数字钥匙通信距离比第一代更远。第二代数字钥匙可以通过蓝牙信号的强弱粗略感知车与钥匙的位置关系，但其感知精度与准确性都有所欠缺。第三代数字钥匙是 UWB、BLE、NFC 三种无线通信技术相结合的产物。UWB 技术使得第三代数字钥匙位置感知精度得到了质的飞跃。值得一提的是，UWB 测距序列可以支持 8000 个安全位，钥匙和车端需要滚码才能解锁，极大地提升了数字钥匙的安全性。

目前，关于 UWB 数字钥匙的运用还存在一个瓶颈，即手机对 UWB 的支持能力。现在市面上苹果、小米、三星等手机已经支持了 UWB 功能，距离手机端全面普及可能还需要一定的时间。因此，UWB 数字钥匙的车端架构，还需要考虑不支持 UWB 功能手机的需求。UWB 数字钥匙的车端架构可以根据不同的需求侧重点进行调整。不同的 UWB 锚点数量与安装构型会使最终呈现效果有明显差异。

UWB 除了在车辆进入场景应用外，还可以在脚踢雷达、车内活体感知等一系列领域大展拳脚。基于 UWB 优秀的测距、测向能力，在车辆采用车外 UWB 锚点构型时，无须额外增加成本，即可进行功能拓展。UWB 硬件可以轻易拓展出 UWB 雷达功能，精准识别脚踢动作，实现智能尾门功能。UWB 技术优秀的动态感知能力，运用了多普勒原理探测细微的动作变化，从而感知生命体征。目前的车内生命感知更多的是运用摄像头进行识别，在隐私越来越受到重视的今天，运用 UWB 技术可以很好规避这类风险。

第10章
车内无线通信技术的标准化

10.1 车载蓝牙技术的标准化

10.1.1 蓝牙发展初期

蓝牙技术是当前主流短距离无线通信技术之一，其技术基础源自跳频扩频（FHSS）技术，该技术历史可以追溯到第二次世界大战。FHSS 技术由好莱坞女演员 Hedy Lamarr 和钢琴家 George Antheil 在 1942 年发明，他们从钢琴的弹奏原理中得到启发，通过使用 88 种不同载波频率的无线信号进行设备控制，由于传输频率是不断跳变的，因此具有一定的保密能力和抗干扰能力。FHSS 技术不仅是蓝牙技术的基础，对其他无线通信系统的数据收发也起到了关键作用。

蓝牙技术于 1994 年被爱立信公司提出，该方案旨在研究移动电话和其他配件间进行低功耗、低成本无线通信连接的方法。发明者希望为设备间的短距无线通信能够统一交互规则（标准化协议），以解决用户间互不兼容的移动电子设备的通信问题，用于替代 RS-232 串口通信标准。爱立信公司以此概念接触了移动设备制造商，讨论其项目合作发展，获得了较多支持。1998 年 5 月 20 日，爱立信公司联合国际商业机器公司（IBM）、英特尔公司、诺基亚公司及东芝公司等 5 家著名厂商成立"特别兴趣小组"（Special Interest Group，SIG），即蓝牙技术联盟的前身，目标是开发一个成本低、高效益、可以在短距离范围内随意无线连接的蓝牙技术标准。同年，蓝牙技术规范 0.7 版本发布，支持 Baseband 与 LMP（Link Manager Protocol）Mbit/s 协定两部分。1999 年，先后发布蓝牙技术规范 0.8 版本、0.9 版本、1.0 Draft 版本、1.0a 版本、1.0b 版本，完成 SDP（Service Discovery Protocol）协定、TCS（Telephony Control Specification）协定。1999 年 7 月 26 日正式公布 1.0 版，确定使用 2.4GHz 频谱，最高资料传输速度可达 1Mbit/s，同时开始了大规模宣传。

与当时流行的红外线技术相比，蓝牙有着更高的传输速度，而且不需要像红外线技术一样进行接口对接口的连接，所有蓝牙设备基本上只要在有效 Mbit/s 范围内使用，就可以进行随时连接。目前蓝牙技术已经应用于超过 3 万余个联盟技术成员的产品之中。

10.1.2 第一代蓝牙（1.0~1.2）

SIG 于 1999 年 7 月 26 日推出了蓝牙技术规范 1.0 版本（以下简称蓝牙 1.0）。蓝牙 1.0 中虽然定义了具体的功能，但缺乏严谨的实施准则，使蓝牙技术的协同工作能力出现了隐患,阻碍了其广泛应用①。

蓝牙1.0的系统结构分为三大部分:底层硬件模块、中间协议层和上层应用。底层硬件模块主要包括无线跳频(RF)、基带(BB)和链路管理(LM)。无线跳频层通过2.4GHz无须授权的ISM频段微波,实现数据位流的过滤和传输,本层协议主要定义了蓝牙收发器在此频带上正常工作所需满足的条件。基带负责跳频以及蓝牙数据和信息帧的传输。链路管理负责连接、建立和拆除链路并进行安全控制。

蓝牙技术结合了电路交换与分组交换的特点,可以进行异步数据通信,支持多达3个同时进行的同步语音信道,还可以使用一个信道同时传送异步数据和同步语音。每个同步语音信道支持64kbit/s的同步语音链路。异步信道可以支持不对称连接,也可以支持对称连接。

中间协议层包括逻辑链路控制和适应协议、服务发现协议、串口仿真协议、电话通信协议。逻辑链路控制和适应协议具有完成数据拆装,控制服务质量和复用协议的功能,该层协议是其他各层协议实现的基础。服务发现协议层为上层应用程序提供的一种机制,用来发现网络中可用的服务及其特性。串口仿真协议层具有仿真的功能。电话通信协议层则提供蓝牙设备间语音和数据的呼叫控制指令。

主机控制接口层(HCI)是蓝牙协议中软硬件之间的接口,它提供了一个调用基带、链路管理、状态和控制寄存器等硬件的统一命令接口。蓝牙设备之间进行通信时,HCI以上的协议软件实体在主机上运行,而HCI以下的功能由蓝牙设备来完成,二者之间通过一个对两端透明的传输层进行交互。

在蓝牙协议栈的最顶层的是各种上层应用框架。其中较典型的有拨号网络、耳机、局域网访问、文件传输等应用,它们分别对应一种应用模式。各种应用程序可以通过各自对应的应用模式实现无线通信。拨号网络应用可通过仿真串口访问网络,数据设备也可由此接入传统的局域网;用户可以通过协议栈中的音频层在手机和耳机中实现音频流的无线传输;多台个人计算机或笔记本电脑之间不需要任何连线,就能快速、灵活地进行文件传输和共享信息,多台设备也可由此实现同步操作。

蓝牙1.0结构简单,使用重传机制来保证链路的可靠性,在基带,链路管理和应用层中还可实行分级等多种安全机制,并且通过跳频技术消除网络环境中来自其他无线设备的干扰。但蓝牙1.0早期的蓝牙技术规范1.0A版本和蓝牙技术规范1.0B版本存在多个问题,有多家厂商指出他们的产品互不兼容。同时,在两个设备的连接(Handshaking)过程中,蓝牙硬件的地址(BD_ADDR)会被发送出去,在协议的层面上不能做到匿名,造成泄漏数据的危险。

2001年蓝牙技术规范1.1版本(以下简称蓝牙1.1)正式列入IEEE 802.15.1标准,该标准定义了物理层(PHY)和媒体访问控制层(MAC),传输率可达0.7Mbit/s。在蓝牙1.1中提出了相应修订中,最重大变化是验证。蓝牙1.1非常明确地定义了设备验证所需的各个步骤,彻底纠正了主从设备竞争矛盾的问题。并对数据格式的兼容问题进行了解决。蓝牙1.1技术引导了一种全新的商业模式:通过无线连接毫不费力就可与同事交换文件和其他

---

① 徐小涛:《蓝牙技术标准的最新发展》,《电信工程技术与标准化》,2008,21(9)。

信息,或让人们建立属于自己的个人网络,把他们的 PC 连接到手持设备、移动电话、打印机、扫描仪、传真机和复印机等,蓝牙 1.1 标准为这些功能的实现提供了保障。

基于安全要求,蓝牙设备之间的通信需要进行加密。当两个蓝牙设备之间建立连接时,首先会交换密钥以确认对方的身份。假如密钥不匹配,这两个设备就不能对话,而是否能生成正确的密钥取决于设备之间的主从关系,首先启动对话的设备称为主设备,另一个设备称为从设备。在蓝牙 1.0 中,连接对话启动时,两个设备争夺主从地位的竞争就陷入了矛盾的状态,虽然它们都能执行一定的算法生成密钥,但密钥是不一样的,而且由于时间的原因,往往会出现问题。也就是说,假如在启动对话时,从设备处理信息的速度大于主设备,那么这种竞争就会误将从设备当成主设备。在这种错误基础上,设备之间无法生成匹配的密钥。蓝牙 1.1 非常明确地定义了设备验证所需的各个步骤,彻底纠正了这个问题。它要求每个设备必须明确承认(或协调)首先启动对话的设备,从而确认自己在主从关系上的角色。

另一个正常交互问题就是频率。蓝牙设备将通用的 2.4GHz 频段分为 79 个跳频信道,使用跳频扩频技术来传输数据。这样主设备与从设备必须在 2.4GHz 上下保持同步以维护它们的连接,假如不能在相同时刻同时到达跳频点,就会失去通信。法国、日本、西班牙等少数国家,将 2.4GHz 作为非商业的频段,主要从事军事通信等。为适应这些国家的需要,蓝牙 1.0 定义了第二种跳频数,即将 2.4GHz 频段分为 23 个跳频信道。工作在这两种不同跳频数的设备是互不兼容的。为解决这个问题,蓝牙工作组与这些使用 23 个跳频信道的国家协商,最终也可以使用 79 个跳频信道设备,这样所有的蓝牙 1.1 设备都可使用 79 个跳频信道在 2.4GHz 频段上进行通信。

不兼容的数据格式也是阻碍蓝牙 1.0 设备正常交互的问题之一。蓝牙对于每个数据包支持的通道数可达 5 个,但并不是所有的蓝牙设备都支持使用 5 个通道收发数据包,假如一个主设备发送的通道数超出了从设备的支持范围,那么通信就会失败。在蓝牙 1.0 中,从设备不能告诉主设备其通信时能使用多少个通道。蓝牙 1.1 对此进行了修订,从设备可以根据实际情况告诉主设备每个数据包可发送多少个通道,还可以将数据包的大小等信息随时反馈给主设备。

2003 年,蓝牙技术规范 1.2 版本(以下简称蓝牙 1.2)发布。蓝牙 1.2 可以向下兼容 1.1 版本,针对 1.0 版本暴露出的安全性问题,完善了匿名方式,新增屏蔽设备的硬件地址(BD_ADDR)功能,保护用户免受身份嗅探攻击和跟踪。蓝牙 1.1 标准的缺点与优点同样明显,例如它很容易受到主流的 802.11b 设备的干扰。在蓝牙 SIG 宣布的蓝牙 1.2 设备标准,提供了更好的同频抗干扰能力,加强了语音识别能力。

蓝牙 1.2 增加了四项新功能:①适应性跳频技术(Adaptive Frequency Hopping),它能减少蓝牙产品与其他无线通信装置之间所产生的干扰问题;②延伸同步连结导向信道技术(Extended Synchronous Connection-Oriented links),用于提供 QoS 的音频传输,进一步满足了高阶语音与音频产品的需求;③快速连接功能(Faster Connection),可以缩短重新搜索与再连接的时间,使连接过程更为稳定快速;④支持 Stereo 音效的传输要求,但只能以单工方式工作。

10.1.3 第二代蓝牙(2.0~3.0)

2004 年,蓝牙技术规范 2.0 版本(以下简称蓝牙 2.0)发布,从此蓝牙进入 EDR(Enhanced Data Rate)时代。蓝牙2.0是1.2版本的改良版,新增的EDR技术通过提高多任务处理和多种蓝牙设备同时运行的能力,使得蓝牙设备的传输率达到3Mbit/s。蓝牙2.0支持双工模式:可以一边进行语音通信,一边传输文档或高质量图片。同时,EDR技术通过减少工作负债循环来降低功耗,延长了移动设备的电池使用时间,低功耗特点使蓝牙设备的使用时间达到蓝牙1.2的两倍。由于带宽的增加,蓝牙2.0提高了设备同时进行多项任务处理或同时连接多个蓝牙设备的能力,并可传输大容量数据文件。蓝牙2.0版本可与以往所有规范进行兼容。在蓝牙2.0中,EDR是作为补充出现的,所以,我们通常看到的是"蓝牙核心技术规范2.0版本+EDR"的说法。

为协助厂商顺利将新技术应用于实际,SIG为规范使用制订了一项新措施,要求厂商提供3个可进行互操作的产品模型并须通过SIG的测试项目,之后规范方可被采用。蓝牙SIG希望通过这项严格的制度,能够真正消除旧式设备采用蓝牙2.0规范可能带来的兼容风险。

2007年,蓝牙技术规范2.1版本(以下简称蓝牙2.1)发布。蓝牙2.1新增了Sniff Sub-rating省电功能,从而让蓝牙芯片的工作负载大幅降低。当2个进行连接的蓝牙装置进入待机状态之后,蓝牙装置之间仍需要通过交互来确定彼此是否仍在联机状态,也因此即使手机的其他元件都已经进入休眠模式,蓝牙芯片也必须随时保持在工作状态。为了改善这种情况,蓝牙2.1将设备之间相互确认的信号发送时间间隔从0.1s延长至0.5s,从而让蓝牙芯片的工作负载大幅降低,也可让蓝牙拥有更多的时间彻底休眠。根据官方的报告,采用此技术之后,蓝牙装置在开启蓝牙之后的待机时间可以有效延长5倍以上。

另外,新增SSP简易安全配对功能,改善了蓝牙设备的配对体验,同时提升了安全强度。由于有许多使用者在进行蓝牙设备配对时体验较差,不管是单次配对,还是永久配对,配对的过程与操作总是过于繁杂。在以往在连接过程中,需要利用个人识别码来确保连接的安全性,而改进后的连接方式则会自动使用数字密码来进行配对与连接。举例来说,手机就会自动列出目前环境中可使用的设备,只要在手机选项中选择连接特定设备,可自动进行连接。

此外,蓝牙支持了NFC近场通信,只要将两个内置有NFC芯片的蓝牙设备相互靠近,配对密码将通过NFC进行传输,无须手动输入。

2009年发布的蓝牙技术规范3.0版本(以下简称蓝牙3.0)新增了可选技术High Speed,High Speed可以使蓝牙调用Wi-Fi用于实现高速数据传输,传输率可达24Mbit/s,是蓝牙2.0的8倍,能够实现更大的资料传输[①]。蓝牙3.0的核心是AMP(Generic Alternate MAC/PHY),这是一种全新的交替射频技术,允许蓝牙协议栈针对任一任务动态地选择正确射频。功耗方面,蓝牙3.0引入了EPC增强电源控制技术,实际空闲功耗明显降低。此外,新的规范还加入了UCD单向广播无连接数据技术,提高了蓝牙设备的响应能力。

10.1.4 第三代蓝牙

2010年7月7日,SIG发布了蓝牙技术规范4.0版本(以下简称蓝牙4.0)。其最重要的特性是功耗降低。蓝牙4.0是第一个蓝牙综合协议规范,将三种模式规范集成在一起,提出

---

① 徐峰:《蓝牙技术标准的发展与未来》,《电脑知识与技术》,2010(15)。

了低功耗蓝牙、传统蓝牙和高速蓝牙三种模式:高速蓝牙主要用于实时性较强或大数据的交换与传输;传统蓝牙则以信息沟通、设备连接为重点;低功耗蓝牙(BLE)以不需占用太多带宽的设备连接为主,功耗较之前版本降低了90%。BLE的前身是诺基亚公司开发的Wibree技术,它本是作为一项专为移动设备开发的极低功耗的移动无线通信技术,在被SIG接纳并规范化之后重命名为Bluetooth Low Energy(低功耗蓝牙)。这三种协议规范还能够互相组合搭配,从而实现更广泛的应用模式。

蓝牙4.0的芯片模式分为Single mode与Dual mode。Single mode只能与蓝牙4.0互相传输,无法向下与3.0/2.1/2.0版本兼容;Dual mode可以向下兼容3.0/2.1/2.0版本。前者应用于使用纽扣电池的传感器设备,例如对功耗要求较高的心率检测器和温度计;后者应用于传统蓝牙设备,同时兼顾低功耗的需求。

此外,蓝牙4.0还把蓝牙的传输距离提升到100m以上(低功耗模式条件下),拥有更快的响应速度,最短可在3ms内完成连接设置并开始传输数据。并且使用更安全的技术,AES-128 CCM加密算法为数据包加密和认证保驾护航。

2013年,蓝牙技术规范4.1版本(以下简称蓝牙4.1)发布。蓝牙4.1主要在软件方面进行改进,主要面向物联网应用,支持与LTE协同工作。当蓝牙与LTE无线通信同时传输数据时,蓝牙4.1可以自动协调两者的传输信息,以确保协同传输,降低相互干扰。新版本允许开发人员和厂商自定义蓝牙4.1设备的重新连接间隔,为开发人员提供了更高的灵活性和掌控度。此外蓝牙4.1版本支持云同步,加入了专用的IPv6通道,蓝牙4.1设备只需要连接到可以联网的设备(如手机),就可以通过IPv6与云端的数据进行同步,满足物联网的应用需求。此外蓝牙4.1还支持扩展设备与中心设备角色互换,支持蓝牙4.1标准的耳机、智能手表、键盘、鼠标等,可以不用通过个人计算机、平板电脑、手机等数据枢纽,实现自主收发数据,例如智能手表和耳机可以绕过智能手机,直接实现对话。

2014年,蓝牙技术规范4.2版本(以下简称蓝牙4.2)发布。蓝牙4.2的传输速度更加快捷,比上一代提高了1倍,同时蓝牙智能(Bluetooth Smart)数据包容量提高,可容纳的数据量是此前的10倍左右。新的规范改善了蓝牙连接的传输速率和隐私保护程度,蓝牙信号想要连接或者追踪用户设备,必须经过用户许可。用户可以放心使用可穿戴设备而不用担心被跟踪。6LoWPAN是一种基于IPv6的低速无线局域网标准,蓝牙4.2设备可以直接通过IPv6和6LoWPAN接入互联网。这一技术允许多个蓝牙设备通过一个终端接入互联网或者局域网,这样,大部分产品可以抛弃相对复杂的Wi-Fi连接,改用蓝牙传输,让传感器之间的互联更加便捷快速。

10.1.5 第四代蓝牙

2016年,蓝牙技术规范5.0版本(以下简称蓝牙5.0)发布。蓝牙5.0在低功耗模式下具备更快更远的传输能力,传输速率是蓝牙4.2的两倍(速度上限为2Mbit/s),有效传输距离是蓝牙4.2的四倍(理论上可达300m),数据包容量是蓝牙4.2的8倍。支持室内定位导航功能,结合Wi-Fi可以实现精度小于1m的室内定位。针对物联网功能需求进行底层优化,力求以更低的功耗和更高的性能为智能家居服务。

实现物联网的关键是Mesh网络技术,它能够将蓝牙设备作为信号中继站,将数据覆盖到非常大的物理区域,兼容蓝牙4和5系列版本的协议。传统的蓝牙连接是通过一台设备到另一台设备的配对实现的,建立一对一或一对多的微型网络关系,而Mesh网络能够使设备实现多对多的关系。Mesh网络中每个设备节点都能发送和接收信息,只要有一个设备连上网关,信息就能够在节点之间被中继,从而让消息传输至比无线电波正常传输距离更远的位置。这样,Mesh网络就可以提供更稳定的控制方案。

2019年,蓝牙技术规范5.1版本(以下简称5.1版本)发布。蓝牙5.1技术规范利用测向功能检测蓝牙信号方向,进而提升位置服务。借助蓝牙测向功能,相关产品可以实现厘米级定位精度。Bluetooth local services 用 RSSI 来测量两个设备的距离,在 RTLS 和 IPS 场景中,用三遍测距和加上测向技术就即达到厘米级别的定位。

测向技术依赖两种天线阵列技术:Angle of arrival(AOA)技术和 Angle of departure(AOD)技术。当传输信号穿过接收机的天线阵列的时候,接收机的天线阵列从不同的角度和方向接收到这个传输信号,每个方向可以看作这个传输信号的矢量相位,接收机会在天线阵列中提取活跃的天线IQ样本,根据IQ样本,接收机可以算出信号的方向。AOA测向可以应用在RTLS、item finding、POL等服务。

AOD测向一般在IPS场景中进行寻路导航。定位器采用天线阵列,接收机使用一般通信终端,此外,还需一个天线。当信号从定位器的多个信号发出时,这些信号会穿越接收机的天线,接收机会提取IQ样本,并计算出信号的方向。

2021年7月,蓝牙技术规范5.3版本(以下简称蓝牙5.3)发布,增加了以下功能:

①定期广告增强。此前,所有定期广告必须向主机报告。然而,在某些情况下,当广告数据中没有改变时,上报数据可能会导致节点上不必要的处理,进而降低了总体吞吐量。蓝牙5.3在AdvDataInfo(ADI)字段中引入了定期广告,封包报头中的ADI字段可指示有效负载数据是否在任何周期性广告包中被改变。在没有变化的情况下,节点可以丢弃链中的后续数据包,并利用该时间处理其他接收事务,提升蓝牙网络中的整体效率,降低了节点功耗。

②加密密钥大小控制增强。在 BR/EDR(BR 即 Basic Rate 基础速率,EDR 即 Enhanced Data Rate 增强速率)中,加密密钥大小由连接设备中的控制器协商。这个新功能允许主机使用主机控制器接口(HCI)通知其蓝牙控制器可接受的最小密钥大小。此增强功能还提高了蓝牙密钥长度协商结果通知主机的效率,对访问控制、门锁、便携式医疗设备等安全相关的应用提升了工作效率。

③亚速率连接。某些产品类型将大部分时间用于低占空比连接,在低功耗监测状态下以节省电力。但是当实现某些功能时,设备需要快速转换为更高的占空比模式,更改连接参数。亚速率连接允许设备能够以更小的延迟进行连接参数更新,从而提供更好的用户体验,但同时也会保留低占空比连接的节能特性,能够并更有效地处理可变分组速率和突发流量。

④信道分类增强。参与蓝牙连接的中央和外围设备可能会遇到来自多个来源的不同程度干扰。蓝牙5.3可以使蓝牙外围设备为中央设备提供无线信道的情况,从而中央设备在自适应跳频期间可以根据这些情况执行信道选择。

此外,蓝牙5.3移除了备用 MAC 和 PHY(AMP)扩展。备用媒体访问控制和物理层的扩展(又名 AMP)允许蓝牙系统在主蓝牙 BR/EDR 控制器旁边增加一个或多个辅助控制器。此扩展在蓝牙产品中较少被使用,因此 SIG 在蓝牙5.3版中删除了此功能。但是仍然可以根据早期的蓝牙技术规范版本对使用 AMP 的产品进行认证。

自 1998 年以来,蓝牙协议已经进行了多次更新,从音频传输、图文传输、视频传输,到以低功耗的物联网数据传输。一方面协议标准维持着蓝牙设备的向下兼容,另一方面蓝牙也正应用于越来越多的物联网设备。随着蓝牙在功耗和传输效率上的不断提升,Classic 版本自 3.0 后就更新较少。可以预见,未来蓝牙的主要主要面向物联网领域,而不仅仅局限于移动设备,其中车内无线通信将是非常重要的一部分。

10.2 星闪技术的标准化

10.2.1 星闪联盟概述

星闪联盟(SparkLink)是致力于推广全球无线连接标准化的产业联盟,目标是推动新一代无线短距通信技术。星闪联盟的创新和产业生态,承载了智能汽车、智能家居、智能终端和智能制造等快速发展的新场景应用。2020 年 9 月 22 日,星闪联盟正式成立。

星闪联盟专家委员会主任邬贺铨院士表示,新一代无线短距通信需要考虑性能、成本、频谱和检测等各个维度,从技术和市场两方面进行驱动,基于统一标准定义,面向多场景的广泛应用。

星闪联盟下设需求和标准组、频谱组、测试认证组、智能汽车产业推广组、智能终端产业推广组、智能家居产业推广组和智能制造产业推广组 7 个工作组,以中国通信标准化协会(CCSA)统一底层通信标准为基础,围绕标准制定、测试认证、发展战略、生态构建、应用示范、技术交流和对外合作等几个方面开展工作。

星闪联盟首批共 80 家成员单位,其中副理事长单位为中国信息通信研究院、中国汽车技术研究中心有限公司、中国标准化研究院、中国电子技术标准化研究院、国家无线电监测中心检测中心、中国移动通信集团有限公司、北京汽车集团有限公司、信息设备资源共享协同服务工作组(闪联)、华为技术有限公司、联想集团、TCL 科技集团股份有限公司等 12 家单位;理事单位包括小米科技有限公司等 12 家单位。

星闪技术作为新一代无线短距通信技术,标准化工作主要在星闪联盟进行。星闪无线短距通信系统的系列标准协议由星闪联盟定义和维护,星闪 Release 1.0 系列标准已于 2022 年送审报批。

10.2.2 星闪标准版本 1.0 概述

星闪短距技术标准体系由星闪接入层规范、基础服务层规范和基础应用层规范三大部分组成,覆盖端到端数据传输的完整协议[①]。与 OSI 的 7 层协议对应关系为应用层(OSI 5~7 层)、网络与传输层(OSI 3~4 层)和接入层(OSI 1~2 层)。此外,星闪标准还包括信息安全规范和测试规范。星闪联盟 Release 1.0 系列标准发布共 12 项,见表 10-1。

---

① 星闪联盟:《星闪技术在智能网联汽车领域应用白皮书》,2021。

星闪联盟 Release 1.0 系列标准 表 10-1

序号	标准名称	分类
1	星闪无线通信系统 架构	架构
2	CCSA TC10 WG1 无线短距通信 车载空口技术要求和测试方法	接入层
3	星闪无线通信系统 接入层 低功耗技术要求	
4	星闪无线通信系统 基础服务层 多域协调与管理	基础服务层
5	星闪无线通信系统 基础服务层 传输与控制	
6	星闪无线通信系统 基础服务层 设备与服务发现	
7	星闪无线通信系统 基础服务层 QoS 架构与管理	
8	星闪无线通信系统 基础服务层 5G 蜂窝网络融合技术	
9	星闪无线通信系统 网络安全 通用要求	安全
10	星闪设备媒体接入层标识分配机制	网络标识
11	星闪无线通信系统 测试规范 接入层设备要求和一致性测试	测试认证
12	星闪无线通信系统 测试规范 接入层设备安全要求和一致性测试	

各标准具体定义的技术范围如下：

《CCSA TC10 WG1 无线短距通信 车载空口技术要求和测试方法》规定通信系统物理层、数据链路层、射频要求和信息安全等方面的技术要求；

《星闪无线通信系统 接入层 低功耗技术要求》规定面向低功耗可穿戴设备的通信系统物理层、数据链路层、射频要求和信息安全等方面的技术要求；

《星闪无线通信系统 架构》概述星闪短距通信系统的整体组成、拓扑架构、协议栈、通信模式、主要特性和应用场景，明确通信系统各协议层级和功能模块间的范围和接口，以及各协议层和服务功能单元间的相互作用；

《星闪无线通信系统 基础服务层 多域协调与管理》定义多个星闪通信域之间的角色选择、信息交互机制及交互格式等，实现多域资源协调和干扰管理等功能；

《星闪无线通信系统 基础服务层 传输与控制》定义实时流媒体在(多)设备间传输的机制和流程，实现流媒体(音频、视频)和控制信息的实时、可靠传输；

《星闪无线通信系统 基础服务层 设备与服务发现》定义不同类型的设备和服务之间的相互发现和交互以及设备组管理的机制和流程，并对设备属性、设备支持的服务、服务的特征、服务能力等上层信息的归一化描述；

《星闪无线通信系统 基础服务层 QoS 架构与管理》定义星闪短距通信的 QoS 架构、技术需求以及管理方式，包括端到端 QoS 映射规则、配置规则、监测及保障机制等；

《星闪无线通信系统 基础服务层 5G 蜂窝网络融合技术》规定星闪短距通信和 5G 网络融合的控制面和用户面架构、协议和流程，以及安全保障方法；

《星闪无线通信系统 网络安全 通用要求》定义星闪短距通信的通用安全要求，包括设备安全要求(如安全存储、安全加固等)、基础服务层的安全要求等；

《星闪无线通信系统 测试规范 接入层设备要求和一致性测试》基于星闪空口通信协议标准技术要求，定义对应的空口通信协议一致性测试方法、流程、测试例等；

《星闪无线通信系统 测试规范 接入层设备安全要求和一致性测试》基于星闪通用安全要求,定义对应的测试方法、流程、测试例等;

《星闪设备媒体接入层标识分配机制》规定星闪短距技术通信设备网络标识的分配方法。

星闪通信系统内节点分为 G(Grant)节点和 T(Terminal)节点,单个 G 节点管理一定数量的 T 节点,G 节点与这些 T 节点连接共同完成特定的通信功能,G 节点以及与其连接的 T 节点共同组成一个通信域。

基于星闪短距技术 Release 1.0 系列标准的终端设备协议栈包括以下几层:星闪基础服务层为基础应用层的具体应用提供统一、完整的功能界面,包括设备发现、服务发现、连接管理、QoS 管理、安全管理、多域协调和测量管理等功能单元。基础服务层提供音频流媒体业务、视频流媒体业务、数据传输业务的协议支持,也制定具体应用的规则,其中控制面建立连接和配置传输参数,数据面进行数据传输,并测量传输质量。星闪接入层为基础服务层提供空口传输的管道,支持基础服务层功能和数据传输所需的 QoS,可以承载确定性同步数据传输,也可以承载异步数据传输。

星闪 Release 1.0 的系统架构如图 10-1 所示。

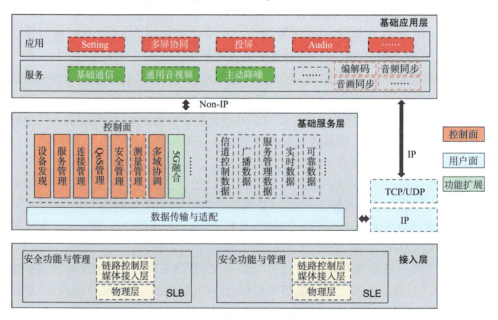

图 10-1 星闪 Release 1.0 架构图

10.2.3 接入层

星闪接入层为上层数据提供无线通信传输。为了满足不同场景的需求,目前,星闪接入层可以提供两种无线短距通信接口(SLB 和 SLE)。

SLB(SparkLink Basic,星闪基础接入技术)的技术内容由中国通信标准化协会(CCSA)制定的行业标准《无线短距通信 车载空口技术要求和测试方法》规定。SLB 使用正交多载波(OFDM)波形,支持极低时延无线帧,空口单向数据传输时延小于 20.833μs,单载波支持

20MHz 带宽,最大支持 16 载波共 320MHz 带宽,最高速率支持编码速率 0.92 的信道编码、1024QAM 调制和 8 流多路并行传输,最深覆盖支持编码速率 1/8 的信道编码和 QPSK 调制。SLB 支持数据链路层数据透传模式,极大缩减系统开销,提升系统多节点接入容量。SLB 支持优化的接入资源配置,支持多用户低时延接入系统。SLB 的相关标准化工作已经完成,性能指标评估结果参见表 10-2。SLB 主要用于承载以车载主动降噪、全景环视、车载娱乐为代表的业务场景,其显著特征是低时延、高可靠、精同步和高并发等。

SLB 性能指标 表 10-2

指标	性能
峰值速率	G 链路峰值大于 900Mbit/s(单载波 20MHz 带宽); T 链路峰值大于 450Mbit/s(单载波 20MHz 带宽)
时延	20μs
可靠性	正确率大于 99.999%
同步精度	<1us(定时精度 ±30ns)
多用户能力	支持 4096 用户接入; 支持 1ms 内 80 用户数据并发
抗干扰能力	Polar 数据信道编码; 最小工作信噪比 −5dB(相比现有短距覆盖增益 +3dB); 邻频干扰抑制比大于 70dB
安全性	高(双向认证,算法协调保障)

SLE(SparkLink Low Energy,星闪低功耗接入技术)的技术内容在星闪联盟进行业标准准化,可提供低成本、低功耗的空口接入。SLE 使用单载波传输,带宽支持 1MHz、2MHz 和 4MHz,调制方式支持 GFSK、BPSK、QPSK 和 8PSK。相比现有低功耗无线短距技术,SLE 在相同深覆盖条件下可稳定支持 128kbit/s 音频传输,支持更高速率(峰值 12Mbit/s),支持无损音频传输,支持可靠组播传输,支持数百量级节点接入。SLE 的性能指标分析见下表。SLE 主要用于承载包括胎压监测、无钥匙进入、无线电池管理系统在内的具备低功耗要求的业务场景。其性能指标见表 10-3。

SLE 性能指标 表 10-3

指标	性能
峰值速率	支持 4.6Mbit/s 高保真无损音频; 支持 12Mbit/s 数据传输
时延	支持 250μs 完成一次交互
可靠性	128kbit/s 音频@ −110dBm
多用户能力	支持 256 用户接入
网络覆盖及拓扑	最小 SINR:−3dB; 支持一对一单播及一对多组播
安全性	高(双向认证,算法协调保障)

SLB 和 SLE 两种技术面向不同的无线短距通信应用场景,互相补充并且将根据业务需求进行持续演进。

10.2.4 基础服务层

基础服务层通过定义不同的功能单元可为上层车载应用功能提供模块化服务。从控制面角度,可以提供通用类短距服务和扩展服务。其中在 Release 1.0 中可以支持的通用短距服务包括设备与服务发现、连接管理、QoS 管理、测量管理、安全管理等核心功能;扩展服务目前包括多域协调和 5G 融合等。用户面目前支持实时流、数据透传、数据广播、可靠传输等。整体架构基于底层接入技术特性及上层业务需求进行适配设计以及跨层优化,构建相比传统无线短距技术的独特竞争力。

10.2.5 标准化路径演进与频谱需求

星闪短距技术需要支持各类场景下的多类型业务,其空口技术需要在频谱效率、低功耗、多天线、密集组网和传输覆盖等技术方向的持续演进,支持测距测角、靠近发现、灵活组网等更多功能,引进了基于无线信号的空间变化和手势操作等无线感知能力。星闪上层协议也需要支持多空口协作、非连接服务和更高级别安全等特性,基础应用层也需要适配和对接各行业的行业应用和云端应用,完善端到端性能。

此外,星闪短距技术对于频谱的诉求也是多样化的。频谱是非常宝贵的稀缺资源,合理科学地分配和使用无线频谱资源是无线通信产业持续发展繁荣的基础。分析不同场景下不同业务的要求,结合部署和组网方式的约束,以及不同场景下频谱复用的可行性,可以得到星闪短距技术在不同场景下对应的频谱需求组合。星闪应用既包括对于可靠性、安全性、实时性和通信传输速率有特殊要求的业务,比如智能汽车的主动降噪等,也包括对于安全可靠性要求不高的消费类业务,二者都需要确定的频谱资源,才能发挥星闪可靠性和实时性的优势,以满足市场急速增长的需求,创造产业价值。

第 11 章
车内无线通信产业化进程

科学技术的发展使得人们的生活越来越便捷,生活品质也不断提高。在时代背景下,人们对汽车已经不仅仅满足于代步这一简单的要求,而是更加注重汽车各方面性能,将现代通信、信息系统与汽车行业相结合,衍生出了车内无线通信技术,这一技术的应用使得汽车的功能开始向多样化和集成化的方向发展。车内无线通信技术是一种涵盖了多种现代化技术的新型通信技术,主要由无线通信技术、计算机技术、电子技术和汽车技术相融合而成,这种技术的应用使得汽车的便捷性和多功能性得以实现。车内无线通信技术的应用使得汽车实时监控和车内办公成为可能,并且使得汽车具有一定的娱乐功能,满足了人们乘车和驾车的娱乐需求。

车内通信是车载无线通信技术中通信距离最短的通信方式之一,通信范围在 10m 之内,主要是采用无线通信的形式将信息在汽车的内部进行传递。这种通信类型的主流代表技术就是蓝牙技术,因此 11.1 节主要以蓝牙技术为脉络,讨论车内无线通信过往的产业发展。11.2 节主要对我国自研的星闪技术产业化进程进行概述。其他技术由于其产业布局较小,暂不讨论。

11.1 车载蓝牙技术的产业化

由于蓝牙通信短距离的特性,该技术主要适合汽车内部的空间或车外延伸 10m 内,通信设备和汽车多媒体设备、外设通信设备、无线车灯等电子电器零件的连接。常见的汽车数字钥匙、智能手机和汽车媒体播放器的连接都是蓝牙技术的体现,车载蓝牙技术除了可以应用于多媒体的播放、视频语音通信技术、汽车数字钥匙和车辆自动监测系统等方面外,也解决了红外线、微波容易受到外界环境干扰以及传统线束缠绕的问题。由于人们对信息的传输速度和信息稳定性以及信息传递安全的迫切需求,车载蓝牙的通信技术已得到较为广泛的推广。

21 世纪初,蓝牙技术已经开始应用于汽车上,最初的功能主要集中于车内蓝牙通话。由于在驾驶期间,驾驶员不允许手持接听电话,因此车内蓝牙耳机得到了极大的推广。2010 年,蓝牙 4.0 版本发布,其中 BLE 技术的低功耗特性能够使蓝牙设备长时间进行工作,因此基于蓝牙技术实现的车辆胎压监测等车辆情况监测功能在车联网后装市场中蓬勃发展。2016 年,蓝牙 5.0 版本发布,其各方面性能的大幅度提升和 Mesh 网状网络技术的出现,使其在车联网相关的应用中开始逐渐崭露头角。

蓝牙技术的成功,离不开蓝牙技术联盟(Special Interest Group,SIG)的运营,该组织主要负责蓝牙技术规范标准的制定和维护,以及产业推广等相关工作。SIG 于 1998 年在美国成立,经过二十多年的发展,成员单位数量已经从最初的 5 家持续高速增长至 3.6 万家,近 5 年成员单位数量增长超过 70%,其中亚太地区的成员单位数量过万。随着标准的演进及清晰的运营思路,目前 SIG 集标准开发、质量把控、市场推广和运营监管等诸多产业职能于一身。

11.1.1 技术标准的独立性和灵活性

蓝牙标准从建立起就一直关注体系完备的重要性,其标准完整覆盖了从射频、基带、链路到交互协议和应用规范的全链技术范围,保证了技术开发过程中可以完全不依赖其他标准组织的技术演进。与蓝牙不同的是,其他许多技术都存在产品基础标准与应用标准分别在不同标准化组织制定的标准分割问题,比如无线局域网的基础标准 IEEE 802.11 系列在 IEEE 制定,而许多广为人知的应用标准如 Wi-FiDirect、Miracast 等则由 Wi-Fi 联盟开发。标准在不同组织中的制定会大大限制标准的灵活性,当基础标准不足以支撑应用时,从应用方反向建议基础标准的制修订将是困难而漫长的过程。

蓝牙应用标准呈现体量小但种类全的特点,有超过 70 个轻量级的应用标准,涵盖了语音视频、数据传输、设备控制、组网、定位和通知等诸多领域。SIG 鼓励标准创新,还设立奖项用于奖励蓝牙技术的新应用开发。目前,SIG 有超过 15 个活跃的蓝牙技术工作组,主要负责蓝牙技术的标准制定和质量保证工作。基于工作组的活跃程度,蓝牙核心标准一般每两年进行一次修订,诸多新兴的应用标准如 Beacon、定位、Mesh 组网等重要的蓝牙应用都是在工作组内的不断碰撞讨论中产生的。蓝牙标准的独立性帮助 SIG 不受制于其他标准化组织,其灵活性和开放性让蓝牙技术不断焕发出勃勃生机,从而保持技术的活力和领先性。

11.1.2 标准化与产业化的统一

SIG 同时具备国际标准化组织的标准化职能和产业联盟的产品认证、技术推广和产业指导职能。依托于技术标准的全链路,SIG 形成了设计研发、认证测试、生产销售等多个维度的完整产业闭环,极大地排除了受其他相关产业联盟、标准化机构和行业组织影响的可能性。SIG 紧跟市场,超过 3 万家成员单位覆盖全产业链,产业完整性使其具有很强的纠错容错能力。诸多产业联盟的基础标准依赖于标准化机构,如 Wi-Fi 和 ZigBee 联盟依托于 IEEE,NFC 论坛依托于 ISO/IEC,这导致产业联盟无法直接指导基础标准的演进方向,降低了标准根据市场反馈进行调整的敏感性和时效性,也不利于联盟新理念的贯彻和实施。相较于其他通信标准化组织与产业松散连接甚至脱节的现状,SIG 的产业职能赋予它对标准的技术实现和产品质量把控的权威性和话语权,标准始终能强有力地作用于企业,保证标准的有效实施。由于标准化与产业化的统一,SIG 实现了产品研发和标准制定的同步进行,在新标准发布的同时新产品也会面世,甚至有不少标准是在有产品雏形之后才启动的制定流程。而 IEEE、ISO、ITU 等国际通信标准化组织的主要职能为标准制定,与产业距离较远,不少标准发布后,产业实现跟进较慢,需要较长的周期才有相应的产品上市,有的标准甚至只能作为文本束之高阁。

具备双重职能的 SIG 能很好地平衡市场和技术之间的关系,产业职能的引导保证了标准的方向性和技术敏感性,标准职能成就了产业的独立性和发展的时效性。

11.1.3 强有力的质量控制

SIG 通过测试标准开发、测试工具研制、检测认证实验室的把控及认证后的海关监督来实现强有力的质量控制。SIG 设有专门的测试认证工作组,发布与认证流程相关的政策性文件,并有专门的开发团队,为成员单位免费提供测试计划生成器 LS(Launch Studio)以及互操作测试工具 PTS(Profile Tuning Suit),极大地提升了产品的一致性和互操作性。依托于全球数十家授权认证实验室(BQTF)以及蓝牙认证顾问(BQC),为成员单位提供专业的认证检测及咨询服务。SIG 规定认证测试实验室至多两年需要经过一次全面评审,认证顾问每年都需要参加 SIG 组织的学习和考试,以保证认证实验室与认证顾问的专业性和权威性。

蓝牙认证联盟通过各国政府关系,实现了从海关控制蓝牙设备的进出口,从而形成对蓝牙产品质量的有力监管。诸多国家的海关会查验进出口蓝牙产品的合法性,只有经过 SIG 认证并获得证书的产品才能通过海关进出口。通过海关监督,减少不经认证的产品流入国际市场的可能,更利于提升产品的用户体验和市场接受度,促进产业的良性发展。

11.1.4 知识产权保护及盈利模式

SIG 不仅完全拥有蓝牙的核心标准、技术要求、测试规范的所有知识产权,还拥有蓝牙的商标权,基于产品的稽查要求,从政策上实现对知识产权和商标权的维护。

受益于知识产权和商标权,SIG 的盈利主要从会员费和产品认证的证书费两大块获得,其他的还有诸如认证实验室年费、蓝牙认证顾问考试费、测试软件配套硬件销售等几个方面,下面是其几个主要盈利点的盈利情况:

(1)会员费。SIG 成员每年向 SIG 缴纳的年费。SIG 会员分为 3 级:最低的应用(Adopter)会员、中级的联合(Associate)会员以及董事(Board)会员。应用会员完全免费,但每款产品的认证费用翻倍,且不能参与标准制定过程,也不能参加技术委员会和工作组。董事会员目前一共有 9 家公司。因此,SIG 的中流砥柱是中级联合会员,年收入小于 1 亿美元的公司,会员费为 7500 美元/年;年收入大于 1 亿美元的公司,会员费为 35000 美元/年。每年会员费可为 SIG 带来约 500 万美元的收入。

(2)认证费。可以理解为产品的证书费,每款产品通过测试之后,需要向 SIG 缴纳认证费,才能获得唯一的一个证书号(DID),拥有证书号的产品才能通过海关进出口。对于应用会员,一款产品认证费通常为 8000 美元,对于联合会员则为 4000 美元,每年认证费会为 SIG 带来千万美元级别的收入。

(3)实验室年费。一家 SIG 授权的认证实验室,每年需要向 SIG 缴纳 8000 美元的实验室年费,SIG 目前共有授权认证实验室 51 家,只能为本公司提供认证服务的授权测试机构 6 家,每年 SIG 的实验室授权年费收入约 50 万美元。

11.2　星闪技术的产业化

11.2.1　星闪技术发展的现状与趋势

作为新一代无线短距通信技术,星闪技术顺应了智能网联汽车车内通信无线化的趋势,并且凭借所能提供的低时延、高可靠、高精度同步、多并发、高信息安全、低功耗等特性满足了新兴车载应用场景对于无线通信的严苛要求。在此技术优势基础上,星闪技术的产业化进程在快速推进中[①]。

在样机及芯片方面,2021 年 4 月,星闪联盟在业界首次展示了基于星闪技术的原型样机系统,包括星闪超短时延测试系统、星闪主动降噪原型系统、星闪 5.1 无损环绕声场原型系统和星闪低时延高清投屏原型系统,凭借突出的通信性能获得了产业的广泛关注。其中由中国汽车技术研究中心有限公司、北汽和华为公司联合开发和演示的星闪主动降噪原型系统在业界首次验证了无线主动降噪的技术可行性。结果显示,星闪技术空口传输时延可达到 20μs,业务端到端时延小于 100μs,相比其他技术时延降低了两个数量级。现场实时声场测量仪表显示,星闪主动降噪系统能够将低频噪声平均降低 5dB,达到和同条件下有线主动降噪系统相当的降噪效果。

此外,针对营运车全景环视系统,利用星闪系统微秒量级的高精度同步和超低的传输延迟,鹰驾科技有限公司、华为技术有限公司等单位联合开展了基于星闪无线通信系统的样机验证,全面解决了有线部署方案所面临的布线困难、可靠性降低、接口不统一等一系列问题。

在测试认证体系方面,为了切实推动星闪技术产业落地,保证使用星闪技术设计的产品的一致性和互通性,星闪联盟目前正致力于测试认证体系的构建。具体包括产品测试认证、技术和商标授权,测试认证实验室授权,测试认证仪表/系统开发、验证和授权,测试计划制定,测试方案试验验证,以及认证产品监督等。

在测试仪表方面,测试仪表是推动星闪技术的重要环节,对于测试认证体系的落地起着关键作用。2021 年 5 月,星河亮点推出"积薪"平台 SP9500-SLT,这是一款面向星闪短距测试的无线综测仪,可支持星闪短距芯片、模块和终端的射频、协议及性能测试。根据计划,"积薪"平台将在 2023 年全面具备星闪协议一致性测试能力和射频一致性测试能力。

此外,大唐联仪计划未来提供支持星闪短距通信的综测仪 CTP3308F 平台,不仅能够满足非信令测试的物理层功率类、调制类指标测量,还可以支持信令测试,满足低时延,大带宽,高可靠应用场景,进而开发支持星闪标准定义的协议一致性和射频一致性测试用例。

根据星闪联盟的整体规划,已于 2022 年 11 月发布了包括测试仪表、芯片、模组以及终端在内的各类星闪商用产品的路标,标志着星闪商业化落地正式启动。星闪技术典型应用场景的商用时间计划表如图 11-1 所示。

---

① 星闪联盟:《星闪无线短距通信技术(SparkLink1.0)产业化推进白皮书》,2022。

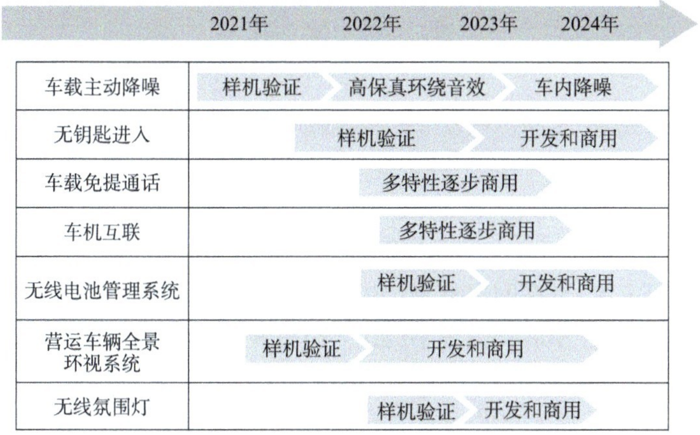

	2021年	2022年	2023年	2024年
车载主动降噪	样机验证	高保真环绕音效		车内降噪
无钥匙进入		样机验证		开发和商用
车载免提通话		多特性逐步商用		
车机互联		多特性逐步商用		
无线电池管理系统			样机验证	开发和商用
营运车辆全景环视系统		样机验证	开发和商用	
无线氛围灯			样机验证	开发和商用

图 11-1　星闪技术商用时间计划表

11.2.2　我国技术联盟的建立及运营启示

目前,我国的产业技术联盟正在蓬勃发展,回望蓝牙技术的成功,我们可以借鉴 SIG 发展和运营经验来探索技术联盟的建立及运营方式,抓住机遇,未来发展前景可期。

(1)以需求为基础,建立核心竞争力。技术联盟成功的基础,是其技术本身被市场需要,因此在建立技术联盟之前,首要任务是确定联盟要解决的关键问题,找到市场、需求或技术的空白处,形成关键的核心竞争力。市场需求的解决才是一个联盟的立身之本,不能为建立联盟凭空捏造需求,为建而建,否则无论运营得如何有方法和有创意,即使成功,也只是一时,不能长久。

(2)以标准保品质,促进产业扩张。在建立技术联盟的标准体系过程中,要注意保持标准的完备性和组织的独立性,以降低受其他组织的限制和影响的可能,从而保证标准的时效性和方向性。在具体操作上,要建立起产品技术标准和验证规范,提供统一、开放的标准实现代码,并配套相应的验证及测试工具,从而更有效地促进产业的成熟和发展。

(3)以市场为向导,引领技术演进。在运营技术联盟时不能故步自封,要保持对产业的技术敏感性和良好的判断力,将市场的事情交还市场,随时发现市场和技术的新方向、新需求,并依靠自身的权威性引导技术向顺应产业发展的方向演进。

(4)以质量控制稳定的商业运营,实现知识产权转化时,技术联盟要将质量控制作为商业运营的保障,建立一套完整的质量控制体系,完善质量控制流程,保证测试方案的正确实施并提升测试系统的一致性,通过质量控制提升产品的互通性,为用户带来良好体验。另外,技术联盟要把握住软、硬两方面的知识产权,才能在商业运营中实现知识产权盈利的最大化。

蓝牙技术联盟经过二十多年的精心运营,才形成今日的产业繁荣。我国本土技术联盟相对起步较晚,一个技术组织从成立到成熟,从前期调研、形成标准、芯片研发、产品设计到后期的推广等需要耗费大量人力物力,需要时间的积累。我们要给市场和消费者以逐步接受和认可新产品、新技术的时间,要做好十年磨一剑的准备,切忌操之过急。

参 考 文 献

[1] 中国信息通信研究院. 车联网白皮书(网联自动驾驶分册)[R]. 北京:中国信息通信研究院,2020.

[2] 中国信息通信研究院. 扬帆远航:5G 融合应用实践精编[M]. 北京:人民邮电出版社,2021.

[3] 中国信息通信研究院. 车联网白皮书(2021 年)[R]. 北京:中国信息通信研究院,2021.

[4] 中国信息通信研究院. 车联网白皮书(2022 年)[R]. 北京:中国信息通信研究院,2023.

[5] IMT-2020(5G)推进组. MEC 与 C-V2X 融合:应用场景白皮书[R]. 北京:中国信息通信研究院,2020.

[6] IMT-2020(5G)推进组. MEC 与 C-V2X 融合:路侧感知与计算系统白皮书[R]. 北京:中国信息通信研究院,2021.

[7] IMT-2020(5G)推进组 C-V2X 工作组. 车联网基础设施参考技术指南 1.0[R]. 北京:中国信息通信研究院,2022.

[8] IMT-2020(5G)推进组 C-V2X 工作组. 车联网 C-V2X"四跨"先导应用实践活动总结报告(2022)[R]. 北京:中国信息通信研究院,2023.

[9] 星闪联盟. 星闪技术在智能网联汽车领域应用白皮书[R]. 北京:中国信息通信研究院,2021.

[10] 星闪联盟. 星闪无线短距通信技术(SparkLink1.0)产业化推进白皮书[R]. 北京:中国信息通信研究院,2022.

[11] 5GAA. MEC4AUTO:Use Cases and initial test specifications review[R]. Munich:5GAA,2021.

[12] 5GAA. Moving toward Federated MEC Demos/Trials (global MEC)[R]. Munich:5GAA,2023.

[13] 5GAA. MEC System Interoperability and Test Framework[R]. Munich:5GAA,2023.

[14] 中国智能网联汽车产业创新联盟. 车路云一体化融合控制系统白皮书[R]. 北京:中国智能网联汽车产业创新联盟,2020.

[15] 中国智能网联汽车产业创新联盟. 车路云一体化系统白皮书[R]. 北京:中国智能网联汽车产业创新联盟,2023.

[16] 陈山枝,葛雨明,时岩. 蜂窝车联网(C-V2X)技术发展、应用及展望[J]. 电信科学,2022, 38(1):12. DOI:10.11959/j. issn. 1000-0801.2022007.

[17] LUOTO P, BENNIS M, PIRINEN P,et al. System Level Performance Evaluation of LTE-V2X Network,2016. [2023-06-07]. DOI:10.48550/arXiv.1604.08734.

[18] SHANZHI C, JINLING H U, YAN S,et al. Technologies, standards and APPlications of LTE-V2X for vehicular networks[J]. Telecommunications Science, 2018.

[19] 林琳,李璐,葛雨明. 车联网通信标准化与产业发展分析[J]. 电信科学, 2020. DOI:10.11959/j. issn. 1000-0801.2020122.

[20] 葛雨明,翁亚红.车联网先导性应用进展研究[J].信息通信技术与政策,2020(8):4.

[21] YASUDA D, FINNERTY P, KAMADA T, et al. Radio Resource Allocation Based on Adaptive and Maximum Reuse Distance for LTE-V2X Sidelink Mode 3[J]. IEICE Communications Express, 2021. DOI:10.1587/comex.2021XBL0127.

[22] DANIEL SEMPERE-GARCÍA, SEPULCRE M, GOZALVEZ J. LTE-V2X Mode 3 scheduling based on adaptive spatial reuse of radio resources[J]. Ad Hoc Networks, 2020, 113: 102351. DOI:10.1016/j.adhoc.2020.102351.

[23] 宋爱慧,赵慧麟,孙向前,等.C-V2X技术演变与研究[J].通信世界,2021(21):2. DOI:10.3969/j.issn.1009-1564.2021.21.017.

[24] 葛雨明,毛祺琦.车联网新型基础设施跨域协同部署研究[J].电信科学,2023,39(3):8. DOI:10.11959/j.issn.1000-0801.2023036.

[25] 申滨,周晓勇,徐浪,等.基于SideLink的LTE-V2X联合切换方案设计[J].电子与信息学报,2020,42(2):8. DOI:CNKI:SUN:DZYX.0.2020-02-031.

[26] 康陈,葛雨明,侯世伟,等.车联网建设推广路线与场景应用模式研究[J].移动通信,2022,46(11):5.

[27] EDGAR E GONZÁLEZ, GARCIA-ROGER D, MONSERRAT J F. LTE/NR V2X Communication Modes and Future Requirements of Intelligent Transportation Systems Based on MR-DC Architectures[J]. Sustainability, 2022, 14. DOI:10.3390/su14073879.

[28] 余冰雁,雷凯茹,毛祺琦.车联网多级平台体系架构与关键技术[J].移动通信,2022,46(11):6.

[29] 余冰雁,毛祺琦.基于交通信号灯信息的车联网应用与系统架构[J].移动通信,2022,46(11):6.

[30] 房骥,于润东,葛雨明,等.C-V2X直连通信安全机制和测试体系[J].移动通信,2022,46(11):6.

[31] 李峰,陈新.基于LTE-V2X技术的PKI系统架构探讨[J].信息技术与网络安全,2020,39(7):7. DOI:10.19358/j.issn.2096-5133.2020.07.007.

[32] 张天,汤利顺,王彦聪,等.C-V2X标准演进及产业化综述[J].汽车文摘,2020(2):7. DOI:CNKI:SUN:QCWZ.0.2020-02-007.

[33] 徐小涛,熊华,高泳洪,等.蓝牙技术标准的最新发展[J].电信工程技术与标准化,2008,21(9):4. DOI:10.3969/j.issn.1008-5599.2008.09.010.

[34] 徐峰,刁节涛.蓝牙技术标准的发展与未来[J].电脑知识与技术,2010(15):3. DOI:10.3969/j.issn.1009-3044.2010.15.086.

[35] 黎卓芳,武乐,王焕丽,等.蓝牙产业发展经验解析及启示[J].信息通信技术与政策,2019(12):4.

[36] SAE. On-Board System Requirements for V2V Safety Communications: J2945/1[S].

[37] SAE. Dedicated Short Range Communications (DSRC) Performance Requirements for V2V Safety Awareness: J2945/2[S].

[38] SAE. Requirements for Road Weather APPlications: J2945/3[S].

[39] SAE. Vulnerable Road User Safety Message Minimum Performance Requirements：J2945/9[S].

[40] ETSI. Intelligent Transport Systems (ITS); Vehicular Communications; Basic Set of APPlications; Definitions：TR 102 638[S].

[41] 中国通信标准化协会. 基于 LTE 的车联网无线通信技术网络层技术要求：YD/T 3707—2020[S]. 北京：人民邮电出版社,2020.

[42] 中国通信标准化协会. 基于 LTE 的车联网无线通信技术消息层技术要求：YD/T 3709—2020[S]. 北京：人民邮电出版社,2020.

[43] 中国通信标准化协会. 基于 LTE 的车联网通信安全技术要求：YD/T 3594—2019[S]. 北京：人民邮电出版社,2019.

[44] 中国通信标准化协会. 面向 LTE-V2X 的多接入边缘计算业务架构和总体需求（报批稿）[S]. 2020.

[45] 中国通信标准化协会. 面向 C-V2X 的 MEC 业务服务能力开放和接口技术要求（报批稿）[S]. 2021.

[46] 中国通信标准化协会. 基于 5G 的远程遥控驾驶信息交互系统通信系统总体技术要求（报批稿）[S]. 2023.

[47] 3GPP. Technical Specification Group Services and System Aspects; Study on enhancement of 3GPP Support for 5G V2X Services[S]. 2022.